战时环境下日本在华棉纺织业研究

1937～1941

王　萌／著

科学出版社

北京

图书在版编目(CIP)数据

战时环境下日本在华棉纺织业研究：1937～1941/王萌著．
—北京：科学出版社，2015.11
ISBN 978-7-03-046579-5

Ⅰ．①战… Ⅱ．①王… Ⅲ．①棉纺织工业－对华投资－研究－
日本－1937～1941 Ⅳ．①F431.368

中国版本图书馆 CIP 数据核字（2015）第 287455 号

责任编辑：杨 静 陈 亮 / 责任校对：郑金红
责任印制：张 倩 / 封面设计：黄华斌

编辑部电话：010-64026975
E-mail:chenliang@mail.sciencep.com

科 学 出 版 社 出版
北京东黄城根北街 16 号
邮政编码：100717
http://www.sciencep.com
中国科学院印刷厂 印刷

科学出版社发行 各地新华书店经销
*
2015 年 11 月第 一 版 开本：720×1000 1/16
2015 年 11 月第一次印刷 印张：16 3/4
字数：296 000
定价：**86.00 元**
（如有印装质量问题，我社负责调换）

目　录

绪 论

甲午战争以后，日本对华实业投资集中于两支：一为东北之南满洲铁道株式会社，即"满铁"；二为日本在华的庞大棉纺织业，一般日本学界称其为"在华纺"的日商纱厂集团。"满铁"作为日本政府直接控制下的企业，它的存在价值主要体现于为日本国家机器服务，因而"满铁"的经营可以不在乎成本与经济效益。与"满铁"不同的是，日商纱厂作为日本棉纺织资本在华投资的"果实"，则更具民间资本的色彩，它的存在价值则是谋求日本纺织资本家经济利益的最大化。日商纱厂自诞生以来，利用中国廉价的劳力、丰富的棉产资源与广阔的国内市场，为日本资本主义的发展获取了巨大的利润。日商纱厂虽然是日本的资本工业集团，但它的活动始终与中国紧密联系。关于日商纱厂的研究，虽然是日本近代经济史研究的课题，但是研究的舞台却主要在中国。

日本近代对华棉纺织业的投资，肇始于 1895 年中日两国签订的《马关条约》。《马关条约》规定日本可在中国各通商口岸设立工厂并进口各种生产设备，从而为日商纱厂的兴办提供了法理基础与条约依据。自 1902 年第一家日商纱厂"上海纺织株式会社"开办以来，随着日本在华军政势力的不断膨胀，日本纺织资本家陆续来华办厂置业。经历了 20 世纪 20 年代初期和后期两大黄金发展阶段，至 1937 年 6 月末抗日战争爆发的前夜，日商纱厂已在上海、青岛、天津、汉口等地形成 13 家企业、48 家工厂，拥有纱锭 240 万枚、织机 35 万台，雇佣 10 万中国劳工的庞大生产规模。

抗日战争爆发后，日商纱厂受战事影响，在生产规模上有所变动。1940 年年末，全国日商纱厂的纱锭总数为 220 余万枚，织机为 41 万余台，雇佣中国劳工近 5.5 万人（尚不包括"委任经营"、"军管"下各华商纱厂设备数、劳工数），与战前相比，虽然战时日商纱厂在设备总量上无明显变化，但在劳工雇佣人数上却大幅减少。在生产经营上，天津日商纱厂因受华北日军棉花统制的影响，自 1938 年年末后生产逐渐不振；青岛日商纱厂因国民党军队的彻底爆破而无法恢复战前的实力，1939 年 5 月复产以来生产状况不佳；只有上海日商纱厂不仅生产设备在战事中较完整地保留下来，并且维持着大规模的生产活动，成为抗日战争前期日商纱厂生产的主力军。1938 年 10 月—1940 年 4 月，上海日商纱厂基本维持了近 100% 的生产率，保持着旺盛的生产态势。然而，1940 年 10 月上海日商纱厂宣布全体减产 50%，其生产从此走向衰落。抗日战争前期日商纱厂的生产经营活动，经历了一个由盛转衰的过程。

此外，日商纱厂自诞生以来，还逐渐形成了以下几个特点，这些特点在战时环境下仍得以体现。

（1）日商纱厂与日本各时期的对华政治经济政策，持亦步亦趋之态度。日商纱厂的扩张，是依附于日本在华军政势力的产物，20 世纪 20 年代中期，日商纱厂集团曾称："我在华棉纺织业已与满铁一样，在日本的对华工业投资中占有指导地位，成为了我国对华经济的主干。然而我们的经营活动常常受中国的政情乃至中国当局政策动向的极大影响，故而必须站在与日本对华政策保持密切联动的立场。"[1]抗日战争爆发后，日商纱厂公开宣布对日本侵华战争的支持，公大纱厂的母体钟渊纺织会社于淞沪会战爆发前的 1937 年 8 月 10 日，曾发表《中日需要全面决战》称："战士牺牲在战场，产业人殉职于产业战线，若有此种觉悟，百亿日元又何足挂齿，需要的反而是拼命的努力，这才是产业人肩负的重任。我钟渊的信条是通过所从事的事业，为国效劳，我社对在增加国富、支付经费中承担一部分责任，应该感到这是无上光荣的。"[2]战时，日商纱厂对日本军政当局在华北、华中实施的原棉、通货、封锁政策均有配合或援助，充当日本对华侵略的羽翼。

（2）长期以来，日商纱厂间形成了卡特尔式集团性。经历了一个自由发展阶段的日商纱厂，为了彻底垄断中国棉产品市场，获取更高额的利润，各家企业之间于 1925 年联合起来成立了一个同盟性质的卡特尔行业协会——在华日本纺织联合同业会（以下简称"同业会"）。该组织对外代表日商纱厂与中日政府进行各种交涉，对内调控日商纱厂的生产效率，避免企业间的恶性竞争。同业会总部设于日本大阪，另设上海、青岛、天津、东京等各支部，大阪总部定期召集各企业的生产代表，制订日商纱厂各项生产经营计划。虽然日商纱厂各家会社在常规生产、商业活动乃至法人代表上具有独立性，但

---

[1] 〔日〕在华日本纺织同业联合会编：《船津辰一郎》，东京：东方研究会，1958 年，第 175 页。

[2] 陈祖恩：《寻访东洋人——近代上海的日本拘留民（1868—1945 年）》，上海：上海社会科学院出版社，2007 年，第 188 页。

在生产经营等重大决策上均须听命于同业会大阪总部的指导。各家日商纱厂与同业会的组织隶属关系，如表1所示。

表1 各家日商纱厂与同行会的组织隶属关系

同业会大阪总部	上海支部	大康纱厂
		同兴纺织株式会社
		公大纱厂
		内外棉株式会社上海分厂
		日华纺织株式会社
		上海纺织株式会社
		振华纺织株式会社
		东华纺织株式会社
		丰田纺织株式会社
		裕丰纺织株式会社
	青岛支部	同兴纺织株式会社青岛分厂
		富士瓦斯纺织株式会社青岛工厂
		公大纱厂青岛分厂
		国光纺织株式会社青岛分厂
		日清纺织株式会社青岛分厂
		内外棉株式会社青岛分厂
		上海纺织株式会社青岛分厂
		大康纱厂青岛分厂
		丰田纺织株式会社青岛分厂
	天津支部	公大纱厂天津分厂
		岸和田纺织株式会社天津分厂
		双喜纺织株式会社
		上海纺织株式会社天津分厂
		天津纺织株式会社
		唐山华新纺织股份有限公司
		裕丰纺织株式会社天津分厂
		裕大纺织股份有限公司
	汉口	泰安纺织株式会社
	东京支部	无隶属工厂

抗日战争爆发后，同业会对纱厂的控制进一步强化，同业会对纱厂原棉

价格的协定、统一减产计划的实施，乃至与军部的谈判，都产生了重要的影响，成为指导战时日商纱厂各项活动的灵魂。

（3）日商纱厂对中国社会的多种影响。在经济层面上，日商纱厂与中国的商业组织保持密切联系，日商纱厂生产的大量棉产品通过洋行、客帮流入全国各级市场，抗日战争时期这一渠道并未受到大的影响。在政治层面上，日商纱厂为各时期中国政府提供大量税收，例如，1931 年，日商纱厂与南京国民政府财政部达成协议，每年缴纳约 800 万日元的棉纱统税，这笔税款成为战前国民政府的财政来源之一，同时也是日商纱厂利用其制约国民政府的重要手段。抗日战争爆发后，日商纱厂为日本扶植下的傀儡政权"华北政务委员会"、"维新政府"与汪伪政权缴纳大笔统税，日商纱厂的税款维持了南北伪政权的基本财政运转。在社会影响上，日商纱厂的生产活动与中国劳工运动的发展存在联系，1925 年声势浩大的"五卅运动"，以及 1936 年上海、青岛棉纺织劳工发起的大规模罢工，均因日商纱厂内部的劳资纠纷而起。抗日战争前期，虽然日商纱厂劳工受到驻厂日军的严密监控，然而日商纱厂仍是中共及各种社会势力进行渗透、宣传政治主张的重要阵地，日商纱厂内的劳资对立始终尖锐，工人运动时有发生，战时日商纱厂制定的诸项劳工政策，对劳工的生存状态仍具有不可忽视的影响。

从以上特点可以看到，长年立足中国的日商纱厂集团，并非仅仅是一些单纯从事棉产品生产的纺织企业，它们的经营、生产活动对中国社会产生了重要且广泛的影响。对日商纱厂的研究，应当成为中国近现代经济史领域必须面对并探讨的课题。

中外学界历来不乏对这个经济实体的研究，然而研究现状中却存在一个奇特的现象：对于 1937 年抗日战争之前各时期日商纱厂活动的研究，正如下文第二章所述，已达到了一个较高的境界，而对抗日战争时期日商纱厂活动的研究，则处于较薄弱的阶段。因而，笔者希望以 1937 年 7 月 7 日 "卢沟桥事变" 爆发以来至 1941 年 12 月 8 日太平洋战争爆发为止，也即相当于中国抗日战争前期日商纱厂的活动为研究对象，针对以上研究现状中的薄弱环节，在明晰史实的基础上开展详尽的研究。笔者的研究动机主要基于以下两点：①这一历史时段日商纱厂的史实研究仍存在较多空白，诸多细节仍需要确认或重述，具体而言，这些尚不明朗的细节主要体现于日商纱厂的规模扩张、销路变动、原棉采购，与日本战时通货政策的联系及社内劳工动向等问题之中，一些已有的研究视角仍具有拓宽的必要，一些研究的结论也需进一步深入或完善。②笔者希望通过厘清以上史实，探讨作为立地中国的外资企业——日商纱厂在战时纷繁复杂的时代背景下，究竟是如何开展各项生产经营活动的。即在日军以武力介入中国自由经济的市场，中国棉纺织业整体衰退的战时环境下，日商纱厂究竟是通过怎样的方式维持它的经济生命的？它的产品又是利用怎样的渠道流向全国各地的？它的生产经营又受到了哪些力量的制约？这些问题最终汇成了笔者的这本著作最关注的问题，即在战争大环境下，究竟是什么因素带给了日商纱厂战时的兴盛繁荣，又是什么原因导致了它生产上的急剧衰落？[①] 通过对以上这些问题的解答，笔者还将进一步思考一个更为宏观的问题：日商纱厂作为一项日本商人投资的海外经济事业，与战时的日本军国经济体系又存在怎样的联系？

总之，如何利用好关于日商纱厂的各种资料，尽可能地还原出历史的真相，运用数据统计等基本的科学研究方法，开拓中外学者尚未充分关注或完善的视角，是本书开展研究工作的基础。只有通过对战时环境下日商纱厂实际生产经营状况的剖析，厘清它与抗日战争时期中国社会、日本军国经济体系存在的内在联系，才能洞悉日商纱厂由盛转衰的真实原因。

此外，本书以 1937—1941 年抗日战争前期这一时段为研究时限，不仅因为 1937—1941 年与 1941—1945 年日商纱厂的外部环境发生了深刻的变化，也因为这两个时期日商纱厂自身生产活动的性质也发生了根本的转变。1937—1941 年，日商纱厂在诸方面虽也受到来自日本军政当局的一些经济统制，然而因立地中国的特殊性，其所受统制的强度与经营主体性之间仍具有一定的弹性与张力。抗日战争前期，上海还存在着不同于青岛、天津等地的局部安全的市场环境与允许自由竞争的市场秩序，日商纱厂最大的竞争对手——华商纱厂，不仅未在战火中彻底崩溃，反而得以利用上海特殊的租界环境、劫后残余的生产设备，与日商纱厂共同创造了战时上海棉纺织业的繁荣。日商纱厂与华商纱厂在棉产品市场上虽然存在激烈的竞争，然而因客观环境、销路、市场的变迁，这种竞争已与战前的竞争完全不同。1941 年 12 月 8 日太平洋战争爆发，上海孤岛时代结束，华商纱厂的实体为日本军政势力彻底控制，外棉经由上海进口的渠道基本断绝，以租界为中心的棉产品自由市

---

① 通过阅读有关在华日本纺织同业会的相关史料，可以看到以上海日商纱厂为主体的日本棉纺织业 1939—1940 年在生产经营、市场销路上均出现了繁荣，但在 1940 年 10 月以后却出现了严重的生产衰退，青岛、天津日商纱厂则于更早的 1939 年年初，即已出现了生产经营衰退的迹象。有日本学者认为，这主要是由于原棉供给上的缺乏，该观点参见〔日〕桑原哲也：《日商纱厂的组织经营能力——两次大战期间的内外棉会社》，《经营学论集》2004 年 1 期。然而笔者通过对有关史料的解读，发现这一结论仍有商榷的余地。

场不复存在。1941—1945年，日商纱厂受到来自日本军政当局最为严厉的统制，经营主体性基本丧失。对战争后期日商纱厂活动的研究，虽然亦具有重要意义，但它必须建立在对战争前期情况充分把握的基础之上，若不能明确战争前期日商纱厂活动的基本情况，当然无法深刻理解战争后期其受日本军政当局彻底统制的背景，因而对于抗日战争前期日商纱厂的研究，实际上应视为研究其抗日战争后期活动的重要先行研究。

我们认为，研究战争前期日商纱厂的活动，也并非仅仅关注这一时段之动向，历史研究的连贯性往往被人为的意识所阻隔与割裂，带有先入为主的偏见。事实上，战前日商纱厂生产经营中所产生的各种问题，如社内劳工问题、传统销路问题等，仍对战时日商纱厂的生产经营活动产生了深刻影响，故而在研究战时日商纱厂的活动之前，我们必须对战前日商纱厂的生产情况有所了解。恰恰是在战时环境下，日商纱厂生产经营上的一些问题得以暴露，其生产经营与日本军政当局的政策产生矛盾。观察战前与战时日商纱厂在生存状态上所发生的变化，使我们更能客观地理解日本在华棉纺织资本与日本国家战争机器之间微妙的关系。在这一研究思路的指引下，笔者希望以更为宽阔的视野去认识和理解抗日战争前期日商纱厂的活动，并深入体察其所处复杂多变的时代背景。

抗日战争之前，中外学者关于日商纱厂已有大量研究。这些研究建立在丰富的文献搜集与广泛的实地调查的基础之上。中国学者王子建的《七省纱厂调查报告书》（1933年）及《日本棉纺织工业》（1933年）、方显廷的《中国之棉纺织业》（1934年）、金国宝的《中国棉业问题》（1936年）等论著，都对当时日商纱厂的诸多生产经营有所关注，这些中国学者充满着时代的忧患意识，侧重批判日商纱厂活动的经济侵略性。而当时日本学者或日本经济研究机构，如马场锹太郎的《中国之棉业》（1924年）、滨田峰太郎的《在华纺织业》（1924年）、内山完造的《我国商品在中国市场上的变迁》（1924年）、大阪屋商店调查部主编的《在华纺织小史》（1930年）、东亚经济调查局编的《中国纺织业的发达及其未来》（1932年）、大山寿的《关于我国纺织业的调查》（1935年）、冈部利良的《在华纺织业的发展及其基础》（1936年）、在华日本纺织同业会编的《由日商纱厂纺织企业进入所带来对中国纺织企业的影响》（1936年）、名和统一的《日本纺织业和原棉问题研究》（1937年）等，从调查日本在华产业经济实态的角度，对当时作为"邦人企业"的代表——日商纱厂的经营规模及生产状况，进行过大量细致的研究。从1937年抗日战争爆发至1945年战争结束，在此期间中外学者对日商纱厂活动的研究并未间断，中国方面则有严中平的《中国棉业之发展》（1943年）等；日本方面则有国松文雄的《中国棉花之问题》（1938年）、满铁调查部编的《日本纺织资本与中国》（1939年）、大日本纺织联合会主编的《东亚共荣圈与纤维产业》（1940年）、樋口弘的《日本的对华投资》（1940年）、宇佐见诚次郎的《纺织资本的对华输出》（1940年）与《日商纱厂织业的发展和外国资本》（1941年）、野口保一郎的《关于大东亚共荣圈的棉花问题》（1943年）等，他们的研究对战前的研究有所补充与完善。第二次世界大战之前，个别欧美学者亦关注中日棉纺织业的变迁，如 Pearse 的《中日两国的棉纺织业》（*Cotton Industry of Japan and China*，1929年）等著作，对于了解当时日商纱厂的生产活动也有一定的裨益。1945年前中外学者对日商纱厂的研究，或勾勒出日商纱厂与华商纱厂在生产效率上的区别，或说明日商纱厂与日本国内棉纺织业在竞争上的一些问题，他们的研究优势在于大量使用了当时公开的政府文书所提供的数据与资料，使后人对日商纱厂这一经济实体的发展脉络有了较清晰的认识。然而，他们的研究也存在局限：由于几乎没有完整地使用日商纱厂企业内部的档案文书，故而无法精确地估算出企业所取得的真实效益与利润，不过他们的研究成果仍使我们得以较客观地了解战前日商纱厂一些生产经营上的状况。

第二次世界大战后，中外学界关于日商纱厂的研究成果可谓迭出。日商纱厂的研究队伍逐渐壮大，研究的视角不断开阔，史料收集渐成体系。在各国的研究队伍中，以日本学者为首的"在华纺"研究队伍最具规模。此外，在中国、韩国、欧美等学界，亦不乏关心日商纱厂问题者。日商纱厂研究队伍的壮大，既说明了日商纱厂研究具有生命力，也说明了它仍是研究近代中日经济关系史领域的重要选题。战后，学界对日商纱厂的研究视域大为开阔，不同专业研究背景的学者皆可探讨日商纱厂各方面的课题。日商纱厂研究队伍的最大变化在于，第二次世界大战前，日商纱厂仅是经济学家、纺织专家关心的对象，而战后，历史学家也开始对其产生兴趣，关于日商纱厂各种活动史的研究兴起。在史料收集上，与日商纱厂相关的资料大量涌现，不仅战前丰富的棉纺织业报刊、研究报告可供学者利用，且诸多当时日商纱厂经营管理者的回忆录、日记也陆续问世，从中可以了解一些重要相关经济人物的经营思想。值得庆幸的是，部分日商纱厂内部的档案资料虽于战火中焚毁、遗失，但仍有相当一部分得以保存，它们成了研究日商纱厂生产经营问题的第一手史料。在此基础上，战后关于日商纱厂的研究基本上形成了一条清晰的学术脉络。

　　以具体的研究成果而言，毫无疑问，第二次世界大战后对日商纱厂的研究以日本学界为大宗。日本学界经历了自第二次世界大战以后漫长的历史认识的积累，在资料收集、史实判明、理论运用上都展现出充分优势。战后，饭岛幡司、三瓶孝子等纺织史专家将日商纱厂的发展史纳入日本纺织史的范畴加以书写，尚不能脱离纺织史研究的窠臼。然至20世纪六七十年代后，一些关于日商纱厂的专题性、宏观性的研究论文陆续发表，其中的代表作品为副岛圆照的《日本纺织业和中国市场》（1972年）。副岛圆照在文中基本厘清了日商纱厂形成初期与日本纺织业之关系，他将日本棉纺织业产品和资本的对华输出，称为"不可避免地担当了日本侵略尖兵的角色"，这与抗日战争前中国学者严中平等人对"日商纱厂"的定义如出一辙。与副岛圆照的研究成果交相辉映的另一重要论文，为竹本晃的《日商纱厂的发展和背景，1914—1937年》（1976年）。竹本晃利用原日本纺织联合会编撰的历年《棉纱纺织事情参考书》的生产数据，将日商纱厂与日本国内纱厂不同时期的纯利润率进行了比较，得出"日商纱厂与国内纱厂织企业相比，在经营上取得了更为有利的成果"的结论，此外，竹本晃还将日商纱厂按照不同资产规模进行分类，分别统计出各家企业的利益率在不同时期的盈亏走向。更有意义的是，竹本晃还将日商纱厂与日本国内纱厂、华商纱厂在技术、组织、资本积累能力、军事力量支援等各项内外条件进行逐一对比，分析了日商纱厂所具有的优势，说明了它与后两者在市场、生产上得以抗衡竞争乃至超越的事实。此外，清川雪彦的论文《日商纱厂在中国棉工业技术发展过程中所具有的意义》（1974年），则指出了日商纱厂的先进纺织技术在客观上起到了带动中国华商纱厂技术整体升级的效果，清川雪彦尤其对上海日商纱厂在生产技术上的优越性给予了积极的评价。虽然副岛圆照等人的论文仍以经营活动为视角，但对于我们掌握战前与战时的日商纱厂所达到的规模和生产水平，具有很好的参考意义。另外，一些关于日商纱厂的区域性研究也在展开，如山崎弘明的《关于战时华北日本纺织会社经营动向的备忘录》（1977年）等成果，为我们了解战时华北日商纱厂生产动向提供了扎实的数据材料。

　　20世纪80年代以来，日本学界关于日商纱厂的研究硕果累累。以高村直助、杨天溢、桑原哲也为代表的日本学者，其研究体现出一个总的趋向，即将日商纱厂研究作为近代日本经济侵华史的一个重要环节来加以研究，这一研究理念在学者们的史料择取上有充分体现。高村直助等人认为，日商纱厂作为日本棉纺织业的在华前哨阵地，通过生产棉产品并将之在中国市场上销售，获取了庞大可观的利润。从1902年第一家日商纱厂上海纺织会社诞生，至 1945 年日本战败投降后 16 家日商纱厂企业为国民政府中纺公司接收为止，日商纱厂被视为日本棉纺织业在华的分身，成为日本帝国主义对华资本输出、实行经济掠夺的手段之一，日商纱厂的存在严重压制了中国民族棉纺织业的发展，对华商纱厂的生存空间产生了一系列的负面影响。高村直助等日本学者将日商纱厂的活动定性为日本帝国主义经济侵华的重要一环。这种定性式的研究在高村直助的《近代日本棉业与中国》（1982 年）、杨天溢的《在华日本棉纺织业（日商纱厂）与华商纱厂的相克》（1982 年）、桑原哲也的《在华纺的兴衰——国家的命运与企业的命运，内外棉》（1997 年）和《在华纺的组织能力——两次大战之间的内外棉株式会社》（2004 年）等论著中均有所体现。从史观而论，这一代日本学者的研究取向，往往不自觉地将史料迁就预设的观念框架；从研究内容而论，日商纱厂活动史的研究仍主要局限于生产经营史的范畴，日商纱厂的生产状况、经营效益、盈利情况既是这代研究者的关心所在，也局限了他们的研究视野。在史料运用上，这一时期的日本学者通过运用各类日文史料，构建了日商纱厂在华活动的历史脉络，然而遗憾的是，中文的相关资料尤其是当时中国的棉纺织业报刊，则择用不多。

近年来，以久保亨、笼谷直人、森时彦为代表的战后新一代学者，已认识到日商纱厂独特的地域性问题，以及日商纱厂的生产活动在不同历史时期、不同地域经济环境中所体现的丰富多样性。他们认识到，由于中国社会与市场的极度复杂性，日商纱厂并非仅仅依靠日本军政势力的庇护即可独霸整个中国棉产品市场，日商纱厂不仅面临着中国民族棉纺织业资本的激烈抵抗，且其自身也必须依赖及适应中国市场的各种需求而生存。20 世纪 20 年代以后，日商纱厂不仅与中国的华商纱厂对抗日益激烈，而且与日本国内纱厂的矛盾也有所升级。这种对抗与矛盾的体现，在于日商纱厂既具有强烈独占中国棉产品市场的欲望，也具有作为在华企业反对外来进口产品的本能。他们注意到，在原料的吸收上，中国本土棉花的产量与质量对日商纱厂的生产造成了较大的制约，日商纱厂还必须一定程度上依赖外棉进口。为了弥补高村直助等第一代学者对中文资料及一手档案利用的不足，森时彦、久保亨等学者参阅了大量中文文献，将日商纱厂的活动置于整体中国棉纺织史中加以把握，这样的研究思路在森时彦的《近代中国棉纺织业史的研究》（2001 年）和久保亨的《战间期中国的棉纺织业和企业经营》（2005 年）等著作中有充分体现。尤其是森时彦，还关注了日商纱厂产品在民间的流向与日商纱厂生产经营取向间的联系。同时，在森时彦主编的论文集《在华纺与中国社会》（2005 年）中，笼谷直人、岩井茂树、富泽芳亚等通过对日商纱厂生产经营方面的研究，分析了日商纱厂与中国社会之间的互动关系，他们力求还原近代日商纱厂在中国经济社会中的真实存在状态。从他们的成果中可见，这些学者对史料的择取，已开始转向民国时期大量出版的棉纺织业报刊与新中国成立后编写出版的华商纱厂企业史料上，并采用一些相关日本纺织界重要人物，如船津辰一郎、西川秋次、丰田左右吉等人的回忆录与传记，他们广泛运用史料的自信，显然建立在对以往研究视角的拓宽之上。森时彦还继承了高村直助等前辈在日商纱厂生产经营活动上的丰富研究成果，同时展开一系列外延性的研究，他们对日商纱厂活动史的研究已不再局限于生产经营方向，已拓展至日商纱厂与中日政治、社会、经济关系的探讨上。他们立足于中国近代经济史的宏大视野，阐述了日商纱厂在近代中国棉纺织业发展史中的重要意义，从而为对日商纱厂的研究注入了新鲜血液。一些全新的视角，如笼谷直人的《在华纺在日本棉纺织业中的历史意义》（收入森时彦主编的《在华纺与中国社会》，2005 年），通过分析 1925 年"五卅运动"至抗日战争全面爆发期间日商纱厂所处的与日本国内完全不同的生产环境，指出日商纱厂与日本母公司之间自始至终始存在一种联动的关系。久保亨的《战间期中国的棉纺织业和企业经营》（2005 年）则提出了华商纱厂的不同发展类型论与地带构造论。他对严中平所提出的日商纱厂在中国棉纺织品市场具有压倒性的优势之说持否定态度。他指出："确实从全国统计的范围来看，我们可以发现日商纱厂在细纱和棉纱市场上占有优势，但是，如果按照不同的地域来分析则未必如此。日本的资本在华北的优势无疑是显著的，但在中国内地它还无法伸入，反而中国资本的势力却可以扩展。如果是上海的话，日本资本和中国资本的势力可谓不相伯仲，但所谓全国范围压倒之说，则极勉强。"[1] 总之，这些学者关注日商纱厂所受到的地域影响，认识到日商纱厂与华商纱厂之间存在着既对抗又协调的复杂关系，强调日商纱厂与中国社会及各级市场存在的共生性。

需指出的是，近年来一些外国学者对日商纱厂的研究旨趣，已开始打破利用企业内部档案资料的传统企业史或社会经济史研究模式，逐渐趋向于从国家政治史的角度去分析日商纱厂的活动，如韩国学者金志焕的《棉纺之战——20 世纪 30 年代的中日棉纺织业冲突》（2006 年），日本学者富泽芳亚的《国民政府时期中国的棉纱统税改订问题和中日纺织资本》（1991 年）和《棉纱统税的制定与日中纺织资本》（1991 年）等，他们为日商纱厂的研究另辟蹊径，尽可能地将日商纱厂诸种活动的历史场景加以还原，多层面地分析

---

① 〔日〕久保亨：《战间期中国的棉业和企业经营》，东京：汲古书院，2005 年，第 17 页。

日商纱厂与中国国家上层的互动关系。

另外，中国国内学界对日商纱厂的研究，在新中国成立以后相当长的一段时期内基本处于空白状态。1978年以后，国内学界对日商纱厂的研究有所推进。一些学者如赵冈和陈钟毅所著的《中国棉业史》（1983年）、杜恂诚的《日本在旧中国的投资》（1986年）、虞京海的《日本旧上海棉纺织业的投资》（1995年）、朱婷的《论近代日本对华纺织资本输出》（1997年），以及刘敏的《近代日本纺织企业的对华掠夺》（1996年）、近代中国纺织史编辑组等编的《近代中国纺织史》（1997年）、庄红娟的《近代日本的对华资本输出原理——以在华日本纺织业为例》（2005年）等论著，对日商纱厂的资本性质与生产经营问题展开讨论。不过这些学者的研究成果虽也偶有新意，但大多不脱1949年前严中平、方显廷、王子建等关心的范畴，数据引用上并无很大的创新，其学术成果与同时期日本学者取得的研究成果相比，存在一定的差距。

在研究时限上，中外学者对日商纱厂自诞生至消亡各时期的活动均有涉足，但以20世纪20—30年代的研究最为集中，多以1937年抗日战争全面爆发前夕为下限。这一时期对应于日商纱厂活动的最活跃期，关于其生产的资料也最为丰富，故相对研究成果也最多，这些都对笔者研究战争前期日商纱厂的活动具有借鉴意义。然而如前所述，由于史料的相对匮乏，对于1937—1941年战争前期的研究在整体日商纱厂研究成果中处于薄弱地位，尤其是在史实梳理、研究的问题意识以及研究方法上，均留有相当的空白。笔者可以明显感到，即使是日本学者对于战时日商纱厂的活动，仍缺乏足够的认识，而这一时段研究的缺失，又与日商纱厂整体研究的强大阵容颇不相称，存在着"厚"战前而"薄"战时的现象。不过，即便是在这一研究比较薄弱的领域，也并非毫无成果，上文所提到的日本学者高村直助的《近代日本棉纺织业与中国》（1982年），以及中村隆英的《战时日本对华北经济的支配》（1983年）、今井就稔的《战时上海敌产处理的变迁过程与日中棉纺业资本》（2005年），另外还有中国学者王子建的《"孤岛"时期民族棉纺工业》（1990年）、史金生主编的《中华民国经济史》（1989年）、居之芬等主编的《日本在华北经济统制掠夺史》（1997年）、曾业英的《日伪统制下的华北农村经济》（《近代史研究》1998年第3期）、近代中国纺织史编写组所编的《近代中国纺织史》（1997年）、黄美真等主编的《日伪对话中沦陷区经济的掠夺与统制》（2005年）、罗苏文的《高郎桥纪事：近代上海一个棉纺织业工业区的兴起与终结（1700—2000）》（2011年）等论著，以及不胜枚举的上海史研究成果中的相关章节，都述及战时日商纱厂的一些活动情况。在这些研究成果中，对

1937—1941 年日商纱厂活动方面涉及较多的，仍属高村直助与王子建的成果。其他研究主要集中于简单描述日商纱厂在生产规模和经营上的情况而并未超越高村直助与王子建的研究成果，大多数的研究仅停留于对战时日商纱厂零星活动的片段性描写而非综合性的整体考察，他们或利用日商纱厂的扩张探讨上海"孤岛"时期经济的"畸形繁荣"问题，或者为了说明日商纱厂从日本军政当局对华北、华中沦陷区实行的经济统制中获取各种特权，说明日商纱厂的对华侵略性。在他们的论著中，一些简单数据往往被用以说明长达 4 年甚至更长时期日商纱厂的活动状况，从而得出日商纱厂作为日本帝国主义经济侵略政策的马前卒，利用战争大发横财的结论。他们的研究从单纯理解日商纱厂的生产扩张与利润增长，或从日商纱厂强行侵占华商纱厂等史实角度来看，虽也未尝不是如此，然而日商纱厂作为一个经济主体究竟在这样的时代背景中进行了怎样的生产活动，却并未述及或详加讨论。最关键的是，在他们的研究成果中，几乎没有提到日商纱厂自身在面临战争风云突变的局势下作出了怎样的决断，以及日本棉纺织资本家对战争经济的不同认识又对日商纱厂的生产经营产生了怎样的影响，即便是日商纱厂与日本军政当局的关系在他们的笔下也十分笼统模糊。事实上，看似清晰的结论在细致的史料面前往往更有推敲的必要，战时日商纱厂作为研究主体的综合性研究，实际并未展开。笔者特别希望指出的是，这种以日商纱厂为主体性的研究，应建立在对记录日商纱厂内部决策过程的企业内部文书的充分解读的基础之上。当然，在已有的研究成果中，许多论著涉及抗日战争时期日本对棉花的统制、法币、军票、伪币的汇率关系问题等外围研究，不可否认这些将对笔者的研究起到非常重要的参考价值。然而，结合中外已有研究现状可以看到，无论高村直助还是森时彦、久保亨等日本学者，以及王子建、方显廷、赵冈等中国学者，他们关注的主要是日商纱厂内部的生产活动，以及日商纱厂与表层市场之间的互动关系，而对于日商纱厂生产之产品如何利用传统中国社会已有之商业渠道（客帮）流向中国内地深层市场的过程问题，仍关注较少。而这一问题，是笔者特别关心之所在。

史料固然是历史研究立论的根据，但研究视角又往往决定了研究者对史料的择取，看似与研究主题无关或关系不大的史料，往往由于研究视角的变换而具有重要价值，而恰恰是新视角的产生、新史料的运用，又能揭示研究对象不为人知的新史相，日商纱厂的研究也不例外。中国学者固然在对日本史料的解读与运用上难以做到如日本学者那样精确与自如，然而中国学者也并非在日商纱厂的研究上毫无优势，我们对日商纱厂所处的立地环境的深刻认识与理解，在某种程度上似应还要超过日本学者。

关于战时日商纱厂活动研究的具体资料，笔者以日本外交史料馆藏档案（可从日本东亚历史研究资料中心公开网站浏览[①]）、日文旧报刊（可从神户大学新闻记事文库网站浏览[②]）、日商纱厂企业内部文书、同业会历年会议录为主体史料，这些资料皆为第一手，可信度较高。尤需说明的是，大阪棉业会馆所藏的抗日战争时期日本在华棉纺织业档案，首次得以利用，其中收录了1940年秋上海日商纱厂对社内劳工状况的记录，日商纱厂与日本政府大藏省财务官、日本军方之往来信函，同业会干部对日本在华经济统制政策的意见等大量珍贵的文件，为我们研究战时日商纱厂之活动状况提供了重要线索。通过对这些资料的研读，使我们对日商纱厂经营的战时客观环境有了新的认识。另外，一些当时的华文报刊、棉纺杂志、棉纺统计资料、华商纱厂企业经营史资料（以《荣家企业史料》为代表的一系列已出版资料，以及上海档案馆所藏档案）也可与之参照，互为佐证。

即便资料如此丰富，然而笔者的研究仍存在局限。战前中国关内的日商纱厂集中于上海、青岛、天津、汉口四地，其中以上海日商纱厂规模最大，约占总体规模的70%，上海日商纱厂的动向最应加以关注。然而上海日商纱厂在地缘结构、政治、经济环境因素上与青岛、天津、汉口存在极大差异。上海日商纱厂的情况，显然不能笼统地理解为日商纱厂整体的情况。在一些局部问题上，如战时日商纱厂的销路问题，由于青岛日商纱厂1937年12月因国民党军的爆破而全部被毁，天津日商纱厂自1938年起因棉花统制而生产低落，上海日商纱厂一枝独秀，其活跃程度远超过了华北日商纱厂，因而在销路上，对于天津、青岛日商纱厂的研究则远不如上海的具有代表性。在本书的一些章节中，笔者侧重以上海日商纱厂的活动为研究对象，不仅希望利用其存世的丰富资料，而且希望以当时沪上自由棉产品（棉花）市场的变动为背景，深入考察战时日本推行的经济统制政策，以及对日商纱厂自由市场的渗透与侵害程度。当然，即使是上海日商纱厂，有关其销路等方面的资料仍不完整，笔者不得不通过一些间接的报端记载来了解当时上海日商纱厂销路变动的实际状况。即便如此，在市场与销路问题上，青岛、天津日商纱厂资料的缺失，仍将会为今天的全面研究带来不小的遗憾。

关于日商纱厂的劳工问题，仅以笔者管见，上海与青岛的资料较丰富，

---

① 亚洲历史资料中心的官方网站为 http://www.jacar.go.jp。

② 神户大学图书馆报刊报道数据库的官方网站为 http://www.lib.kobe-u.ac.jp/sinbun/index.html。

而天津的相对缺乏。故笔者在劳工领域尽量避免面面俱到式的研究，而主要集中于华中地区的上海日商纱厂与华北地区的青岛日商纱厂。通过上海、青岛相应的比较，可以了解到日商纱厂中劳工活动的一些并不全面的状况。显然，囿于资料的限制，这样的研究一定会存在某些不尽合理之处。

最后，必须指出一些论文中的专有名词与计量单位存在不统一性。第二次世界大战前，日本关于中国地区的称呼与今天我们对地理区域的理解有所不同，如当时中国、日本的历史资料文献中所载的"华北"，与今天中华人民共和国所用的华北区域概念并不一致，本书所指的"华北"，确切地说应该是日本军事占领下的"华北沦陷区"，即包括当时的河北、山东、山西全省，以及河南省北部（开封市以北），江苏省北部（徐州市以北）的地区，大致与当时伪政权"华北政务委员会"治下的区域相当①，这样的定义也与日本学者对抗日战争时期"华北"的区域定义基本相符。②华中主要指的是长江中下游的沦陷区，为今天的上海市和江苏、浙江、安徽、江西、湖北省的全部或大部地区。③在一些特殊场合，如为了统计当时国内埠际贸易情况的需要，因福建地区的厦门等地为华中日军攻陷，为了计算方便而将之列入华中的统计数据之内。关于东北地区，由于1931年"九一八事变"后日本关东军以武力占领该地区，事实上造成了东北与关内地区割裂的局面。在当时日商纱厂的特殊历史语境下，日商纱厂并未将日本在东北投资的棉纺业视为其集团的一部分。自1932年伪满洲国成立以来，由于东北与关内地区被日本割裂，东北日资棉纺业的生产与华北、华中日商纱厂也存在差异，对战时东北日本棉纺业的研究虽然也是笔者应关注的重要课题，然而为了避免在本书中面面俱到而无侧重感的研究，笔者将不得不对之割爱，本书的主要研究对象局限于关内华北和华中地区日商纱厂的活动。

此外，中日棉纺业对于纺织企业之称呼也并不一致。中方的"公司"、"纱厂"，日方将之称为"会社"，为了便于读者对文献复查和与行文资料语

---

① 关于华北沦陷区的定义，笔者基本参考居之芬、张利民主编的《日本在华北经济统制掠夺史》（天津：天津古籍出版社，1997年，第2页）中的定义，不过，因与本书关系不大，笔者将上著关于"华北沦陷区"的定义中的"蒙疆联合政府"区域省略。

② 参见〔日〕中村隆英：《战时日本的华北经济支配》，东京：山川出版社，1983年，序言。抗日战争时期，日本的有些棉业调查书也将陕西省列入华北区域的情况。为了说明问题，笔者在有关章节内也将陕西的情况加以考虑。

③ 关于华中的定义，笔者参考上海档案馆编的《日本在华中经济掠夺史料，1937—1945年》（上海：上海书店出版社，2005年，前言）中的定义。日本历史学者的研究绝大部分也如此定义，不过也有将湖南等地列入华中区域者。

境的相互统一，除特殊情况外，笔者基本按照当时日本大部分文献的特定称呼，如大日本纺织株式会社，笔者简称为"大日本纺"或"大康纱厂"，内外棉株式会社则简称为"内外棉"等。在第一次使用这些企业或组织时，笔者将对这些简称加以说明。对于棉纱单位，抗日战争时期日本的单位是"捆"（约 400 磅、181 公斤[①]）、中国的单位是"包"或"件"（400—420 磅，181—190.5 公斤）；棉花单位日本是"俵"，即老担（约 60 公斤），而中国市场上通行之单位为市担（50 公斤），中日市场所用之棉货单位，诸如此类不尽相同。为保证资料的最大真实性，除非存在比较的必要，否则一般笔者在文中不予统一。

关于本书的研究结构框架，笔者对于战时日商纱厂活动的研究，主要通过七个章节展开。除第一章对抗日战争前日商纱厂之活动作一基本回顾与总结外，其余六章分别从日商纱厂的规模扩张、市场销路、原棉吸收、通货问题、劳工动向以及与战时中日社会经济之关系等方面，来探讨当时日商纱厂的经营状况。其中，关于日商纱厂从兴盛走向衰落之原因及其与战时中日社会经济之关系，虽在各章中皆有所述及，但在最后一章中笔者将利用新的资料作一综合性研究，故最后一章也可视为本书的总论。

在第一章中，笔者需要说明战前即大致 20 世纪 30 年代前中期日商纱厂的生产经营状态。在这一章中，笔者吸收了高村直助、森时彦、笼谷直人、严中平、王子建、方显廷、金志焕等中外学者已有的丰富研究成果，利用当时各种关于日商纱厂生产状况之中外资料，大致勾勒出日商纱厂在抗日战争前夕的整体生产经营状况。笔者将从各家日商纱厂之地理位置、设备规模、经营状况、原料消费、市场销路、生产成本、经营理念、劳资关系以及与华商纱厂关系等方面进行综合考察。本章主要为战时日商纱厂活动研究的开展提供背景知识，说明日商纱厂于战争爆发前夕形成了怎样的发展轨迹及其在中国整体棉纺业中所处的位置。

在第二章中，笔者主要研究日商纱厂在 1937—1941 年生产规模上的动向。这一章亦可分为两部分：第一部分，笔者主要说明自 1937 年"卢沟桥事变"以后，上海、天津、青岛日商纱厂因战事而在生产状况、生产规模上发生的变化；第二部分，笔者主要说明日商纱厂如何利用与日本军政当局之各种特殊关系，强行接收中国沦陷区内的华商纱厂为"军管工厂"、"委任工厂"，扩张实力的历史过程。在此过程中，日商纱厂对接收华商纱厂的意向及态度并

———————————
① 1 公斤＝1 千克。

非一成不变，在接收这些侵略的"果实"时，日商纱厂与华商纱厂的资本家究竟存在着怎样的关系？这种关系的实质又是什么？值得深入探究。无论是对于占领方的日商纱厂，还是对于被占方的华商纱厂，企业战时所有权的归属问题，皆为当时双方最为关心之所在。因而在这部分中，笔者将以中国沦陷区内华商纱厂的战时所有权归属问题为线索展开研究，探讨日商纱厂通过对华商纱厂侵占实现规模扩张的历史过程。在这一章中，笔者所参考之资料主要为战时日本方面之报刊，如《大阪时事新报》、《大阪朝日新闻》等，棉纺资料如大日本纺织联合会编的《东亚共荣圈与纤维产业》，以及历年《在华纺织同业会会议录》等，并参考一些华商纱厂如申新纱厂、永安纱厂等相关企业的内部档案史料，通过中日两国资料互证有关史实。

第三章，笔者将以日商纱厂之市场销路为视角，分析导致战时日商纱厂生产动向发生变化的商业原因，并说明市场销路对战时日商纱厂，尤其是上海日商纱厂走向兴盛的重要意义。笔者的问题意识在于，若将日商纱厂的生产动向视为一点而将民间消费视为另一点，那么连接这两点无形的"线"又是什么？换言之，是什么决定了日商纱厂产品的市场与销路的畅阻？要想说明这个问题，就必须在以往学者研究的基础之上拓宽研究的视角。笔者认为，日商纱厂的产品通过日商洋行、南北客帮、沪上棉货投机势力等商业渠道流向各级市场，若要研究日商纱厂的销路情况，就必须对客帮对日商纱厂产品的采购动向进行精确分析与全面把握。由于战争大环境的影响，市场行情与销路的畅滞并不统一，客帮采购欲望的强弱程度又深刻反映于日商纱厂的生产经营及利润所得之上。在本章中，笔者主要利用1937—1941年《上海日本商工会议所年报》、《中国埠际贸易统计1936—1940》、《申报》、《棉市周报》等资料中的数据或文字史料，说明1937—1941年上海棉产品市场的状况与日商纱厂销路的变动情况。

第四章，笔者主要探讨抗日战争前期日商纱厂的原棉采购情况与日本军政当局的棉产统制的关系问题。棉花作为棉纺织业基本的生产原料，对于日商纱厂的生产活动至关重要。战前日商纱厂吸收的原棉，主要为国产之华北棉花、华中棉花及从诸国进口的外国棉花。1936年全国棉产大丰收，各地棉花市场出现转机，原为中国棉纺织业得以改善的最佳时机，然而抗日战争爆发，华北和华中大部分棉田遭遇兵燹，兼之日军对棉区的棉产实施恶性统制，包括日商纱厂在内的中国棉纺织业在国棉采购上出现了危机。在棉产统制问题上，日商纱厂与日本军政当局既有合作也有抵触，日商纱厂的立场极其复杂。在国棉供给不足的情况下，日商纱厂对外棉的吸收转趋积极。战时日军对国棉生产、运输、分配的统制，法币汇率的变动，上海外棉进口量的变化，均对日商纱厂的生产活动产生了深刻影响。日商纱厂在原棉吸收、采购、消费等形式上皆与战前不同。在本章中，笔者最关心的问题是，战时原棉的供给困难问题究竟对日商纱厂的生产动向造成了怎样的影响。在本章中，笔者主要通过利用《棉市周报》、1938—1941 年《日商纱厂同业会议录》、1937—1941 年《大日本纺织联合会月报》、亚洲历史资料中心的开放档案等资料，来解决这一问题。

第五章，笔者主要讨论以往中日研究中一个尚未被充分关注的重要问题，即日商纱厂与日本的战时通货政策究竟存在着怎样的联系。战时的中日通货战，主要是指国民政府发行之法币与日本军部发行之军票，围绕争夺中国市场货币主导权的经济对抗活动。自 1935 年国民政府推行币制改革以来，日商纱厂作为日本在华的大型企业，无论内外交易均以法币结算，各家纱厂内部均积累了大量法币资金。然而战事爆发，日本军部为谋求最大经济利益，于华中推行军票制度。日军想方设法控制军票与法币之汇率，力图使毫无价值的军票变成有价通货，从而为掠取沦陷区内各项物资创造便利条件。而在这一过程中，日本政府意识到了日商纱厂对于当时中国金融市场的影响力，故秘密利用日商纱厂内的法币（军票）资源，先后设立一系列账户，暗中调控法币与军票间的汇率。战时环境下日商纱厂面对波谲云诡的金融市场作出了怎样的决策？日商纱厂对军票又持怎样的态度？日商纱厂自身又如何陷入了日本的对华金融统制之中？通过对这一系列问题的研究，可以使我们从另一侧面了解日商纱厂与日本政府、军部间在通货关系上的微妙联系，揭开日商纱厂从追求自由经济利益的立场转向积极维护日本国策的立场背后不为人知的原因，从而探讨日商纱厂走向衰落的根本原因。在本章中，笔者所采用的主要为日本大阪棉业会馆所藏尚未发表的相关文书（笔者暂名《日本棉业会馆藏未刊战时在华纺档案》)、《支那事变军票史》以及当时日本大藏省驻上海财务官相马敏夫带有回忆录性质的《华中通货回顾》等资料。

第六章，笔者主要探讨战时环境下日商纱厂内部的劳工问题。具体而言，在本章中，笔者主要关注战时劳工来源及雇佣制度、用工时间与薪酬制度、管理体系与劳动效率、居住环境与生活设施、工人运动与劳资矛盾以及惩罚与解雇制度等问题。而在这些问题中，笔者尤为关心的是战前、战时劳工在雇佣关系、生产环境、生产效率上的变化。以往或许受 1925 年"五卅运动"等工运宣传及诸种左翼文学作品之影响，日商纱厂的用工制度基本被格式化理解。然而笔者通过研究发现，即使战时处于日军直接监视下的日商纱厂，仍旧吸引了大批劳工就业，战时日商纱厂的生产井然有序，经营有条不紊。在认识日商纱厂对劳工具有剥削性的同时，也可以看到它与中国社会存在一定的共生性——虽然这一点成为日商纱厂战后为其在华活动辩护的理由，然而日商纱厂为中国社会的稳定发挥了一定的作用，这一点将使我们更能理解战时环境下一支稳定、充沛的劳工队伍对日商纱厂走向繁荣的重要意义。在本章中，笔者主要参考了《上海产业与上海职工》、《抗日战争时期上海工人运动史》等工运著作，以及《内外棉株式会社五十年史》、《上海第九棉纺织厂工人运动史》、《上海第一棉纺织厂工人运动史》等中日学者编写的厂史。日本学者大里浩秋等编的《日商纱厂的居住环境》课题报告，上海档案馆保留的抗日战争时期各日商纱厂工人档案资料，以及美国学者韩起澜的《姐妹和陌生人：上海纱厂中的女工，1919—1949 年》等论著，对笔者了解战时日商纱厂劳工生活的客观环境具有参考意义。另外，关于华北日商纱厂方面的资料，笔者主要参考了日本南满洲铁道株式会社调查部编写的《青岛纺织劳动调查》，以及1937—1941 年同业会天津支部、上海支部、大阪本部会议录的相关内容。

第七章，笔者将从日商纱厂集团自身对其战时"价值"的认同问题入手，结合各章的研究结果，说明日商纱厂从兴盛走向衰落的真正原因。日商纱厂所谓的"价值"当然出自其自身的语境，显然指的是它对日本战争机器的存在意义，然而恰恰是日商纱厂对其自身价值的认同，更能够揭露日商纱厂集团一系列活动的真实动机。笔者正是希望通过分析日商纱厂自身对其"存在价值"的认识，来了解战时环境下日商纱厂内部的话语体系与历史存在感。作为本书的总论部分，这一章与前六章不同的是，笔者更为关注日商纱厂自身对抗日战争中其角色的认同意识：日商纱厂是怎样卷入战争的时代大潮中的？日商纱厂与当时的日本国内棉纺织业究竟具有怎样的关系？而造成这种关系的根源是什么？抗日战争前期，日本民间资本不仅与日本军国主义之间存在着复杂多面的联系，而且与中国社会也存在着千丝万缕的关系。毋庸置疑，日商纱厂对中国棉纺产业乃至中国社会整体造成了负面影响，然而它同时也使中国棉纺织业的产业结构、市场销路发生了深刻的变化。结合其他各章的研究结果便可以看到，日商纱厂竭力避免陷入日本经济统制的漩涡中，1938—1940 年，日商纱厂尤其是上海的日商纱厂仍维持着充满自由经济气息的生产活动，然而 1940 年 10 月以后，这种气息不再，日商纱厂深陷日本对华经济统制政策的泥沼中难以自拔，或可将其理解为 1940 年 10 月是日商纱厂从兴盛走向衰落的分水岭。那么如何客观评价日商纱厂从兴盛走向衰落的原因，进一步理解日本在华棉纺织业与军国经济体系的关系，则是本章无法回避的两大问题。在本章中笔者所运用的资料主要为上文所述及的《棉业会馆所藏在华纺未公开档案》中名为《在华纺的立场》的文件，这份文件为笔者解读日商纱厂的自身立场提供了重要的线索，另外，一些日本棉纺织业通史著作如饭岛幡司的《日本纺织史》、三瓶孝子的《日本纺织发达史》中关于中日战时日本棉纺织业的丰富描写，也具有一定参考价值。

第一章
20世纪30年代以来日商纱厂的
生产经营与扩张

　　1937 年抗日战争全面爆发之前日本棉纺织业在华的活动史，可谓是一部日本民间棉纺织资本在华的扩张史。1895 年中日两国签订《马关条约》，该条约允许日本人在中国沿海口岸开厂兴业，从而为日本棉纺织业在华的投资活动提供了法理依据。自 1902 年第一家日商纱厂——上海纺织会社诞生以来，经历了两次黄金发展期的日商纱厂，至 1937 年抗日战争全面爆发前夕已形成了庞大的生产规模。[①] 自 20 世纪 20 年代起，日商纱厂的扩张势头对中国本土的民族棉纺织业的发展产生了一系列负面的影响，尤其是上海日纱商厂与当地民族纱厂形成对峙之势。固然，日本军政当局在华势力的不断膨胀，是促使日商纱厂得以扩张的客观原因，而另外日本国内棉纺织业趋于饱和而出现的资本输出，又成为日商纱厂积极对外扩张的内在动力。[②] 通过研究战前，主

[①] 第一次世界大战前，日本在华棉纺织业仅以两个贸易商社的形态存在，其无论在资本投入、生产规模及对中国市场的占有率上均未对华经济产生较大影响。在第一次世界大战期间，由于欧美资本无暇东顾，进口棉产品剧减，日本纺织界因战时经济景气而获得了大量资本，这些条件为战后日商纱厂在华的迅猛扩张提供了发展契机。此外，第一次世界大战后，中国对棉纱进口关税的提高，日本国内夜班禁止法令的颁布等，也均是促使日本资本大举对华投资的客观原因。日商纱厂的大发展大致经历了第一次世界大战后至 20 世纪 20 年代初和 20 世纪 20 年代末两个黄金发展期。见高村直助：《中日战争与在华纺》，〔日〕井上清等编：《中日战争和中日关系》，东京：原书房，1988 年，第 329 页；另见樋口弘：《日本对华投资》，北京编译社译，北京：商务印书馆，1959 年，第 27—28 页。

[②] 当时日本学者冈部利良认为，20 世纪 30 年代日商纱厂在华北大举扩张的日本国内因素，主要在于日本国内纺织业本身处于转型期，设备量的发展已经饱和。参见〔日〕冈部利良：《在华纺织业的发展及其基础》，东京：东洋经济新报社，1937 年，第 4 页。日本的军火重工业从 1930 年工业总量的 32.8% 增至 1935 年的 43.5%，而纤维业反从 30.6% 降至 29.1%，从中大致可以看到，日本纺织业进入 20 世纪二三十年代后已整体处于饱和、停滞的状态。参见〔日〕中村隆英：《昭和经济史》，东京：岩波书店，1986 年，第 19 页。

要是 20 世纪 30 年代前中期日商纱厂在生产规模、经营状况、原棉消费、市场销路、劳工动态、与华商纱厂关系上的状况，不仅可以使我们了解日商纱厂与中国社会的经济发展究竟形成了怎样的互动关系，而且也能使我们看到日商纱厂在战争前夕经营与扩张的实态。

第一节　地域与规模

上海作为近代中国棉纺织业的发祥地，也是中国棉纺织业的中心，其所处的地理位置、商业优势为中国棉纺织业的发展提供了诸多有利条件。1902 年，三井物产收购上海华商经营的"裕晋纱厂"后，改名为"上海纺织株式会社"，成为日商在华设立的第一家纱厂。4 年后，三井物产又收购了上海的华商大纯纱厂，改名为"三泰纱厂"。"上海纺织会社"与"三泰纱厂"的出现，被一些日本学者视为日本棉纺织业在华实业投资肇始的标志。[1]1911 年，原本经营棉花业务的内外棉会社，在上海开办了内外棉纱厂，此后该厂于上海又开办多家分厂，大型日商棉纺织企业开始出现。第一次世界大战之后，上海出现了日商竞办纱厂的热潮，同时华商亦积极于沪上兴业，上海成为日商纱厂与华商纱厂竞争最为激烈的前线。20 世纪 20 年代以后，中日棉纺势力长期对峙，实力不分伯仲。至 1937 年 7 月抗日战争全面爆发前夕，上海日商纱厂形成了以内外棉纺织株式会社（9 厂，以下简称"内外棉"）为首，日华纺织株式会社（8 厂，以下简称"日华纺"）、同兴纺织株式会社（2 厂，以下简称"同兴纺"）、上海纺织株式会社（5 厂，以下简称"上海纺"）、钟渊纺织株式会社上海分厂（2 厂，华名"公大纱厂"，以下沿用此简称）、丰田纺织株式会社（2 厂，以下简称"丰田纺"）、裕丰纺织株式会社（1 厂，以下简称"裕丰纺"）、大日本纺织株式会社上海分厂（1 厂，华名"大康纱厂"，以下沿用此简称）、东华纺织株式会社（1 厂，以下简称"东华纺"）共 9 家日商棉纺会社 30 家纱厂的庞大棉纺织企业集团。1937 年 6 月末，上海地区日商纱厂达到纱锭 1 357 720 枚、线锭 341 928 枚、织机 17 360 台的生产规模。在这些设备的运转下，1936 年度上海日商纱厂共生产棉纱 367 500 余包（为销售棉纱）、

---

① 〔日〕高村直助：《日本棉纺业和中国》，东京：东京大学出版会，1982 年，第 75 页。

棉布 12 375 700 余匹。[1]

日商纱厂在规模上仅次于上海的另一重要据点为青岛。青岛临近诸多煤矿，背靠华北广阔的棉产区，地理条件极为优越。山东地区富有大量低廉的劳动力资源，为青岛棉纺织业的发展创造了得天独厚的条件。1917 年日本对德国宣战，日军以武力占领青岛后，在青岛设置民政署，大力吸引日商投资兴业。1919 年以内外棉为首的日商企业，首先在青岛开办分厂，此后大批日商纺织会社接踵而来，至 1936 年年末，青岛地区形成了公大纱厂分厂（6厂）、大康纱厂分厂（3 厂）、同兴纺分厂（1 厂）、上海纺分厂（1 厂）、丰田纺分厂（1 厂）、内外棉分厂（3 厂）、富士纺织株式会社分厂（2 厂，以下简称"富士纺"）、日清纺织株式会社分厂（2 厂，以下简称"日清纺"）、长崎纺织株式会社分厂（1 厂，华名"宝来纱厂"，以下简称"长崎纺"）等 9 家日商棉纺织会社 19 厂的规模。日商纱厂在青岛的扩张较上海顺利，因为当地的华商纱厂唯华新纱厂一家，战前的青岛基本形成了日商纱厂独霸当地棉纺织业的局面。[2]1937 年 6 月末，青岛日商纱厂的生产设备达纱锭 614 204 枚、线锭26 864 枚、织机 11 544 台，1936 年度青岛日商纱厂共生产棉纱 194 000 余包（为销售棉纱）、棉布 5 938 000 余匹。

日商纱厂的第三个重要据点为天津。天津原为华商纱厂在华北的重镇，地理位置上接近河北、山东等棉产地，背靠华北乃至东北腹地的广大底层市场，临近高阳等华北土布生产中心，可谓"具备了几乎不可限量的，纺织业发展上所需要的一切条件"[3]。然而 1931 年"九一八事变"后，东北沦陷，天津华商纱厂失去了重要的关外市场，进而华北危急，南方资本陆续撤离，而从东北走私入关的日本棉产品大举填补华北市场，"旋且沿海南趋几及鲁省，殆不仅华北市场有极廉之外布矣，河北各纱厂，首遭最大打击，津埠诸厂，卒致无法维持"[4]。1935 年"华北事变"后，日商纱厂依恃日本军政当局在华北的淫威，加紧收购破产之华商纱厂，竭力扩张在天津的势力。[5]日本政府于

---

[1] 饭尾一二：《在华纺的近况与其将来》，《大日本纺织联合会月报》1938 年 1 月 15 日，543 号。

[2] 严中平：《中国棉纺织史稿》，北京：科学出版社，1955 年，第 236 页。

[3] 樋口弘：《日本对华投资》，北京编译社译，北京：商务印书馆，1959 年，第 40 页。

[4] 华商纱厂联合会编：《华商纱厂联合会年会报告书》（1935 度），上海图书馆藏未刊本，第 22 页。

[5] 日商纱厂在天津的扩张，一方面因为日本国内生产饱和而设备过剩，故需将设备转移到青岛、天津等新的扩张据点，另一方面也预计到华北棉花未来存在大幅增产的可能性。另外，天津的日本总领事馆和驻屯日军能够确保日商投资安全，也是日商考虑在天津购地置厂的重要因素。正因为如此，日商在购地置厂或收购华厂时，或多或少都得到了日本领事馆或当地日本军方的协助。参见〔日〕高村直助：《近代日本棉纺织业与中国》，东京：东京大学出版会，1982 年，第 220—221 页。

1936 年 8 月发表的《第二次处理华北纲要》与 1937 年 2 月发表的《第三次处理华北纲要》，均提到日本对华北经济开发的强烈需求，其中华北日本军政当局对来华北投资的日本民间资本，尤持欢迎态度。[①] 自 1936 年以后，日本民间纺织资本加快在津投资设厂，至战争前夕，天津已被日商纱厂彻底"据点化"。抗日战争前夜，天津地区形成了公大纱厂（2 厂，其中公大六厂为日本钟渊纺织株式会社收购华商裕元纱厂后所改之名，公大七厂为日本钟渊纺织株式会社收购华商天津华新纱厂所改之新名）、天津纺织株式会社（1 厂，东洋拓殖会社与伊藤忠收购华商宝成三厂后成立，以下简称"天津纺"）、裕丰纺（1 厂，东洋纺与华商唐山华新纱厂合办之厂），形成了以日商三大棉纺织企业（即钟渊纺、大日本纺、东洋纺）为投资背景的 4 家纱厂的规模。1937 年 6 月末，天津日商纱厂的生产设备达纱锭 255 404 枚、线锭 13 920 枚、织机 2552 台。由于天津日商纱厂多兴办于战争前夕，故生产额远较上海、青岛为少，1937 年上半期天津日商 4 家纱厂的生产额仅为棉纱 53 251 包（为销售棉纱），棉布约 3 472 156 匹。[②] 由于当时日本国内的岸和田纺、福岛纺、吴羽纺、仓敷纺和歌山纺等纺织企业皆有意于津设立分厂，因而日商预计日本棉纺织业将于 1938—1939 年前后在津掀起建厂高潮，他们设想天津日商纱厂的生产规模，最终将赶上甚至超过青岛的日商纱厂。

另外，日商资本在汉口还设有一家泰安纺，系为大阪日本棉花会社投资的小型纱厂，仅有纱锭 24 816 枚、织机 380 台的规模。另外，战前日商曾欲兼并济南地区总数约 6 万枚纱锭的 6 家小型华商纱厂[③]，终因青岛已成规模，为了避免过于分散投资，日商放弃了这一计划。

在 1931 年"九一八事变"之前，东北地区原有 3 家日商棉纺织企业、4 家纱厂，即满洲福岛纺织株式会社、内外棉金州分厂（2 厂）、满洲纺织株式会社等。1932 年伪满洲国成立，日商资本控制的东北棉纺织业至 1936 年年末，达到纱锭 162 904 枚、线锭 2100 枚、织机 1508 台的规模。众所周知，日本当局将伪满洲国视为傀儡，故满洲福岛纺织株式会社等东北日资纺织企业，不仅不为关内的日商纱厂集团所接纳，甚而与关内日商纱厂在原棉收购、市场占有等利益问题上，屡屡竞争。[④]

---

① 〔日〕日本外务省编：《日本外交年表及主要文书》（下册），东京：原书房，1969 年，第 347—348、359—357 页。

② 樋口弘：《日本对华投资》，北京编译社译，北京：商务印书馆，1959 年，第 40 页。原文棉布生产额为约 11 785 平方码，即 11 785×11 785/40＝约 3 472 156 匹。

③ 樋口弘：《日本对华投资》，北京编译社译，北京：商务印书馆，1959 年，第 41 页。

④ 金志焕：《棉纺之战——20 世纪 30 年代的中日棉纺织业冲突》，上海：上海辞书出版社，2006 年，第 199—202 页。

　　至1936年年末，日商纱厂的纱锭总数如图1-1—图1-7所示，已占当时全国（包括东北地区）纱锭总量的46%，线锭达到占到69%，织机占到54%。

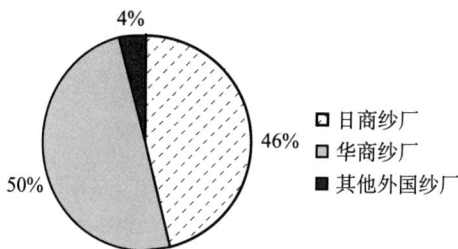

図 1-1　各国棉纺织业在华总纱锭枚数中所占比例图（总纱锭数 5 216 391 枚，1936 年年末）

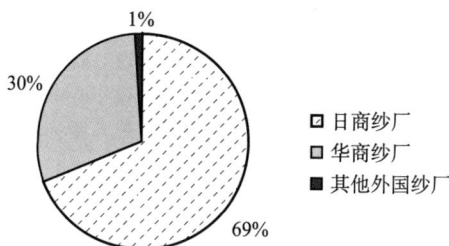

図 1-2　各国棉纺织业在华总线锭数中所占比例图（总线锭数 493 350 枚，1936 年年末）

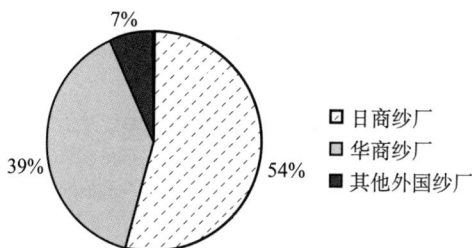

図 1-3　各国棉纺织业在华总织机数中所占比例图（总织机数 57 396 台，1936 年年末）

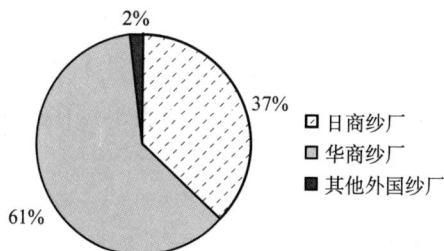

図 1-4　各国棉纺织业棉纱年产量在华总量中所占比例图
（年棉纱产量 2 262 833 捆，1936 年全年）

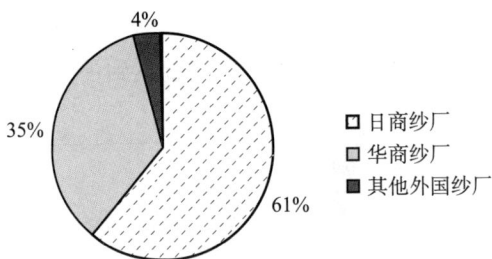

图 1-5　各国棉纺织业棉布年产量在华总量中所占比例图
（年棉布产量 99 225 千平方码，1936 年全年）

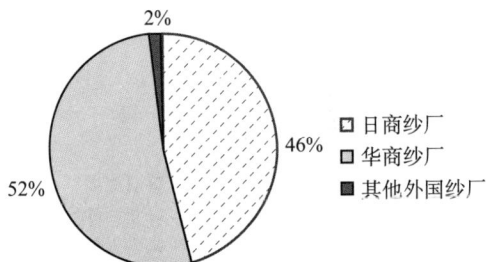

图 1-6　各国棉纺织业年消耗原棉在华总量中所占比例图
（全华年消耗量 9 579 605 担，1936 年全年）

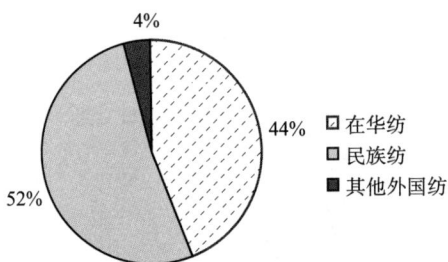

图 1-7　各国棉纺织业在华劳工数在全国棉纺织业劳工数所占比例图
（全国棉纺织劳工数 237 884 人，1936 年年末）[1]

日商纱厂集团下辖的纱厂均集中于沿海（江）地区，不仅交通便捷，且受日本在华军政势力的庇护。我们可以通过表 1-1 了解 20 世纪二三十年代若干年度日商纱厂的生产规模。

---

[1]　图 1-1—图 1-7 数据，参见〔日〕元木光之：《内外棉株式会社五十年史》，大阪：内外棉株式会社，1937 年，书末附表。

表 1-1　20 世纪二三十年代日商纱厂生产规模情况表

单位：枚，台

年度		上海日商纱厂	青岛日商纱厂	天津日商纱厂	其他合计
1925年	纱锭	976 333	237 544	—	1 234 210
	织机	5 312	1 109	—	6 340
1930年	纱锭	1 109 422	344 300	—	1 478 477
	织机	9 172	2 869	—	12 341
1935年	纱锭	1 352 012	492 484	—	1 869 312
	织机	15 518	7 114	—	22 932
1936年	纱锭	1 349 720	523 204	169 960	2 067 700
	织机	17 298	8 790	1 400	27 788
1937年	纱锭	1 357 720	614 204	255 404	2 252 144
	织机	17 360	11 544	2 552	31 816

资料来源：1925—1936 年度的数据参见〔日〕三瓶孝子：《日本绵业发达史》，东京：庆应书房，1941年，第 261 页；因为统计来源不同，三瓶孝子的数据与大日本纺织联合会的统计略有出入。本表 1937 年度数据采用大日本纺织联合会的统计，参见〔日〕大日本纺织联合会编：《东亚共荣圈与纤维产业》，大阪：文理书院，1941 年，第 216 页

从表 1-1 中的数据可见，战前日商纱厂在总体规模上处于一个扩张态势。1925 年上海日商纱厂的纱锭数，约占日商纱厂纱锭总数的 79%，至 1937 年 6 月末时减至 60.3%；1925 上海日商纱厂的织机数约占总数的 84%，至 1937 年 6 月末时约占 54.6%，上海日商纱厂设备的增长速度在 20 世纪 30 年代已趋于缓慢。与之相反的是，自 20 世纪二三十年代以来，青岛、天津的日商纱厂在规模上虽远不及上海，但设备总量却呈现大幅增长的态势。这一现象说明战前日商纱厂的重心已开始北移。

第二节　各社生产特点与经营状况

日商纱厂因其受所处地域环境之影响，而与本国母公司在生产分工上有所不同，各家纱厂形成了各异的经营特色。战前上海、青岛、天津、汉口四地 13 家日商纱厂的基本生产经营状况如下。

内外棉：本部设于上海。内外棉自 1911 年于上海设厂以来，其规模不断

扩大，至 1937 年时已居日商在华棉纺织企业之首。[①] 内外棉的发展规划受其管理层的分散经营理念影响至深，内外棉的管理层"对原料、市场行情、销售决算等都经过详细的研究调查……而将全力投入分散的地域经营"[②]，由于经营灵活，各据点内外棉分厂自 1929 年起盈利即十分可观，不仅财务上无欠款，每期均可分得固定红利（约 12%）。1935 年国民政府推行币制改革，法币对日元汇率持续低落，以日元结算的内外棉，其生产成本大幅减少，公司将所获利润大量留于社内，这为其大举更新设备提供了资金保障[③]；由于内外棉分散经营的发展策略，其在各地的分厂具有一定的生产独立性，纱厂往往兼有织布业务，如上海内外棉分厂所产 20 支以下粗纱绝大多数皆供本厂织布所需，几无外销。在生产内容上，内外棉从低支粗纱到高支细纱的生产，从棉布生产到布料印染的加工，无所不包，呈现出丰富的生产多样性。在生产结构上，以内外棉 1936 年上半期为例，当期棉纱生产量约占内外棉所有棉产品总量的 56.5%（其中 30 支以上外销细纱占 54.4%）、棉布布料约占 15.5%、加工棉布约占 28%[④]，因而可以看到，内外棉在生产结构中具有倾向生产细纱及精细棉布等高档产品的特色。在生产技术上，内外棉十分重视对纺织设备的更新换代，战前内外棉上海分厂的棉纱生产，均采用滚珠轴承锭子技术及高牵伸式纺纱技术，这些技术在当时十分先进。内外棉在生产技术层面上与同时期的日本国内纱厂乃至欧美纱厂相比，亦毫不逊色。[⑤] 综合来看，内外棉是日商纱厂在华成功经营的典范。

日华纺：本部设于上海。日华纺在战前将其纺纱设备大部分改造为大牵伸式纺纱模式，生产效率大幅提高，但在生产内容上往往以生产中纱为主要业务。由于日华纺热衷于收购沪上华商纱厂以扩充实力，故向银行大举融资维持社内周转，因而社内借款甚多，收购的华商纱厂的设备良莠不齐，"究以旧设备之改良远不及新设备之精锐，况内容不良，生产费不免过高，尚难与内外棉、同兴等相

---

① 〔日〕大日本纺织联合会编：《东亚共荣圈与纤维产业》，大阪：文理书院，1941 年，第 219 页。各厂具体情况可参考附录一。

② 〔日〕元木光之：《内外棉株式会社五十年史》，大阪：内外棉株式会社，1937 年，第 150 页。

③ 内外棉自 1929 年以来，每期盈利率几乎都占缴纳资本的 20% 以上，高者可至 45.6%(1937 年上半期)，红利固定为 12%。见本书编委会编：《中国近代纺织史》（下），北京：中国纺织出版社，1997 年，第 223 页。内外棉在 1931 年即在上海投入棉布染色加工设备，使从来的无花纹染色得以改进，另外 1936 年内外棉还投入了大量资金对纺织机械进行大牵伸式改造，进一步提高生产效率。〔日〕高村直助：《近代日本棉纺织业与中国》，东京：东京大学出版会，1982 年，第 214 页。

④ 〔日〕高村直助：《近代日本棉纺织业与中国》，东京：东京大学出版会，1982 年，第 215 页。

⑤ 〔日〕元木光之：《内外棉株式会社五十年史》，大阪：内外棉株式会社，1937 年，第 148 页。

较"①。由于日华纺经营不善，1936 年之前，其利润率多为负增长而无红利。

公大纱厂：日本三大棉纺织会社之一钟渊纺织株式会社在华投资的纱厂。公大纱厂 1921 年在上海投产运营，1923 年另在青岛购地开办分厂。公大纱厂注重对汇率、原棉、产品等的投机交易，对设备技术的改进不甚投入，在诸家日商纱厂中最迟引入大牵伸式纺纱技术。②不过，公大纱厂规模庞大，雇佣大批劳工，充沛的劳力往往弥补了其设备落后的缺陷。此外，公大纱厂与日本母公司钟渊会社关系极为密切，生产所得利润作为投资的成果，大量汇回日本母公司。

上海纺：东洋棉花会社在华的分会社，原由继承负债破产的三井系上海纺而来。上海纺对引进新技术倾注全力，不仅于日商纱厂中较早地引进了大牵伸式纺纱技术中最先进的今村式单程纺纱术③，而且继丰田纺之后又迅速引进了丰田式自动织机④，具有较强的生产细纱及高档棉布的能力。由于设备先进，生产效率高，上海纺经营效益颇佳，每期分红率均能维持在 10%左右。⑤

大康纱厂：日本三大棉纺织会社之一大日本纺的在华分厂。大日本纺在中国的扩张要比内外棉、上海纺等晚得多，20 世纪 20 年代初方在上海、青岛两地设厂。大康纱厂在技术上比日华纺等日商纱厂要略晚引进大牵伸式技术，"九一八事变"后方在社内全面推广。不过，新技术的推广在青岛分厂极为迅速，大康青岛分厂至 1937 年战争前夕，已在当地具有最一流的生产技术。⑥不过，大康青岛分厂对产品的高级化不甚重视，青岛分厂自 1934 年起并始纺细纱，至战前细纱生产量仅占其纺纱总量的 15% 左右，且纺出的各类细纱主要供本厂织布所用，流入外部市场的极少。⑦与青岛分厂相比，大康上海分厂因设备新旧不齐，机械种类异常复杂，不少为日本本土淘汰的老化机型仍复使用，因而整体生产效率低下。由于大康纱厂纱布产量巨大，其产品畅销全国，上海分厂所生产的 20 支粗纱、42 支细纱，青岛分厂所产的 20 支粗纱，

---

① 《日商在华活跃状况》，《棉业月刊》1937 年 3 月，原文译自《上海每日新闻》1936 年 11 月 14 日—11 月 28 日诸期。

② 笼谷直人：《在华纺对于日本棉纺织业的历史意义》，见〔日〕森时彦编：《在华纺与中国社会》，京都：京都大学学术出版会，2005 年，第 16—17 页。

③ 笼谷直人：《在华纺对于日本棉纺织业的历史意义》，见〔日〕森时彦编：《在华纺与中国社会》，京都：京都大学学术出版会，2005 年，第 13 页。

④ 〔日〕高村直助：《近代日本棉纺织业与中国》，东京：东京大学出版会，1982 年，第 214 页。

⑤ 本书编委会编：《中国近代纺织史》（上），北京：中国纺织出版社，1997 年，第 229 页。

⑥ 樋口弘：《日本对华投资》，北京编译社译，北京：商务印书馆，1959 年，第 39 页。

⑦ 《山东省棉纺织品产销报告》，《棉业月刊》1937 年第 1 期。

在全国各地皆有较大的知名度。[①]

同兴纺：为日商纱厂集团中的后起新秀。同兴纺原属大阪合同纺织株式会社系统，1922 年由大阪合同纺织株式会社在上海投资兴办。同兴纺的生产优势在于，依赖日本银行的低利融资尽量降低设备成本。同兴纺的生产效率颇高，"青岛工厂尤为新锐，以高能率低成本自夸"[②]。因其母公司大阪合同纺织被东洋纺织吞并，同兴纺一度摇摆于与裕丰纺的合并风潮中，规模上的进一步扩张受到了限制。1932 年上海"一·二八"事变后，同兴纺将生产重心逐渐转移至中、细纱的生产之上，其所生产的棉纱除一小部分用于社内织布之外，大部分流入市场，而其中 42 支细纱最受好评。[③] 由于产品销路畅通，同兴纺自 1931—1937 年每期的平均利润率均达 14% 左右[④]，营业效益于日商纱厂诸家企业中，可谓极佳。

裕丰纺：原属于东洋纺织在华投资的纱厂。裕丰纺成立于 1923 年，与同兴纺同属日商纱厂集团中的后进。1929 年，裕丰纺从东洋纺织株式会社分离独立，其与母公司的关系从此淡薄，裕丰纺得以尽量将资本留于社内，用于生产设备的改进。1933 年至抗日战争爆发前夕，裕丰纺每期产品的销售业绩颇佳，均可保持 8% 左右的红利率。[⑤]

丰田纺：系日本丰田纺织株式会社在华投资的分厂。丰田纺于 1920 年在上海设厂投产，1935 年又在青岛开办第二分厂。丰田纺是日商纱厂中最早引进丰田自动织机的企业，因而在棉布生产方面体现出了强大的优势。20 世纪 30 年代以来，大量的丰田自动织机运至社内，按中国市场需要改装后运往全国各地。[⑥] 丰田纺素来注重产品质量，其上海分厂所生产的 16 支纱，市价颇高，口碑较好。

东华纺织株式会社：为日商纱厂中实力较弱的一家。它的规模较小，当时棉纺织界评其为"未达经营之经济单位，一切设备依然旧状，故能率不举，

① 〔日〕井上幸次郎：《大日本纺织株式会社五十年纪要》，大阪：大日本纺织株式会社，1941 年，第 105—108 页。

② 《日商在华活跃状况》，《棉业月刊》1937 年 3 月，原文译自《上海每日新闻》1936 年 11 月 14 日—11 月 28 日诸期。

③ 笼谷直人：《在华纺对于日本棉纺织业的历史意义》，见：森时彦编：《在华纺与中国社会》，京都：京都大学学术出版会，2005 年，第 20 页。

④ 高村直助对在华纺各社历年利润率数据表的统计，参见〔日〕该氏：《近代日本棉纺织业与中国》，第 125 页。

⑤ 本书编委会编：《中国近代纺织史》（上），北京：中国纺织出版社，1997 年，第 230 页。

⑥ 〔日〕东和男：《创业期的丰田与上海》，东京：时事通讯社，2009 年，第 95 页。

且活动资金欠充，买进原棉不能如意措置，结果借入款项，较国内利率为高，欲求减低成本，自不可能"[1]。虽然东华纺背负不少债务，但也并非处于危险状态。因缺乏资金改进设备，该社概以纺织 12 支至 23 支间粗中纱为中心，因其棉纱品质较差，往往采用较他厂低廉之销售战术，而与华商纱厂竞争低级产品市场。

青岛富士纺、隆兴纱厂、宝来纱厂：均为母公司在日本国内的日商纱厂，富士坊属日本富士瓦斯纺织系统，隆兴纱厂属日本日清纺织系统，宝来纱厂属日本长崎纺织系统。从母公司的缴纳资本和生产规模来看，富士纺、日清纺在日本皆属一流纺织企业，长崎纺则稍逊之[2]，这三家日商纱厂进入中国较晚，于日商纱厂集团中尚属中小规模。

汉口另有一家日商泰安纱厂（以下简称"泰安纺"），1924 年设立，因规模较小，生产经营情况不详。

第三节　生产趋向与生产效率

1928 年国民政府完成北伐，国内局势趋于稳定。20 世纪 30 年代初期，世界经济危机导致中国国内白银大幅贬值，国际货币汇兑体系趋向于有利于中国出口的一面，中国棉纺织业迎来了发展的契机。这一时期，日商纱厂在生产上出现了三大变化。

其一，产品高级化的趋向。20 世纪 30 年代以来日商纱厂与华商纱厂在棉纱生产领域出现了分流，出现了前者偏向细纱生产而后者偏向粗纱生产的现象。在这一现象的推动下，大多数日商纱厂大力改进织布技术，进一步加快了生产重心向高支细纱与高档棉布领域的转化。[3]这种产品高级化的趋向，以上海日商纱厂最为显著。通过表 1-2 和表 1-3 可见 20 世纪 30 年代以来上海日商纱厂在生产纱布种类上的变动情况。

---

① 《日商在华活跃状况》，《棉业月刊》1937 年 3 月，原文译自《上海每日新闻》1936 年 11 月 14 日—11 月 28 日诸期。

② 〔日〕西川博史：《日本帝国主义与棉业》，东京：ミネルヴェ书房，1987 年，第 161 页。

③ 上海地区 1931—1936 年日商纱厂各社的平均棉纱支数达到 29.72 支，其中 1931 年为 27.1 支，1936 年为 32.8 支；青岛地区 1929—1936 年日商纱厂各社的平均棉纱支数达 21.5 支，其中 1929 年为 18.4 支，1936 年为 23.7 支，两地棉纱生产均向高支细纱发展，但青岛速度明显落后于上海，参见〔日〕森时彦：《近代中国棉纺织史研究》，京都：京都大学学术出版会，2001 年，第 454—455 页。

表1-2　20世纪30年代以来上海日商纱厂棉纱生产种类百分比情况表（一）

单位：%

年份	16支以内	20支	32支以上
1933	21	29	50
1934	20	32	48
1935	16	34	50
1936	8	33	59
1937	5	35	60

表1-3　20世纪30年代以来上海日商纱厂棉布生产种类百分比情况表（二）

单位：%

年份	细斜纹布	粗布	哔叽
1935	73	5	22
1936	75	4	21
1937	80	3	17

资料来源：《上海日商纱厂出品之重大变化》，《纺织时报》1937年7月22日，第1402号

我们可以看到，上海日商纱厂的生产呈现出一个重要发展趋势：20支以内的粗纱及粗布的生产已渐减少，至抗日战争前趋于微末；而32支以上的细纱、细斜纹布（笔者注：一种高档的精细棉布），生产比例却不断增加，成为产品中的主力。

其二，产品高档化的趋向。1931年以后，世界性经济危机蔓延至国内，各地天灾战祸接踵而至，华商纱厂中出现了纺纱不如织布的呼声，华商纱厂联合会称："近年纱厂景况甚劣，而织布则较良好，盖棉布进口关税二十三年度虽经一度减低，但较诸既往，终属增高，尤以高级品为甚，而国内纱价又常较廉，购纱织布差有盈余，故虽值纱厂营业不振之际，不畅尚属有利可图，纺之与织，利害不同，有如是者，因此纱厂增设织机，已为近年国内纱厂自救之有力办法。"[①]当时，中外纱厂均视扩大织布化为应对经济危机的良策，因而1931—1935年日商纱厂与华商纱厂的织机数量均大幅增长，其中华商纱厂增加42%，日商纱厂增加59%，日商纱厂的增势超过华商纱厂，说明日商纱

① 华商纱厂联合会编：《华商纱厂联合会年会报告书》（1935度），上海图书馆未刊本，第5—6页。

厂在织布领域的投资力度较华商纱厂为胜。除纱、布生产业务外，日商纱厂大多兼营漂染，从而将纺、织、染三者连接，这是日商纱厂产品整体高级化的必然结果。战前，中国棉布产业形成了华商纱厂称雄粗布领域而日商纱厂称霸细布领域各占所长的局面。

其三，经营合理化的趋向。20世纪30年代以来，日商纱厂的生产不断合理化，这一点体现于日商纱厂一社多厂的格局规划上。大多数的日商纱厂设有若干分厂，各分厂间相互分工，形成了专业化生产的特点。日商纱厂的这种规划，避免了经常变更设备而带来的烦琐，节约了生产成本，提高了生产速度[①]，在战争阴云密布的年代，日商纱厂一社多厂化的战略规划，显然还考虑了安全的因素。另外，从各地日商纱厂的生产性格来看，上海日商纱厂具有经营的主体性，富有强烈的独立生产性格，而青岛（天津）日商纱厂则大多具有日本内地纺织会社的"分厂"性质，一般被视为"日本纺织势力在华的延伸"。[②]因此，日商纱厂的经营境遇各不相同：一些日商纱厂拼命致力于获得日系银行的融资，而另一些则可轻松从日本母公司获得资本支持。总体而言，战争前夕日商纱厂内部的资本体系已较合理，各社皆无骤然破产之可能。日商纱厂经营的合理性，还体现于其独特的日本式经营模式，以内外棉为例，内外棉在开办新厂之前，往往先将女工送至日本国内的西宫分厂培训技术，一俟工厂建成，又派遣大量的日本熟练技工来华指导华工生产作业，工厂投产后社内还会派遣日籍干部直接管理生产。内外棉的这种生产模式，被大部分日商纱厂企业所效法，成为日商纱厂经营的典范。[③]

从生产效率角度而论，战前日商纱厂相较华商纱厂亦占有优势。据同业会引用方显廷1930年的调查结果，而对双方进行比较，如表1-4所示。

表1-4　战前日商纱厂与华商纱厂生产效率对比表

比较工厂数	比较项目	平均数	华商纱厂	日商纱厂
70	劳工一人所占纱锭（枚）	19.3	16.05	24.14
43	劳工一人所占织机（台）	0.73	0.58	1.1
116	劳工一人动力数（kW）	0.63	0.53	0.82

---

① 赵冈、陈钟毅：《中国棉纺织史》，北京：中国农业出版社，1997年，第158页。

② 〔日〕冈部利良：《在华纺织业的发展及其基础》，东京：东洋经济新报社，1937年，第15页。

③ 〔日〕桑原哲也：《日商纱厂的组织能力——两次大战期间的内外棉会社》，《经营学论集》2004年第1期。

续表

比较工厂数	比较项目	平均数	华商纱厂	日商纱厂
70	纱锭一枚所需动力（kW）	0.035	0.035	0.036
43	织机一台所需动力（kW）	0.51	0.52	0.49
70	劳工一人年产棉纱俵数	10.7	9.85	11.95
116	纱锭一枚年产棉纱俵数	0.62	0.69	0.5
43	劳工一人年产棉布匹数	414.2	261.7	786.4
43	织机一台年产棉布匹数	564.7	447.5	717.3
70	劳工一人年消耗棉花担数	37.95	34.55	43
116	纱锭一枚年消耗棉花担数	2.2	2.45	1.81

资料来源：村山高：《围绕中国市场各国棉纺织业的角逐（三）》，《大日本纺织联合会月报》，1937 年 5 月 10 日，第 535 号

仅从以上数据来看，日商纱厂劳工每人年产棉纱、棉布及消耗棉花数均超过华商纱厂，一方面说明日商纱厂较华商纱厂人均产量更高，似乎也间接说明单位产量下，日商纱厂所需劳工人数要较华商纱厂为少。日商纱厂对产品生产多有限制与规定，所纺纱支也较单纯，常年如一，极少变换，故劳工操作上手较易，更有效率。华商纱厂所纺纱支类别比较复杂，从 10 支粗纱至 60 支细纱均有涉及，纱种随意改变，并无定规，反于工作效能上产生不少障碍。除青岛华新纱厂之个案外[1]，日商纱厂整体生产能率可谓胜过绝大多数的华商纱厂。若据王子建之估计，战前日本国内纱厂、日商纱厂、华商纱厂之生产能率差别程度，大致比例在 10：7：6。[2]

第四节　原棉采购与消费

棉花为棉纺织业的生命之源。对日商纱厂而言，获取生产所需的足够原棉，

---

[1] 上海申新八厂、青岛华新纱厂等华商纱厂在设备、生产效率上甚而优于当地日厂，但仅为个别现象。关于青岛华新个案情况，参见久保亨《战间期中国的棉业和企业经营》中的相关章节。

[2] 王子建：《日本之棉纺织工业》，北平：社会调查所，1933 年，第 114 页。

乃生产经营上至关重要的问题。日商纱厂消费的原棉主要分国产棉与进口棉二途。国产棉，也称旧棉，大都纤维较短，宜纺粗支纱，故多为华商纱厂所吸收；而进口棉，主要有美棉、印度棉、埃及棉、巴西棉等，其中美棉、埃及棉因纤维较长，宜纺高支细纱，故多为日商纱厂所选用。在现实采购过程中，日商纱厂因生产的需要，往往对国棉、外棉兼采，并不拘泥于使用某一固定棉种。

日商纱厂生产所需的国棉，主要来自华北与华中各大棉产区。华北以山东、河北、河南三省产棉最多，当地所产棉花流入青岛、天津、上海等地。战前华北四省产棉与运输状况如下。

山东省：分鲁西、鲁东、鲁南三大产棉区域，各地散种旧棉与美种棉。鲁西各地之棉产多集中于临清，而后运往济南或天津；鲁东之棉则多集中于张店，再运往济南和青岛两地；鲁南之棉则集聚于济宁、兖州，而后运往河南郑州等地，部分再转运至汉口、天津及上海，运输渠道多为铁路、船运甚至牛马。山东旧棉纤维粗短，品质较次，仅可供纱厂纺织粗纱所用，而山东美种棉纤维细长，棉质可与进口美棉匹敌，往往被日商纱厂用于纺出40支、42支的细纱。

河北省：产棉地大致分三区，即冀省西南大清河、滏阳河流域平原地带的西河区，天津北平铁道线以东至滦河、白河流域的御河区，天津以南至山东边境的北东河区。御河产棉多系粗绒，质较柔软，故适纺粗纱。东北河棉系美种，质量较优，适合日商纱厂纺出32支、42支细纱。河北省内各地运输方法大致与山东的情形相似。

河南省：旧棉、美棉均有种植。以豫西的灵宝地区为首，美种棉最为盛行。其余豫东、豫南、豫北各地也均广泛种植美种棉。豫西、豫北利用汽车、水运将棉花运至郑州，再经铁路运至上海、汉口、天津等地，豫东则靠纯畜力运输，豫南产棉则多利用水路经襄河流入湖南等地。

山西省：主要栽种美种棉。山西本地棉花质量颇佳，每年大量运往天津等地，主要供天津日商纱厂纺出20支程度的中粗纱。[①]

华中棉主要来自江苏、浙江、安徽、江西、湖南等五省棉产区，其中安徽、江西、湖南三省棉花运往上海的量极少，江苏和浙江棉产则基本全部运往上海。因浙江棉产量仅为江苏的1/5，故运往上海的华中棉以江苏省为大宗。

江苏产棉可分江南棉与江北棉，其中又可细分为通州棉、常熟棉、常阴

---

① 山东、河北棉产与运输情况参考《华北棉花概况》，《大日本纺织联合会月报》1938年2月15日，544号；河南的情况则参见《河南省的棉作》，《大日本纺织联合会月报》1938年4月15日，546号；山西、陕西的情况参见《关于华北棉作的概要》，《大日本纺织联合会月报》1938年8月15日，550号。

沙棉、太仓棉等多个品种。通州棉因纤维洁白而稍硬，为南通附近产棉中最佳品，可供纱厂纺出 20 支纱。常阴沙棉纤维细长，棉质虽优于通州棉，但产量较少。常熟棉、太仓棉亦佳，两者均色泽洁白，纤维细长，可供日商纱厂纺出 16 支纱。此外，上海本地包括宝山、南汇、奉贤等县所产之棉，一般为沪上通称南北市棉。南市棉的轧棉主要靠人工进行，而北市棉则靠机器运作，两者在品质上并无差别，均可供日商纱厂纺出 16 支以下的粗纱。[①]

就国棉聚集渠道而论，从第一次世界大战结束至 20 世纪 20 年代初，随着国内棉纺织业的崛起，大量棉花被集中消费，从而推动了棉花市场的集中化。内地棉农将收获的棉花贩卖于棉区各地的小型集市，再由花行、花号从乡贩手中收购后，集中于铁路沿线或沿江口岸的中型转运市场。至 20 世纪 30 年代初，平汉线与长江交汇的汉口，陇海线与平汉线交叉的郑州，胶济线与津浦线相交的济南，形成了国内三大棉花转运市场。棉花从这三大市场与其他一些次要中转地，运往上海等终端市场。至 1937 年抗日战争爆发之前，由于棉花大量汇聚，国内形成了上海、青岛、天津、武汉、无锡五大棉市。[②]在华北，棉花往往通过"棉农→棉花店→棉花栈→中外纱厂（出口洋行）"的渠道被聚集起来，其中诸环节均需依靠棉花商（棉花店、栈）居间运作；华中则基本维持"棉农→集市贩子→花行或轧花厂→花号→中外纱厂"的渠道。花行或轧花厂直接派人去乡间收购实棉，棉花商对各环节交易的介入较华北更为有利。由棉花商控制的花号为棉花现货交易之枢纽机关，多集于沿海沿江口岸租界内，花号经营的地域广及全国，棉花商的来源纷繁复杂，仅以地域即可分申帮、汉帮、津帮、安庆帮、通州帮、火机帮、余姚帮等诸帮势力。这些棉花商帮的活动有力地构成了一张连接内地棉产区与沿海棉花市场的商业网络。

然而，除棉花商通过以上渠道将国内棉花流入日商纱厂外，日本棉花商往往得以插足以上渠道任一环节，直接将收购的棉花转售于日商纱厂。抗日战争之前，华北青岛日商纱厂的棉花采购渠道，基本为日本人所垄断，产棉

① 〔日〕兴亚院华中联络部：《以上海为中心的华中棉花情况》，上海：兴亚院华中联络部，1939 年，第 20—22 页。各种棉的纺纱功能，参见《新棉减产与华中纺织的棉花获取》，《大日本纺织联合会月报》1939 年 11 月 20 日，565 号。

② 1931—1935 年，国内棉纺织业平均年消耗原棉 845.9 万担。见：上海棉纺织工业同业公会（筹）编：《中国棉纺织统计史料》，上海：上海棉纺织工业同业公会（筹），1950 年，第 86—87 页。而上海等五地棉市年平均消耗即达 827.5 万担，占全国原棉消费的 97.8%，其中上海 531.5 万担、青岛 160.8 万担、无锡 63.6 万担、武汉 50.7 万担、天津 20.9 万担。参见严中平：《中国棉纺织史稿》，北京：科学出版社，1955 年，第 318 页。

区的棉花通常由几家日商洋行从花号手中直接收购，不为华商所染指。[1]不过，上海日商纱厂所需大部分国棉，仍多从华人棉花商手中采购，日本商社在乡间直接向棉农收买的情况较少，只有东洋棉花株式会社20世纪20年代末曾派遣专员于浦东、太仓、嘉定、通州等地采购棉花，并将之运往上海，在杨树浦日商经营的轧棉工厂中去籽后，转售于上海日商纱厂，或出口日本。战前，由于华商在内地不断设立小规模的轧棉工厂，日商直接至民间采购的活动已大为减少，事实上，从经济成本来看，"棉花运往上海后再轧棉，在成本决算上并不合算，故而日商亦中止了此渠道"[2]。

1930年以来，日商纱厂的国棉采购渠道虽已成型，但其国棉供应量并不稳定。1931年长江流域水灾泛滥，国内战火不断，大量棉田荒芜，棉农损失惨重，棉花收成锐减。而在国际上，世界经济危机影响下的英国、日本诸国，先后放弃金本位制，白银价格暴涨，实行银本位制的中国遭遇出口逆境，国内市场物价下滑，棉纱价格下滑迅速，市场出现"花贵纱贱"的现象。随之而来的1931年"九一八事变"与1932年的"一·二八事件"，使举国掀起了抵制日货的浪潮，日商纱厂不得不将棉产品大量低价抛售，损失惨重。应该说是世界性的经济大危机与日本帝国主义发动侵华战争的大环境，加深了日商纱厂的生产危机。1932年上海日商纱厂的平均利润率是1931—1937年历年中最低的一年。1935年华北又逢大旱，当地棉产复受摧残。1931—1935年的国产棉产量除1934年略有复苏外，均极其低迷，全国棉产低落的局面直至1936年棉业大丰收局面的出现，方有所改观。

从外棉进口的情况来看，中国棉花入超自1920年起即与年俱增，进口外棉成为弥补国棉不足的重要手段。在原棉需求上，日商纱厂善纺细纱，故对美棉、埃及棉均有较大需求，但当国棉于1931—1935年出现供应不足时，纤维长度与之相似的印度棉花更成为国棉最好的替代品。在外棉进口的渠道上，日商纱厂主要依赖三家日本大棉花商（东棉、日棉、江商）的进口，日商的进口渠道不仅畅通安全，而且日商纱厂通过日本棉花商的统一采购，还可享受到海运运费上的折扣，具有华商纱厂无法比拟的优势。[3]当时上海港的进口

① 〔日〕森时彦：《近代中国棉纺织史研究》，京都：京都大学学术出版会，2001年，第388页。

② 〔日〕兴亚院华中联络部：《以上海为中心的华中棉花情况》，上海：兴亚院华中联络部，1939年，第22—23页。

③ 赵冈、陈钟毅：《中国棉纺织史》，北京：中国农业出版社，1997年，第177页。以当时沪上情形论，"沪上日华纱厂及洋行为便利运输印棉起见，曾组织一'印棉运华联益会'，会员以日商为多，与日本邮船株式会社、大阪商船株式会社，及大英轮船公司订立协定，凡联益会员，装运印棉，可予特别折扣，自印度运至中国之运费回扣与运至日本者同，即每担为0.3两，每包为0.9两"。参见方显廷：《中国之棉纺织业》，上海：上海国立编译馆，1934年，第58页。

渠道上最为通畅便捷，日商纱厂一般通过上海进口外棉。青岛所用外棉均需从日本二次进口，国棉也大多从上海转口后输入，不仅手续繁复，而且运费颇高，故而青岛对棉花的吸聚能力远不如上海。[1]上海每年外棉进口总额几占全国外棉进口额的 4/5，成为战前全国最大的棉花进口地。

在原棉价格上，国棉价格往往随当地采购成本、运输费用、上市时效而起伏波动。一般外棉价格与关税及汇率密切相关，由于国棉短缺，20 世纪 30 年代以来日商纱厂最关心者，为南京国民政府是否提高棉花进口关税之问题。当时外棉进口的约 80% 为日商纱厂吸收，国民政府一旦提高外棉进口关税，日商纱厂之获利，必将深受打击，故而对于外棉关税提高的问题，日商纱厂甚为关切。[2]1935 年国民政府推行币制改革，由于法币伊始对英镑、美元汇率较低，故而导致印度棉、美棉价格高涨，从侧面上刺激了国内棉花价格的高腾。原棉价格的高昂，造成了抗日战争前日商纱厂生产成本的增加，引起了日商的不满。除以上情况外，棉花价格往往又随商人投机买卖的盛衰而起伏波动，棉纺织业之一切生产活动间接亦受影响。

战前日商纱厂对原棉的实际消费情况究竟如何？若对 1937 年 1—6 月上海日商纱厂的原棉消费量进行折算，具体如表 1-5 和表 1-6 所示。

表 1-5　战前上海、青岛日商纱厂消耗原棉情况表

单位：担

时间		上海					青岛				
		国棉	美棉	印度棉	埃及棉	其他棉	国棉	美棉	印度棉	埃及棉	其他棉
1935年	上半期	544 261	203 814	44 868	33 821	3 472	368 785	22 266	3 836	—	—
	下半期	669 474	136 358	36 570	31 285	2 515	472 399	12 736	11 579	—	—
	合计	1 213 735	340 172	81 438	65 106	5 988	841 184	35 002	15 415	—	—
	比率（%）	71.1	19.9	4.8	3.8	0.4	94.4	3.9	1.7	—	—

---

[1] 青岛市纺织工业总公司史志办公室编：《青岛纺织史》，准印无刊号本，第 153 页。

[2] 金志焕：《棉纺之战——20 世纪 30 年代的中日棉纺织业冲突》，上海：上海辞书出版社，2006 年，第 159 页。对于 1933—1934 年南京国民政府考虑的关税修订问题，即棉花进口税上调、棉布进口税下调问题，金志焕围绕此问题上指出了日商纱厂担忧之处：其一，如果棉花进口税上调，日商纱厂不得不与华商纱厂在国产棉的采购上形成恶性竞争；其二，棉布进口税下调，则日商纱厂产品与日本本国棉布势必产生竞争。因此，日商纱厂强烈反对关税修订案。日商纱厂的经济本位主义的态度，当然引起了日本政府及军部的不满，参见该书 158—163 页。

时间		上海					青岛				
		国棉	美棉	印度棉	埃及棉	其他棉	国棉	美棉	印度棉	埃及棉	其他棉
1936年	上半期	690 313	83 939	50 648	31 690	1 972	482 363	7 389	2 125	—	—
	下半期	655 100	71 236	60 815	35 901	13 110	439 895	11 314	5 072	89	—
	合计	1 345 413	155 175	111 463	67 591	15 082	922 258	18 703	7 197	89	—
	比率（%）	79.4	9.1	6.6	4	0.9	97.3	1.9	0.8	0.000 1	—
1937年	上半期	835 220	41 276	7 070	29 522	4 558	549 754	3 194	—	—	—
	下半期	206 447	3 958	5 776	5 076	5 591	—	—	—	—	—
	合计	1 041 667	45 234	12 846	34 598	10 149	—	—	—	—	—
	比率（%）	91	4	1.1	3	0.9	—	—	—	—	—

资料来源：大日本纺织联合会编：《东亚共荣圈与纤维产业》，东京：文理书院，1941年，第247—248页

表1-6　1937—1939年上海日商纱厂原棉消耗量情况表

单位：担

时间	国棉	美棉	印度棉	埃及棉	其他	合计
1937年上半期	1 113 627	55 035	9 427	39 362	6 077	1 223 528
1937年下半期	275 263	5 278	7 708	6 768	7 455	302 472
1938年上半期	453 342	13 650	19 406	20 447	10 510	517 355
1938年下半期	1 083 396	65 054	53 391	29 661	12 174	1 243 676
1939年上半期	660 322	148 947	434 569	55 519	196 394	1 495 751

资料来源：在华日本纺织同业会编：《在华纺织事业缀》，亚洲历史资料中心，B06050470100

比较以上两表数据，就可发现国棉消耗量占上海日商纱厂用棉量的91%，进口美棉则占4.5%，埃及棉则占3.2%，印度棉仅占0.8%（两表数据虽略有差异，但比例几乎相同）。若再参考1937年6月上海日商纱厂的具体用棉情

况 [1]，其所用棉包括国产灵宝棉（占当月原棉消耗总量的 35.4%）、进口美棉（7.4%）、山东美种棉（26.62%）、陕西棉（6%）、天津美种棉（4.94%）、埃及棉（1.67%）、进口印度棉（18.1%）等多种。通过对比表 1-5 与表 1-6 的数据，并结合日本学者森时彦的研究结果 [2]，可见日商纱厂所用中外各类棉花并无固定比例，用棉情况大多随棉花季节性上市而自行调整。两表唯一之共同点，即国棉消耗量始终稳居各类棉用量之首，体现了国棉于日商纱厂之生产之最重要的地位。1936 年国内棉产大丰收，全国各地棉花纷纷上市，市场上国棉价格大幅下跌，日商纱厂更为积极地采购国棉。若观察表 1-5，战前华北日商纱厂对国棉之消耗量占总体之比例虽大于上海日商纱厂，然而上海日商纱厂也出现了扩大使用国棉之趋势，无论华北的日商纱厂还是上海的日商纱厂，对生产高支细纱的原料灵宝棉需求量均极大。而在吸收的外棉中，印度棉所占整体消耗量比例明显要低于美棉，可知印度棉于 1936 年国棉产量增加后，地位已被国棉取代。就日商纱厂消耗的棉花总量来看，至 1936 年年末，日商纱厂原棉消耗量约占到全国的 46%（表 1-1），几占全国棉纺织业用棉量的一半。不过，应指出的是，棉花上市的季节性、外棉进口的时段性与日商纱厂内部原棉的囤积量等因素，对日商纱厂之原棉消费产生的影响极其复杂，表 1-5、表 1-6 中的一些局部数据，未必能反映日商纱厂原棉消费的实态，但多少能使我们一窥日商纱厂用棉的灵活多样性。

第五节　市场与销路

日商纱厂的棉产品，主要分棉纱、棉布两类。除一部分用于本厂织布与造染加工外，大部分棉纱及棉布流向各级市场。抗日战争前，因国民政府推行关税改革，1933 年以后各国对华棉布出口锐减，日商纱厂成为华商纱厂国内棉布市场上之最大竞争对手。从表 1-1 可知，1936 年年末，当时日商纱厂

---

[1] 日本学者森时彦以 1935 年 11 月—1936 年 3 月上海日商纱厂用棉情况，作为一个片段来考察：上海日商纱厂这一时期生产 20 支以上细纱用棉花约占总用棉量的 43.96%，其中占主体的为国产灵宝棉（27.5%）、进口美棉（3.98%）、天津美种棉（7.75%）、埃及棉（1.3%）、山东美种棉（1.07%）等，20 支以下用棉占总用棉量的 56.04%，其中占主体的为进口印棉（39.18%）、北市棉（8.67%）、天津粗绒棉（2.57%）、山东粗绒（1.46%）、通州棉（1.37%）等。参见该氏：《中国近代棉纺织史研究》第 393 页。

[2] 《上月中各厂购棉激减》，《申报》1937 年 7 月 3 日。

棉纱产量占到全国总量的37%，而棉布生产量则达总量的61%。

另外，我们以1932—1936年中国、英国、日本棉纺织势力所产棉纱、棉布在中国市场所占比例情况为例，各项数据如表1-7和表1-8所示。

表1-7 1932—1936年中国、英国、日本棉纺织势力

所产棉纱在中国市场所占比例情况表　　单位：%

棉纱支数	1932—1933年			1933—1934年			1934—1935年			1935—1936年		
	华厂	日厂	英厂	华厂	日厂	英厂	华厂	日厂	英厂	华厂	日厂	英厂
1—10支	97.1	2.1	0.8	95.4	3.8	0.8	97.4	1.9	0.7	96.9	2.1	1.0
10—13支	97.7	2.3	—	96.5	3.5	—	95.9	4.1	—	95.4	4.6	—
13—17支	74.1	25.6	0.3	75.6	24.3	0.1	77.9	22.1		76.9	23.1	
17—23支	64.1	29.2	6.7	62.8	33.2	4	62.5	33.9	3.6	62.1	35.4	2.5
23—35支	48.6	50.7	0.7	45.5	54.2	0.3	46.8	52.5	0.7	39.4	57.9	2.7
35—42支	25.6	74.4	—	24.7	75.1	0.2	21.9	77.7	0.4	20.7	77.9	1.4
超过42支	18	82		27.8	72.2		15.8	84.2		13.3	86.7	

表1-8 1932—1936年中国、英国、日本棉纺织势力

所产棉布在中国市场所占比例情况表　　单位：%

年份	总销售量		粗布销售量			细布销售量		
	粗布	细布	华厂	日厂	英厂	华厂	日厂	英厂
1932—1933	82.5	17.5	40.9	48.1	11	17	79.2	3.8
1933—1934	80.8	19.2	40.1	51.7	8.2	19.4	80.4	0.2
1934—1935	80	20	39.2	53.7	7.1	18.6	80.7	0.7
1935—1936	78.7	21.3	32.6	61.5	5.9	21.5	71.5	7.0

资料来源：严中平：《中国棉纺织史稿》，北京：科学出版社，1955年，第216—217页

可见，日商纱厂对高级产品市场的占领，显然与其生产上的高级化现象是相呼应的。在棉纱生产上，如上文所述，日商纱厂所纺棉纱大部分供本厂织布所用，为避免与华商纱厂在各级市场发生激烈竞争，日商纱厂的棉纱生产已逐渐转向高支细纱领域发展。如表1-7所示，日商纱厂生产的23支以上细纱在市场同类纱销总量中所占比重逐年上升，而10支以下粗纱在市场同类纱销总量中的比重则呈减少趋向，20世纪30年代以后日商纱厂基本称霸全国35支以上细纱市场。这一现象与日商纱厂拥有相较华商纱厂更为先进的生产技术有关，而背后则体现了日商纱厂更深刻的战略意图。1935年，作为内外棉高层干部的

武居菱藏在考察中国的棉产品市场后，曾如此描述未来内外棉的市场战略：

> 以往（日商纱厂）在中国作为主力生产的粗纱，已经没有了未来。
> 因为在中国粗纱的生产已然过剩。然而高级棉产品的需求，却将持续增
> 长。目前这些高级品尚需通过进口供给，若将之于中国国内生产，我们
> （垄断市场）的机会将会大增。内外棉的未来，将依靠生产高级棉产品的
> 事业，而且棉产品的高级化，对于化解华商纱厂业主对日商纱厂的不满，
> 也有重要意义。[1]

在中国棉纱市场上，除个别华商纱厂所产高支棉纱可与匹敌外，日商纱厂
生产的细纱质量远较华纱为佳，上海华商纱布交易所自 1935 年 8 月 1 日开拍日
纱交易，至 1936 年年初不过寥寥数月，"日纱在市场上的交易，已占十分之八，
其中以日华厂的蓝凤、丰田的丰年、内外厂的水月、彩球，上海厂之日光、青
岛公大厂的宝来和五马等牌子，最占优势；因此华纱在市中只有申新的人钟牌
还有一点地位，其他都在淘汰之列"[2]。为了摆脱1931年以来的生产危机，日商
纱厂采取低价倾销之策略，其生产的 20 支以上细纱价格往往低于华商纱厂所产
同类棉纱，正因为价格低廉，日商纱厂生产的棉纱为内地中小织布厂所爱用。

表 1-8 则体现了战前国内棉布市场的动向。如表 1-8 所示，日商纱厂与华
商纱厂实力的最大差距体现于织布领域。日商纱厂所产的细布，在国内市场
上占绝对优势，"至中日事变之前，漂白、染色等均有着手，成为名副其实中
国纺织业的重镇"[3]。以上海日商纱厂棉布的市场占有份额为例，1935 年生产
的细斜纹布约占棉布生产总量的 73%，粗布约占总量的 5%，而至 1937 年上
半年，上海日商纱厂生产的细斜纹布约占总量的 80%，而粗布仅占 3%。[4] 日
商纱厂在棉布市场上的优势地位，仍因其掌握远远领先于华商纱厂的先进技
术。战前的棉布市场，日商纱厂因"生产量日益扩充，在我国市场跃居领导
地位，得以左右市面……我国印染坯布，十之六七仰赖日厂供给，而色货在
我市场上亦有压倒一切之势"。日商纱厂棉布的物美价廉，是广受华商中小染
布厂青睐的根本原因。

而在销路方面，战前日商纱厂的产品流入各级市场主要依靠客帮、洋行、
华商批发字号等商业团体或组织，故销路主要呈现出三大流向：①由客帮采

---

① 〔日〕武居巧编：《武居菱藏遗文小集》，未刊本，1935 年，第 135 页。

② 隐石：《"经济提携"与棉纺织业》，《新东方半月刊》1936 年第 3 期。

③ 〔日〕三瓶孝子：《日本棉业发达史》，东京：庆应书房，1941 年，第 265 页。

④ 《上海日商纱厂出品之重大变化》，《纺织时报》1937 年 7 月 22 日，第 1402 号。

购、供销于内地各级市场；②供本地同业消费，为本地市场吸收；③通过洋行流向海外市场。日商纱厂的产品大部分依赖日商洋行转销于同业或客帮，据日本学者高村直助估计，上海日商纱厂 70% 以上的产品由东洋棉花、伊藤忠、江商等日商洋行转销。[1]但也有一些日商纱厂，如上海的上海纺、公大纱厂等，通过华商经营的东货字号转卖于同业或客帮，这些纱厂一般开办较早，谙熟中国的商业习惯。日商纱厂产品流向的一般情况，如图 1-8 所示。

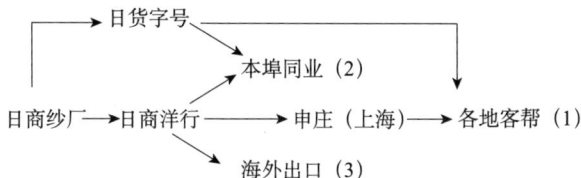

图 1-8　日商纱厂产品流向图

1937 年全国各埠棉纱的 90% 皆从上海运出，客帮居间起到了极其重要的作用，日商纱厂的产品得以畅销国内外，客帮的采购活动令人瞩目。第一次世界大战期间，由于上海棉纺织业出现繁荣，全国各地纱布业客商纷至上海设立申庄（客帮在沪代理采购机构），掀起采办纱布狂潮，战后各帮采购活动仍络绎不绝，上海棉市购销两旺。客帮与报关行业往往联系密切，而报关业又与太古、怡和、招商局等各大轮船公司有合作关系，客帮每购进纱布，只需将纱厂栈单交于报关行，即可由之负责装运至指定目的地，手续简单、流程便捷。客帮规模因实力而异，战前沪上设立申庄势力较大者，一般统分北洋帮与南洋帮，若按商人籍贯，则又可细分如下。

北洋帮（即"北帮"），分青岛、天津、烟台、济南等帮。北洋各帮实力强大，以资金充裕，采购果断闻名沪上。[2]其中天津帮因有官僚背景，尤为北帮翘楚。天津帮于沪上采购纱布种类繁多，所购货物也并非专销天津，另大量销往河北高阳、张家口、山海关内外及冀省邻近各县，其中因高阳当地土布厂极多，运往该地区的销量最大。[3]

南洋帮（即"南帮"），分福州、厦门、汕头、广东、香港、温州等帮，

① 〔日〕高村直助：《近代日本棉纺织业与中国》，东京：东京大学出版会，1982 年，第 189 页。
② 上海文史馆等编：《上海地方史资料》（三），上海：上海社会科学院出版社，1982 年，第 111—112 页。
③ 天津帮之采购种类繁多，纱即有粗纱、细纱、股线多种。当时交易很灵活，产销双方直接见面。天津帮中有几家还向纱厂直接订货包销，有的还可向纱厂订纺。其北方之大宗销路为高阳地区。不过，高阳帮自己也有西北、山西、陕西等方面的销路。20 世纪 30 年代，高阳帮亦来上海设有申庄，几夺天津帮之地位，具体参见汪鸿荪：《旧上海棉纱行业概述》，见：上海市政协文史资料委员会编：《上海文史资料存稿汇编》（6），上海：上海古籍出版社，2001 年。

其业务规模庞大，南帮中的广东帮资金最为雄厚，可谓称雄。除销往两广、昆明一带外，另有部分出口至南洋、泰国、中国香港等地区。

具体而言，20世纪30年代客帮对沪上各种棉纱（包括日商纱厂产品）吸收之积极程度，由强至弱，如表1-9所示。

表1-9 20世纪30年代客帮与上海棉纱市场情况表

客帮	对沪上棉纱种类的采购情况	对日商纱厂品牌的采购情况
广东（粤）帮	该帮为上海棉纱市场上最大势力，所运销之棉纱，粗细兼售。粗纱进量尤较他帮为宏，然其中16支棉纱的销路最淡	运销42支水月（内外棉）、日光（上海纺）、彩球（内外棉），其中以水月最受欢迎；32支多用蓝凤（日华纺）；20支采用仙桃（裕丰纺）、蓝凤（日华纺）、立马（大康纱厂）、鸿禧（东华纺），皆系日纱
四川（川）帮	20世纪20年代上半期为沪上最大帮，后为粤帮取代，仍不失为南帮中较大势力。所采棉纱以10支、20支最多，32支次之，其他纱支采办极少。川帮采办棉货，往往待时而动，沪市每逢川帮行动，价格便呈紧张态势	对各日商纱厂20支纱俱积极采购
天津帮	该帮采办16支、20支最多。对10支纱的采办亦不少。天津帮在交易上多持稳健主义，因而在沪上交易从不间断	20支以丰年（丰田纺）为多；16支则以日光（上海纺）为主
汉口（汉）帮	该帮以16支以上采办居多，也吸收32支纱。汉帮最喜买空卖空，从事投机交易	吸收32支水月（内外棉）、蓝凤（日华纺）等日纱品牌
长沙帮	该帮多运销10支、20支纱	该帮多吸收20支立马（大康纱厂）
汕头帮	该帮运销粗纱多于细纱，10支纱尤占巨额	该帮多吸收42支水月（内外棉）
九江（赣）帮	该帮多运销16支、20支纱为多	该帮多吸收20支、32支蓝凤（日华纺）
牛庄帮	该帮运销16支纱居多	该帮多吸收16支日光（上海纺）、丰年（丰田纺）及吸收42支水月（内外棉）、阳鹤（同兴纺）
青岛帮	该帮因青岛日商纱厂兴起，已渐从沪上市场减退，以16支为大宗	
宁波帮	该帮交易以16支、20支居多	该帮吸收20支蓝凤（日华纺）、丰年（丰田纺）、立马（大康纱厂）；吸收32支蓝凤（日华纺）；吸收42支水月（内外棉）等各种日纱
内地帮	该帮庞杂，多为上海附近、江南一带的小商帮，其粗细纱兼收，唯在细纱交易最占势力，沪上相当部分细纱即该帮收买	该帮吸收60支彩球（内外棉）、日光（上海纺）；42支水月（内外棉）

资料来源：上海商业储蓄银行调查部编：《纱？》，上海：上海商业储蓄银行信托部，1931年，第40—45页；另见井村薰雄：《中国之纺织品及其出口》，周培兰译，上海：商务印书馆，1928年，第67—68页

由表1-9可见，20世纪30年代沪上采购棉纱最积极的客帮依次为广东、四川、天津帮，各帮采购棉纱一般具有固定品牌，如水月、蓝凤、立马等，这些产品因客帮的流动采购而走销全国。日商纱厂为避免同类产品之间的竞争，往往将产品市场预先分流，不同企业产品往往占有不同地域市场，如"丰田纺的'喇叭童'棉布流向天津，而同兴纺的'阳鹤'则留向汉口，各社皆有得意产品。与其说是'得意'，不如说已成一种习惯，当天津客帮来到上海采购时，丰田纺的'喇叭童'就会畅销。而各社产品皆有其自身（在销路上）的特点"①。显然，日商纱厂企业间就产品的市场分流进行过规划与协调，这是日商纱厂集团性的表现之一。

客帮在棉产品销路上对于上海棉纺业之发展极为重要，且常常参与沪上纱布的投机交易，对棉产品的行情走向起到推波助澜之功。不过，20世纪30年代以来，沪上洋行、批发字号等均有直接将棉货运往华中、华南内地的意向，继1936年粤汉铁路通车，汉口的地位大大提高，棉货无需再从上海转口，南帮与内地各帮在沪上的活跃程度有所减弱。

20世纪30年代以来，华北销路为日商纱厂最主要的销路之一，不过天津、青岛、上海日商纱厂于华北销路中所占利益亦存差异。日本国内棉纺织势力曾于第一次世界大战前后将大批棉纱运往华北各地，委托中国纱号转销，起初给予纱号较高的佣金，而当纱销已有成数，再将佣金逐渐减少，日纱由此打入华北市场。1925年后，青岛日商纱厂兴起，当地日商纱厂积极委托洋行代理销售产品，洋行复将之产品转销华北腹地。至1937年战前，天津、青岛日商纱厂除贯彻原定产销连贯政策之外，开始研究各种办法，意将以上洋行中间交易环节悉数除去，由其自身将大批印染时式花样之布匹以最廉价格销往华北内地。大体而言，抗日战争前，青岛、天津两地日商纱厂于华北销路上利用洋行转销或直销，势力已较"九一八事变"时大为增长。

因地缘关系，上海日商纱厂的销路原以长江流域为主，20世纪20年代中期以后重心逐渐转移至华北。②然而随着华北日商纱厂的崛起，依赖北帮转销

---

① 〔日〕桑原哲也笔录、富泽芳亚整理：《在华纺勤务27年的回忆——稻叶胜三采访录》，1974年采访稿，《近代中国研究汇报》2011年3月，第33号。

② 〔日〕桑原哲也笔录、富泽芳亚整理：《在华纺勤务27年的回忆——稻叶胜三采访录》，1974年采访稿，《近代中国研究汇报》2011年3月，第33号。

的上海日商纱厂在华北的势力已不如"九一八事变"之前。以机纱织布极盛之河北省高阳县为例，当地在"一·二八"沪战以前，华纱中除青岛振华和济南鲁新纱厂以外，还有上海永安、无锡振新纱厂的纱，总计华纱所估仅为总供给量的20%，其余80%都是青岛的日本纱，计有富士厂的银月、五彩星，长崎厂的宝来，兴隆厂的宝船，钟渊厂的花蝶，以及童鱼、宫女、龙神、龙宫、立马等各种牌号，每日销纱约350大包，价值9万元左右。"九一八"后上海纱差不多完全失去地位"[①]。据调查，1932年、1933年高阳当地织布所用42支机纱几乎全为日纱，而这些日纱皆从天津运来。[②] 高阳作为华北土布业的生产中心，上海日商纱厂棉纱在当地市场所遇之窘境，实为其在整个华北市场上势力衰退之缩影。

东北地区原系日商纱厂的重要销路，然1931年"九一八事变"爆发后，东北沦陷至日本人之手，关内输往东北的棉布（约占1931年全部输出棉布总量的26%）与棉纱（占1931年全部输出棉纱总量的15%），日益减少以至于阻绝。1933年中日《塘沽协定》签订后，华商纱厂生产之纱布，已完全不能销往东北，日商纱厂纱布的流入亦受关东军限制。相反，大量关外纱布却可经由长城各口走私入关，迫使华北日商纱厂产品大举南销。北货南来的现象，又使上海日商纱厂的长江流域销路受到极大压迫。[③] 华中与华北销路的受阻，又促使上海日商纱厂向华南及海外市场寻求扩张。

除国内销路外，日商纱厂自20世纪20年代中期以来，已开始探索南洋、印度等地的销路。以1936年上海出口荷属东印度为例，当年由上海港出口之棉产品，其中棉纱价值801 587元、纱线612 815元、棉布192 994元，总计达1 607 396元，绝大部分为上海日商纱厂的产品。[④] 战前，上海日商纱厂的出口能力远在华商纱厂之上，其海外销路主要依赖南帮中的香港帮与南洋帮来维系。

1937年抗日战争爆发之前夜，日商纱厂之销路已遍及全国。以当时最一流的日商纱厂内外棉为例，不妨看一下它在1936年产品的流通情况（表1-10）。

---

① 适生：《崩溃中的中国手工棉纺织业》，《新社会半月刊》1934年第11期。
② 吴知：《乡村织布工业的一个研究》，上海：商务印书馆，1936年，第202页。
③ 佚名：《中国纺织工业之危机》，《纺织之友》1935年第4、5期合订本。
④ 《沪实业界讨论棉布销荷问题》，《纺织时报》1937年7月26日，第1403号。

表 1-10   20 世纪 30 年代内外棉产品流向情况表

产品流向地区	棉纱数量（捆）	棉纱占总量百分比（%）	棉布数量（匹）	棉布占总量百分比（%）
日本国内	29 195	16.6	107 325	11.7
伪满洲国	27 710	15.7	222 811	24.3
华北	76 301	43.3	68 107	7.4
华中	25 631	14.6	500 186	54.4
华南	1 410	0.8	4 534	0.5
印度	15 830	9	15 888	1.7
合计	176 077	100	918 851	100

资料来源：〔日〕元木光之：《内外棉株式会社五十年史》，大阪：内外棉株式会社，1937 年，书末附表

从表 1-10 可见，内外棉生产的棉纱 43.3% 流入华北地区，大部分供华北沿海都市华商纱厂机器织布之需，一小部分成为民间手工业者的织布原料；内外棉生产的棉布超过一半流入了华中地区，这部分棉布主要成为长江流域民间染晒、制衣工业的重要消费品。此外，因内外棉在东北大连地区设有分厂，东北地区在内外棉的市场份额中仍占相当比例，从中可见内外棉较其他日商纱厂在销路上的优势。战前，内外棉生产的水月牌棉纱通过各地客帮转销，产品销路已远不止工厂所在的上海、青岛地区，其产品遍布中国 9 大区域：东北、华北、西北、长江上游流域、长江中游流域、长江下游流域、东南、华南与云贵等地，无不见其踪迹。[1]如内外棉般设备先进、资本雄厚的日商纱厂，虽不能代表日商纱厂的全体面貌，但基本反映了一个事实：日商纱厂的产品通过各地客帮的中转而流入全国各级市场，早已打破中国社会地域间的界限，形成了全国范围的销路网络。

最后需指出的是，研究战时环境下的日商纱厂产品的市场与销路，把握客帮的采购动向是一个重要的着眼点。从中我们可以了解到日商纱厂产品在市场流动的实相。客帮通过采购活动，为日商纱厂构建的全国性商业网络，其强大性与稳定性仍将于战时得以体现。

---

[1] 高加龙：《大企业与关系网》，程麟荪译，上海：上海社会科学出版社，2002 年，第 145 页。

第六节 经营成本

日商纱厂的生产成本，主要包括除去原棉采购费用后的劳工工资、各种劳工相关的费用、动力费（即煤炭费）、设备消耗及修缮费等各项支出，将上海、青岛两地日商纱厂与日本国内纱厂之数据相比较，如表 1-11 所示。

表 1-11 日本国内纱厂与日商纱厂生产成本推定表

单位：日元

项目	劳工工资	劳工相关诸费	动力费	消耗品费与修缮费	包装费	搬运费	工厂杂费	税金、负债利息等费	合计
日本国内（冈部）	7.5	1.00	4.5	1.6	1.5	1.3	0.5	5.6	23.5
日本国内（"满铁"）	6.45	1.88	4.2	3.37	1.12	0.17	0.76	——	——
青岛日商纱厂	6	0.3	3.2	2.4	2.5	0.6	0.4	2.2	17.6
上海日商纱厂	6.6	0.4	4.3	2.5	2.5	0.8	0.5	1.7	19.3

资料来源：满铁调查局：《关于我国纺织业在东亚共荣圈内的选地条件——对各地区生产能率及核算的一个考察》，大连：南满洲铁道株式会社，1943 年，第 36 页。负债利息、税金等费用数据，参见〔日〕冈部利良：《在华纺织业的发展及其基础》，东京：东洋经济新报社，1937 年，第 91～93 页。另①该表主要取自 1936 年下半期数据，考察对象为生产每捆 20 支棉纱的情况。②日本国内纱厂、日商纱厂的费用单位已统一到日元。③由于统计时段的不一致，从而可能带来汇率计算上的误差，表中上海、青岛日商纱厂的劳工工资应是偏高的

从表 1-11 可见，青岛日商纱厂生产棉纱（20 支）的成本最为低廉，上海日商纱厂次之，日本国内纱厂无论是按照日本学者冈部利良还是"满铁"的统计，均为最高。若再参考华商纱厂联合会 1936 年的统计报告，当时上海华商纱厂生产 20 支纱一捆约需 29.04 元，其中尚包含股东红利与折旧费等，若扣除这些杂费，则约需 22.46 元[①]，按当时汇率法币 1 元约等于日元 1 元计算，

[①] 〔日〕冈部利良：《在华纺织业的发展及其基础》，东京：东洋经济新报社，1937 年，第 96 页。在计算华商纱厂生产成本上，中外学者存在很大分歧，有调查指出，日商纱厂生产一捆 20 支纱需费 20.4 元，而华商纱厂则需 43.7 元，见金国宝：《中国棉业问题》，上海：商务印书馆，1936 年，第 72～73 页。金国宝的统计主要算入了过多的利息（15 元），而且在汇率上也并不统一。另外，三瓶孝子的引用数据表明，单位棉纱日本的生产费为 30 日元，而日商纱厂为 16.54 日元，其中日本生产成本估计比冈部利良为高，参见〔日〕三瓶孝子：《日本棉业发达史》，东京：庆应书房，1941 年，第 265 页。

可知上海日商纱厂的生产成本比华商纱厂略低，而与日本国内纱厂大致相等。此外，上海日商纱厂的动力费与青岛日商纱厂相比则偏贵，主要因为上海在水力、电力、煤炭供应量上均较为贫乏。以动力资源的供给为例，上海日商纱厂处于上海杨树浦与普陀地区为租界边缘地带，主要动力来源皆需租界方面电厂的供给，故而其生产成本较高。①

棉布的生产成本情况大致与棉纱生产无异，日商纱厂单位细布生产的成本比日本国内纱厂低 25% 左右。②日商纱厂生产成本低廉的原因，除了可以获取中国内地低廉的劳动力外，最大的原因在于还能享受国民政府对其极为有利的税收政策：其一，日商纱厂向中国政府缴纳与华商纱厂同一税率的统税，若按照该税实际税率，高支细纱相对低支粗纱反而低廉，这一税则对已经实现高支细纱化生产的日商纱厂而言更为有利；其二，日商纱厂仅需向租界缴纳轻微的土地、房屋使用税，或向日本居留民团缴纳很少的用地负担费，这与日本国内纱厂必须负担高额的营业税、所得税、地租以及诸多附加税相较，即已具有不可同日而语之优势。③同时，日商纱厂在债务偿还一项上，其负担亦明显少于华商纱厂，如华商申新纱厂 1934 年生产 20 支纱必须负担利息 16.25 元，而日商纱厂仅需负担 3.42 元。④日商纱厂多可获国内母公司援助，资金充沛而无借债还息之忧，华商纱厂则大多单打独斗，至 1935 年已有不少陷入债务危机，一些华商纱厂因负担繁重利息，随时有倒闭之虞。因在生产成本上具有强大优势，即便在原料供应困难、市场需求减少的 1931—1935 年，日商纱厂虽采取低价倾销策略，亦获得较华商纱厂更多的利润。

第七节　经营理念与劳资对立

日本实业界经过长期的酝酿，于 1926 年在日本国内实行《修正工厂法》，明确禁止使用童工及女工进行夜班作业。⑤这条法律在日本国内棉纺织业生

---

① 〔日〕满铁调查局：《关于我国纺织业在东亚共荣圈内的选地条件——对各地区生产能率及核算的一个考察》，大连：南满洲铁道株式会社，1943 年，第 33 页。
② 〔日〕冈部利良：《在华纺织业的发展及其基础》，东京：东洋经济新报社，1937 年，第 93 页。
③ 〔日〕高村直助：《近代日本棉纺织业与中国》，东京：东京大学出版会，1982 年，第 190—191 页。
④ 许维雍、黄汉民：《荣家企业发展史》，北京：人民出版社，1985 年，第 93 页。
⑤ 〔日〕饭岛幡司：《日本纺织史》，大阪：创元社，1949 年，第 220—221 页。

产已趋饱和的背景下推出，不仅起到限制日本国内企业间恶性竞争，缓和日本国内劳资矛盾的作用，而且成为日本棉纺织资本在华扩大生产的重要契机。虽然国民政府1929年亦出台了类似的"工厂法"，然而处于租界内外的日商纱厂却对之视若空文。为尽可能提高生产效率，日商纱厂将日本国内纱厂的劳工管理模式运用于中国劳工，而另一方面为了节约成本，日商纱厂给予劳工的薪资福利却远逊于日本国内。上海日商纱厂往往通过"包身工"的形式，招募江苏、安徽等地的农村子弟（多为青少年）。这些劳工通过短期技能培训，在严酷的生产环境下被分成昼夜两班，24小时轮班劳作，日商以此实现劳力使用及生产效益的最大化。[1]华北日商纱厂劳动力的结构情况与江浙、安徽不同，主要以男工为主，其中既有由当地地保招募的农民，又有由日商纱厂雇佣"保护员"到内地招募的具有高小以上文化程度的"见习生"，以及在工厂大门口直接招募的临时工。[2]第一、第三种劳工多系童工，且在多厂有工籍，出勤不甚稳定；而第二种具有一定的文化，经常成为日商纱厂中劳工运动的中坚力量。

日商纱厂一味追求利润而忽视劳工基本权益的管理模式，植根于日本纺织资本家自明治维新以来即逐渐形成的资本主义自由竞争理念。[3]这一理念推动着日商纱厂不断扩张，促使日商纱厂追逐更多利润，同时诱使其利用各种手段减少任何不必要的支出。这一经营理念所带来的后果，使日商纱厂成为自1925年以来历次劳工运动的斗争对象，此外，日商纱厂日资企业的身份，又将其多次推向民间抵制日货运动的峰尖浪口。1925年爆发的"五卅运动"，是在中国民族革命运动高涨的形势下，中国共产党通过工会领导掀起的大规模罢工运动，这场运动以工会反抗日商纱厂内不人道的生产管理模式为斗争

---

① 所谓的"包身工"，指的是工厂方面从农村募集贫苦人户的未成年男女子，这些劳工在上海举目无亲居多。日商纱厂对其进行3—6月的纺织技术培训后，课以3年的义务劳动作为补偿，纺织工人每天人均工作12小时以上，工作环境十分严酷。从生产效益的角度而言，这种形式将个体劳动力长期固定于某一单位，限制了其流动，对提高劳工技术水平的熟练度和维持工厂的稳定生产不无好处。另外，上海日商纱厂的工人来源地，参见中共上海市委党史研究室编：《上海纺织工人运动史》，北京：中共党史出版社，1991年，第40页。但是广大民众对包身工的理解，主要来自作家夏衍的报告文学《包身工》。

② 青岛市纺织工业总公司史志办公室编：《青岛纺织史》，准印无刊号本，第15页。山东当地人作为纺织工人的优势，如据日本人当时调查所云：①对金钱的执著心很强，习惯于简单生活，故生活消费低，工资也比其他省的工人低；②如果监督好，在长时间工作中，不易疲倦且服从命令；③只是程度低，亲自理解、思考、研究的能力差，适于从事不急迫、稳定的工作。这些优点与上海女工略有不同，参见上书，第150页。

③ 〔日〕高村直助：《中日战争与在华纺》，见：井上清等编：《中日战争和中日关系》，东京：原书房，1988年，第334页。

对象而展开，上海日商纱厂内劳工先行罢工，之后迅速蔓延至青岛日商纱厂，最终在中国社会各界的压力之下，以日商纱厂改善劳工的部分生产条件及经济待遇而宣告结束，在"五卅运动"的浩大声势中，日商纱厂损失惨重。

为应对纺织劳工的集体罢工，1925年6月内外棉等各家日商纱厂在大阪结成了卡特尔式的企业联合体"在支日本纺织同业会"（同年10月改名为"在华日本纺织同业会"，简称"同业会"），并在上海、青岛、东京等地设立支部。1926年8月，同业会招聘拥有丰富对华经验的原天津、上海总领事船津辰一郎为总务理事。同业会成立的初意，主要是为日商统一解决纱厂内的劳资纠纷提供便利，然而随着日商纱厂内外事务的日渐复杂，其拥有了极大的权力。同业会对内在原棉采购、减产问题上协调日商纱厂间的利益，避免纱厂间出现恶性竞争，对外代表日商纱厂集团与中日政、军、财界及其他经济机构或组织进行交涉。日后，同业会成为指导日商纱厂进行各种生产经营活动的灵魂。

在全国抗日浪潮的影响下，1936年11月上海、青岛日商纱厂再次爆发大规模的罢工运动。这次罢工运动，上海日商纱厂约有2万余劳工参加，青岛日商纱厂的罢工规模也达到万人以上。最后，上海地区的罢工运动在同业会总务理事船津辰一郎与青帮头目杜月笙的调停下宣告结束，而在青岛日本一方面对青岛市长沈鸿烈反复施压，另一方面调集海军陆战队直接武力干涉，最终以武力形式平定了当地的这场罢工。两地罢工运动的先后受挫，劳工被迫复工，运动规模虽然庞大，但持续时间太短，从罢工斗争的结果而言，劳工并未取得多少实质性的结果。导致这次罢工失败的主要原因，在于罢工风潮中日商纱厂企业团结一致，从而为同业会利用帮会势力调解劳资纠纷创造了可能条件。对于劳工动向的把握，日商纱厂显然较"五卅运动"时期已成熟得多。

1936年年末，日商纱厂雇佣在籍华人劳工达10万人以上，占中国全体棉纺织劳工总数的44%（图1-1）。而日商纱厂内部，面对劳工运动潜流涌动，资方的应对策略也渐趋复杂。日商纱厂力求避免激化与劳工的矛盾，从而避免将劳工问题扩大化、社会化；而当罢工不可避免地出现时，其注意到运用社会强势人物的力量居中调和，给予劳工一些小范围的让步，表现了其圆滑的控制手腕；然而，当利用中国本土势力已不能妥善解决劳资对立问题时，日商纱厂则不惜利用日本在华强势的政治、军事实力直接镇压工人运动，充分体现了帝国主义性质的强硬立场。这种利用权术、强权维持的稳定，最终激化了中国社会对日本资本主义的憎恨，日商纱厂内激烈的劳资矛盾成为推动中日两国对抗不断升级的催化剂。

日商纱厂的管理模式本身也受到来自其集团内部的一些批判，当时丰田纺专务理事西川秋次即为主要的批判者。西川比较重视对华工的感情培养，他常训示日籍员工"对中国劳工，绝不可使用暴力"、"不许引诱中国女工"，强调违反这些规定者将受到严惩。[①]然而在当时日本纺织资本家普遍追求自由竞争、利益最大化的理念下，西川虽认识到了企业内部建立和谐劳资关系重要性，也志愿切身实践之，亦不过是日本企业家中的个案。

第八节　中日纱厂的对立与协调

1936 年下半年国内棉花大丰收，农村购买力逐步恢复，民间对纱布之需求骤增，由此市场棉纱价格、棉布价格回升，当年 12 月每包纱平均价格升至 268 元，这样的价格，即使"最低能之厂家亦能获利"[②]，中国棉纺织业出现了自 20 世纪 30 年代以来难得一见的兴旺景象。1937 年上半年，日商纱厂在国民政府推行币制改革以及全国棉花丰产的利好影响下，其棉产品价格继续高开，迎来了"如同第一次欧洲大战后的黄金时代"[③]。华商纱厂方面，中国各省当局在国民经济建设运动的推动下纷纷商议兴办新厂，其中河北、河南、陕西、湖南、四川、云南等省皆已着手筹设纱厂，江苏、浙江、湖北、山东等省政府也都与银行金融界进行接洽，力求推广跨省棉纺工业。在即将到来的大发展时代，日商纱厂必须重新考虑其与最大竞争对手——华商纱厂的关系问题。日商纱厂方面认为，"币制改革的成功与西安事变的结束推进了中国的统一，而以浙江财阀为核心不断推动中国国民经济的发展的情况下，必然为了民族资本的成长发展而要求外国资本的后退"[④]。这样的理解意味着日商纱厂已意识到未来其与华商纱厂的竞争将更为激烈。然而，日本纺织资本家也并非没有看到可能出现的缓和迹象。

---

① 楫西光速：《丰田佐吉》，上海丰田纺织厂纪念馆所藏资料，无页码。
② 陈真等编：《中国近代工业史资料》（第一辑），北京：生活·读书·新知三联书店，1957 年，第 76 页。
③ 堤孝：《日华事变与华中纺织业》，在华日本纺织同业会编：《在华纺织事业缀》，亚洲历史资料中心（JACAR，下略），B06050470100。
④ 该表数据参见村山高：《围绕中国市场各国棉纺织业的角逐（三）》，《大日本纺织联合会月报》1937 年 5 月 10 日，第 535 号。

1937年3月，以横滨正金银行董事儿玉谦次为团长的日本经济访华团来华，其成员包括了日本纺织联合会委员长庄田乙吉（东洋纺社长）、在华日本纺织同业会委员会委员长饭尾一二（同兴纺社长）、丰田纺织会社董事丰田利三郎等一流纺织资本家，在会谈中他们与中国实业家达成了关于中国棉花增产、改良等问题的一系列协议，并指出中日在棉纺织业的发展之路上存在着共同的利害关系。[1] 当时，这些日本纺织家强调：

> 日华的经济合作常是我们念头中不离的课题。尤其是从对华投资额占到一半的纺织业者而言，始终保持对中国动向的深切关注。满洲事变（笔者注：指1931年"九一八事变"）以来中国对日本的态度以至于难以和解、极恶化的地步，无论我们如何表达诚意，中国都难以恬淡地加以接受。中国以排日思想推动国内统一，更使抗日的气氛普遍化与深刻化，可以看到，国民政府战战兢兢地任由事态发展下去。中日的经济合作完全是纯经济性的活动，完全建立在共存共荣的基础之上，我们提出的同心协力的要求被一部分人视为经济侵略而受到排挤，尽管如此，在华纱厂仍旧取得了好成绩，我们的产品在强大的压力下，仍旧受到中国人民的欢迎，这是因为事实上日华地理上的接近、运输的便利、两国经济的相对关系而致，这正好体现了人为的抵制离间如何地与现实背离。[2]

日本纺织实业家强调日商纱厂的经营纯粹是经济活动，日本出口的棉产品以及日商纱厂的产品改善了中国人民的生活，得出了日商纱厂的存在仍是对中国的国计民生有利的结论；而这与一些华商纱厂实业家的认识正好相反，即便在1936年华商纱厂之生存环境已有所改善时，中国民族纺织实业家仍然充满着对日商纱厂进一步扩张的忧虑："从纺织自体来看，最近河北省的外商纺织不断扩张，生产激增，其全力以赴之际，必将导致生产过剩而忧虑不堪，遂为最近棉业好转而埋下隐忧。"[3]华商实业家童润夫甚至称："华厂之所以穷困至此者，一则受国外输入品之压迫，二则受在华外厂之影响故也"[4]，这些认识都将日商纱厂与日本纺织界视为中国民族棉纺织资本发展道路上的死敌。

---

① 〔日〕高村直助：《中日战争和在华纺》，见：井上清等编：《中日战争和中日关系》，东京：原书房，1988年，第336页。

② 《发刊词——值此华北事变之际》，《大日本纺织联合会月报》1937年7月15日，第537号。

③ 华商纱商联合会廿回总会报告：《最近中国纺织情况》，《大日本纺织联合会月报》1937年8月15日，第538号。

④ 童润夫：《改进我国棉纺织厂方案》，《棉业月刊》1937年1月。

然而，面对日商纱厂的"攻势"与华商纱厂的"守势"，学者马寅初作为客观的经济观察家，似乎进行了更为深刻的思考，他指出："对中国而言，比起贸易通商地区的工厂，更有必要促进大陆内陆地区纺织业的发展。当今中国棉纱棉布的消费，实际需要完全依靠的是中国内陆地区。……原本日方纺织事业的产品，也并非全部由中国国内所消费，中方的纺织产品和其他外国的产品也极大量的被消费。因此中方目前的急务，在于先巩固自己的消费市场。"[1]他的认识实际上已默认了日商纱厂的存在，并希望华商纱厂更为注重内地市场的开拓，从而寻求一条与日商纱厂并存的发展道路。马寅初认为日商纱厂与华商纱厂未来之所以能够实现共存，是因为他看到了中国内地极为广阔的市场与民众旺盛的购买力，而这必将为中国的棉纺织业打开一个崭新的时代。

事实上，无论中日棉纺织业者存在怎样的认识，他们都无法漠视日商纱厂在中国根深蒂固的势力。除了沿海沿江各大口岸城市，即便是中国内地的手工土布业，也充分利用日商纱厂所生产的棉纱制造精美的布匹，河北石门、高阳、江苏武进等地织布业的繁盛，也莫不与日商纱厂存在密切的联系。[2]或许马寅初所设想的，日商纱厂以沿海市场为天下、华商纱厂以内地市场为主体，彼此分流、各据优势的格局，在自由发展的时代将成为现实，然而，1937年7月7日抗日战争的爆发，最终使日商纱厂的命运与中国社会经济整体的发展轨迹发生了深刻的变化。

---

① 马寅初：《中国棉业之前途》，《东方杂志》1937年7月1日，第34卷13号。

② 多谷泰三：《华北棉花增产机关和增产现状（四）》，《大日本纺织联合会月报》1942年2月25日，第592号。

第二章

战时日商纱厂的损毁、复兴与再扩张

　　日本在华棉纺织业于抗日战争前夜，已基本形成上海、天津、青岛三大据点。1936 年中国棉纺织业出现了走向繁荣的契机，日本纺织资本家大举在华投资建厂的欲望被再次点燃。正当日本棉纺织业在青岛、天津等地掀起新一轮的扩张热潮时，1937 年 7 月 7 日"卢沟桥事变"的爆发，使日本在华棉纺织业的发展轨迹发生了彻底改变。上海、青岛、天津的日商纱厂在战争中蒙受的损失程度不同，其中，天津日商纱厂损失较小，而青岛日商纱厂则遭受了彻底毁灭之厄运。当上海等地的战事平息后，日本棉纺织资本家虽一再希望恢复战前日商纱厂的生产规模，终因日本国内复杂的政治经济形势与立地环境的变化而难以实现。日商纱厂在战争中所受到的损失，只能寄托于对华商纱厂的强占与掠夺来得到弥补，在华北、华中沦陷区，当地大部分的华商纱厂落入日军之手，日商纱厂对之积极接管，以"军管理"、"委任经营"等方式占有华商纱厂的所有权（或经营权），通过掠夺对手来实现所谓的"再扩张"。通过梳理 1937—1941 年日商纱厂活动的相关史料，可以发现，日商纱厂在复兴与再扩张的过程中，与日本军政当局的关系始终相当微妙，这种关系背后所折射出的实质问题，值得我们思考。从一些史料来看，日商纱厂对华商纱厂的接管，也并非属于单纯的野蛮掠夺，若将之简单视为日本帝国主义对华的经济侵略活动，显然是过于肤浅的结论，至少这种看法忽视了日商纱厂与华商纱厂之间在围绕接收与被接收问题上呈现的错综复杂的关系，从而将历史问题简单化。作为日本民间资本的日商纱厂在战争中的所作所为，是一个值得我们深思的问题。

第一节　上海日商纱厂的损失

1937 年 7 月 7 日"卢沟桥事变"爆发，平津不久即告沦陷。当战事消息传至上海时，大量日商纱厂劳工对时局感到不安，纷纷而去。[①] 从 8 月 7 日起，全体日商纱厂停开夜班，各家纱厂弥漫着劳工即将爆发工运的气息。8 月 13 日淞沪会战打响，上海成为中日两军正面交战之战场，正常的棉产品交易被迫中止，日商纱厂随即宣布全体停产。至 11 月中旬淞沪会战结束，战事不仅对上海日商纱厂的市场销路造成了巨大冲击，一些日商纱厂在战火中受到较大损失。

在淞沪会战爆发之际，在华日本纺织同业会总务理事船津辰一郎正积极忙碌于调停中日冲突，进行着所谓的"船津工作"。[②] 然而，作为日商纱厂领袖的船津辰一郎，既没能阻止战争的爆发，也没能保证日商纱厂的安全。一些日商纱厂在中日两军的巷战中遭到严重破坏，按当时日商所述："上海纱厂自 8 月 13 日夜战开始，即关闭全体工厂。工厂遂成为暴虐敌军的攻击目标，尤其是杨树浦方面的工厂在遭受敌人炸弹、子弹袭击下，受到很大损失。日华纺浦东工厂内的机械被盘踞于其周围的中国军队搬往他处，建筑则遭到放火而化为灰烬，延苏州河岸而建的丰田纺，被败退的中国军放火劫掠，几乎全毁。"[③] 事实上，中国军队对于上海日商纱厂的打击，并非出于经济制裁的考虑，完全是为了配合军事作战的需要，这一点与后文所述及的青岛日商纱厂的情况完全不同。战时一些上海日商纱厂的厂房被日军作为军事据点，遭到了中国军队的武力反击。当时京沪警备司令张治中下令攻打位于杨树浦方面的公大纱厂，竟与厂内的日军激战数日而不能克。[④] 位于浦东地

---

① 如 8 月 11 日公大三厂即有 2000 余工人脱厂而去，参见中共上海市委党史研究室编：《上海纺织工人运动史》，北京：中共党史出版社，1991 年，第 249 页。

② 关于"船津工作"之内幕，参见松本重治：《上海时代》，曹振威译，上海：上海书店出版社，2004 年，第 388 页。船津辰一郎（1873—1947），日本佐贺县人，原任日本驻奉天总领事，退职后任日本纺织同业会理事，以谙熟中国情形而著称。抗日战争前，船津辰一郎曾强调中日各自反省自身的问题，乃日中调整邦交中最重要的因素。由于长期担任同业会主要干部的船津一郎处于处理日本对华经济关系最前线，他强调中日两国应通过加强经济上的合作，推动政治问题的缓和。船津一郎是当时日本政经界为数不多比较务实的知华派，也是日商纱厂发展史上极重要的人物。

③〔日〕上海日本商工会议所编：《上海日本商工会议所年报》（1937 年度），第 28 页。

④ 张治中：《张治中回忆录》（上册），北京：文史资料出版社，1985 年，第 124—125 页。

区的日华纺，也因"日军兴起沪战后，该厂内竟暗伏日军七八十名，……出厂与我军交战，厂车间中炮弹着火，复遭炮击，故化为灰烬"①。中国军队从日华纺残存的库栈中搜出大量日军以供浦东战事之用的军火，都证明了日商纱厂协助日军军事行动的事实，它们成了中国军队打击的目标，印证了中国军队坚定抗战的决心。

在战事中，丰田纺第一工厂基本全毁，日华纺亦损失惨重。此外，处于杨树浦一带的公大纱厂、大康纱厂，虽遭到了中国军队的空袭或炮击，然损失尚较前两家为轻。整个淞沪会战期间，上海日商纱厂在设备上损失了原纱锭总数的 16.7%（227 556 枚）、原线锭总数的 11.9%（40 920 枚）、原织机总数的 24.9%（4341 台），若含其他建筑、原料上的损失，累计直接损失达 3000 万日元左右。②除了设备上的损失，工厂的骤然关闭，工人停产，日商纱厂还必须承担因合同无法履行而带来的诸多间接损失，当时的大康纱厂"根据调查，建筑物、机械、半成制品的损害不过 15 万日元多，但因产品难以履行合约而导致的损失累计则达 277 万日元"③。但是，战火中上海日商纱厂的损失，仍较华商纱厂为轻。④一些日商纱厂利用混乱之局势，趁机对华商纱厂展开报复行动，在战火中遭到最严重破坏的丰田纺，对已遭日军爆破的华商纱厂申新八厂施以彻底破坏⑤，企图杜绝其产品再次在市场上与日纱竞争。除了租界内的华商纱厂免于战火外，位于战区的 22 家纱厂大都蒙受劫掠，最终上海 31 家华商纱厂中得以战后完整保留者，仅 9 家。

淞沪会战至 1937 年 11 月中旬结束，上海本地棉、纱、布三品市场，处于瘫痪状态。由于日商纱厂全体停工，避入租界内的华商纱厂乘机吸收了大量原日厂劳工，继续维持生产。1937 年 8 月—1938 年 3 月，上海日商纱厂全体停产，其库存的产品无人问津，上海市场上仅有四川帮、长沙帮偶对之有

---

① 《日华纱厂全部焚毁》，《申报》1937 年 8 月 21 日。

② 损失设备数据参见〔日〕高村直助：《近代日本棉纺织业与中国》东京：东京大学出版会，1982 年，第 228 页。损失估算额参见〔日〕上海日本商工会议所编：《上海日本商工会议所年报》（1937 年度），第 29 页。

③ 〔日〕井上幸次郎：《大日本纺织株式会社五十年纪要》，大阪：日本大纺织株式会社，1941 年，第 169 页。

④ 上海及其附近的华商纱厂损失纱锭约 52 万枚，线锭约 5 万枚，织机约 6000 台，即上海及其附近损失了近 3 成，而华商纱厂全体损失约达 2 成。当时日商甚而称："当然西部租界内及散在内地的其他华商纺织，几乎保持着全运转的生产规模。但即便如此，也因战火而购买力剧减，销路断绝，运输机构的停运等陷入供给过多而将渐渐陷入限产。毋庸置疑，而华商纺织作为整体而言，不妨看作几乎不可能再崛起了。"参见〔日〕上海日本商工会议所编：《上海日本商工会议所年报》（1937 年度），第 29 页。

⑤ 上海社会科学院经济研究所经济史组编：《荣家企业史料》（下册），上海：上海人民出版社，1962 年，第 4 页。

所采购，但量极少。至 1938 年春，客帮再次来沪活动，上海日商纱厂的销路开始有恢复。① 淞沪会战后，面对华商纱厂在租界内迅速复工的态势，日商纱厂急欲重振开业，却因大量劳工离散而作罢。直至 1938 年 3 月，上海局势得到进一步缓和，日商纱厂方陆续恢复生产。

第二节　青岛日商纱厂的毁灭

战前，青岛日商纱厂在生产规模上虽仅次于上海日商纱厂，且保持不断扩大之势。"卢沟桥事变"之后，青岛处于风雨飘摇之中。1936 年年底，因日本直接运用武力向青岛政府施压，要求镇压工人罢工运动，引起了国民党青岛市政府对日本在青岛势力的严密警戒，1937 年 4 月，青岛市市长沈鸿烈要求调税警团入青岛，当地的抗日气氛已十分浓厚。② 在这一气氛之下，在 8 月 13 日上海淞沪会战爆发的次日，青岛发生了与 8 月 9 日上海"大山事件"类似的"德县路事件"，因日本军政当局考虑在青岛日本侨民产业及当地日商纱厂之财产安全，该事件虽未扩大成战事③，然而日本驻青岛领事大鹰正次郎却利用此机会，通过与时任青岛市市长沈鸿烈的交涉，以日方保证不发动对青岛的进攻，换取了青岛市政府保护日本侨民安全撤离及日商纱厂等日本企业财产安全的承诺。8 月 31 日，中日双方达成了日本在青岛纱厂受政府保护的换文。④

当时青岛南北均处于战事状态，战火虽未骤然燃及青岛，战争带来的恐

---

① 中国社会科学院经济研究所主编：《上海市棉布商业》，北京：中华书局，1989 年，第 268—269 页。

② 《关于税警团问题大鹰总领事的第 165 号电》，〔日〕岛田利彦等编：《现代史资料·日中战争（一）》，东京：みすず书房，1964 年，第 436 页。

③ 时任国民党青岛市党部委员的李先良曾回忆当时的情形："我们知道敌人最初在青岛的不战而走，是要保存他们的产业；这些产业当中以纱厂所占的价值为最大，当时约值五亿元。"参见李先良：《抗战回忆录》，青岛：乾坤出版社，1948 年，第 10 页。所谓德县路事件，与 8 月 9 日上海发生的虹桥机场日本水兵被杀事件相似，皆是日本海军陆战队士兵被华军所杀事件。

④ 当时青岛政府答应保管日产，"敌驻青领事馆，亦于 9 月 4 日下旗撤走。所有工厂、商店、住宅等公私财产均交市府负责保管"。李先良：《抗战回忆录》，青岛：乾坤出版社，1948 年，第 6 页。日方的记载是："8 月 23 日起，（在青纱厂）自 8 月 23 日起宣布一周的休业，夜晚则让职员去青岛市内的安全地带避难，白天则让他们在工厂巡视。同时向中国方面提出对工厂保护警戒的请求，纺织方面和市政府社会局之间对此经过磋商后，日华双方官宪交换了确认保护的文件，该责任遂归中方，然而，不用说，中方对此责任的范围附加了种种条件。"参见《青岛纺织关闭事情》，《大日本纺织联合会月报》1937 年 9 月 15 日，539 号。

慌却已在工厂中蔓延，青岛日商纱厂中"为中日开战言论而恐惧的工人从 7 月末就渐渐开始缺勤，至 8 月则缺勤更甚，中国官宪及日商纱厂厂方虽对之劝导也无甚效果。终因出勤者不过半数，两班开工也渐出问题。不断有工厂停止夜班而将夜班工人投入昼班生产。之后我国妇孺开始撤退，这使工人更觉恐慌，出勤者益少"①。当淞沪会战渐趋激烈时，青岛中国守军也因困居于各日商纱厂内的日本人正积极备战，故于纱厂周围实施挖掘战壕、排设铁丝网等工事，形成了对日商纱厂的包围。1937 年 8 月 23 日起，日商纱厂全体停业，9 月 4 日，青岛日侨包括日商纱厂日籍员工全部撤退完毕。11 月 24 日国民政府于青岛成立戒严司令部，对日本可能在青岛登陆的严峻形势严阵以待。

1937 年 12 月 13 日，南京沦陷，华中日军积极准备由津浦路北犯蚌埠，华北日军则通过平、津南下攻占济南。12 月 18 日夜，在沈鸿烈的命令下，青岛日商纱厂全部为国民政府守军炸毁，爆破引起的火灾延续至 19 日方得熄灭，经 20 年扩张形成的青岛日商纱厂，于两昼夜间彻底化为废墟，其损失据当时日本报纸《大阪时事新报》统计："在青岛的日本资本投资总额达 3 亿 5 千万日元，其中纺织资本占到 2 亿元。……青岛损失主要包括纱锭枚数（包含线锭）641 266 枚，以及因新增扩张计划而搬入厂内的约 10 万枚纱锭，故总数达到约 75 万枚，且投入生产的织机 11 271 台，加上搬入厂内的新机 1500 多台，达到约 13 000 台。若每枚纱锭换算值 70 元，每台织机换算值 5000 元，损失已达 116 355 000 元之巨。其中又库存有相当多之未销售产品，以及在仓库中堆满的滞留棉花，加上发电设施和员工宿舍等方面的损失，估计达 2 亿以上。若据同业会青岛支部理事平冈（小太郎）的说法，损失总额超过 2 亿 1－3 千万元。"② 显然，青岛日商纱厂的毁灭，是日商纱厂方面极其巨大的损失。

关于青岛日商纱厂彻底被毁的原因，《大阪时事新报》则称："（青岛方面）12 月 9 日即已经安装好炸药工事，但至 18、19 日再引爆，其中十天间当有种种政治暗流涌动。"日本人亦认为，青岛日商纱厂的毁灭，并非出于战争的必要，而是国民政府对日本侵略行径的制裁。执行这一行动的青岛市市长沈鸿烈（1882—1969），字成章，湖北天门人。沈鸿烈在青年时代即以公费留学日本海军兵校，回国后受张作霖、张学良等奉系军阀的赏识而掌管东北海军的创建，其本人因在日本海军中颇有人脉，被日本人认为乃一比较了解日本人性格及日本立场的知日派。然而沈鸿烈公然违背与日本领事大鹰当初的约定，

---

① 《在青岛纺织封闭情况》，《大日本纺织联合会月报》1937 年年 9 月 15 日，第 539 号。

② 《化为灰烬的青岛日商纺织工厂》，《大阪时事新报》1937 年 12 月 27 日。

选择炸毁与日本利益攸关的日商纱厂，其中的原因耐人寻味。

探究当时沈鸿烈的立场，其主要目的应是向蒋介石国民政府表示效忠。日军侵占南京，对中国的抗战士气造成了巨大打击，而使国民政府夺气，当时青岛日商纱厂为国民政府势力控制范围内最大的日本经济资产，然而炸厂行动事非小可，必须由蒋介石授意方可实施之。[1] 当时的青岛市党部委员李先良曾回忆，"这些破坏的计划，沈市长固然要执行，我（注：指李先良）个人尤其力为主张"[2]，可见，沈鸿烈对炸厂行动似乎也表现过犹豫，他的最终决定，除遵循蒋介石"焦土抗战"的指令外，也受到青岛政府内抗日派所施加的影响。"西安事变"后，沈鸿烈之地位因张学良失势而尤显孤立[3]，不言而喻，沈鸿烈的炸厂行动成为一次他向蒋介石表示彻底效忠的绝好机会。

此外，另一原因即国民政府完全了解船津辰一郎与日商纱厂的关系，而之所以在这一时期作出炸厂决定，显然也已经清晰认识到，通过船津辰一郎线对日和谈基本无望，因而青岛炸厂行动渲染了国民政府抗战到底的悲壮气氛。

1937 年 12 月 23 日，当日军获知青岛日商纱厂被毁时，决议对此"膺惩"国民政府。[4] 数天后，济南日军向青岛进犯，1938 年 1 月 8 日，沈鸿烈奉命弃守青岛，青岛落入日军之手。面对昔日纱厂尽成废墟，虽然日商纱厂方面希望尽快完成青岛战前规模的复兴，然而对于战时的日本经济情况而言，正如当时日本报纸所言，此乃"一大奢望"，《大阪时事日报》甚讥评之：

> 最困难的乃是铁的供给，真是极其困难！为了制造新机械原料的钢铁的能否融通供给？前几日当上京的日商纱厂委员访问大藏省时，官员们一看到委员就是"又要钱吧，又要铁吧"。不言而喻，复兴问题是令日本政府颇为头痛的一个大问题。[5]

---

[1] 沈鸿烈是受国民政府之意而采取了炸厂行动，当时同业会干部村山高认为，"虽然对青岛的日人权益直至 12 月而未受到破坏而感到不可思议，但 12 月 18 日夜沈鸿烈受国民政府之命将全部日人纺织工厂放火爆破，遂至全灭"。村山高：《日华事变与中国纺织业》，《大日本纺织联合会月报》1939 年 1 月 15 日，第 555 号；1937 年 12 月 4 日蒋介石电令沈鸿烈执行"焦土抗战"政策，并准备撤离青岛。参见青岛史志办公室：《青岛市志（大事记）》，北京：五洲传播出版社，2000 年，第 107 页。

[2] 李先良：《抗战回忆录》，青岛：乾坤出版社，1948 年，第 10 页。

[3] 《关于税警团移驻山东》，见：〔日〕岛田利彦等编：《现代史资料·日中战争（一）》，东京：みすず书房，1964 年，第 425 页。

[4] 《鲁北之敌偷袭黄河》，《大公报》1937 年 12 月 25 日。

[5] 《化为灰烬的青岛日商纺织工厂》，《大阪时事新报》1937 年 12 月 27 日。

日本舆论似乎也认识到，青岛日商纱厂的再兴问题，日后必将造成同业会与日本政府之间的对立与龃龉。

第三节　天津日商纱厂扩张计划的夭折

天津是华商纱厂的重镇，但战前当地华商纱厂之势力，已受很大削弱。[①]战前天津市场上日纱横行，市面上不仅充斥着上海、青岛及本地日商纱厂的产品，也有大量从日本国内运来甚至从"满洲国"走私而来的棉产品，诸系日纱间的竞争也十分激烈。"卢沟桥事变"爆发之前，天津市场棉花棉纱行情往往随上海市场情况而波动，1937年上半期棉纱市场极为活跃，"因棉贱纱贵，最佳之际，每纱一件，盈余一百余元，半年中有盈余一百余万者。日商年内续谋增加纱锭……纱号营业亦佳，原因华南销路扩张，沪厂出货，供不应求，津、青两地棉纱，乃得承乏其间。市盘扶摇直上直至六月初旬，尤迭见高峰。申市多空，发生风潮甚烈。六月多数吐出，行市一落千丈，长局尚足支撑"[②]。当上海日商纱厂意图向华南扩张时，天津日商纱厂在当地发展的机会到来。6月末，上海投机风潮退去，天津市场亦随之暗淡，花纱行情相继寥落，7月初的天津市场复现交易闲散的局面。

1937年7月7日晚"卢沟桥事变"爆发的详细报道，出现于7月9日天津《大公报》的头版。此后花纱行情虽然暂时平静，华北客帮在津仍有采购活动，然而7月21日后形势骤然严峻，天津市场立趋停顿。7月30日天津沦陷。因当地战事迅速结束，天津工商业损失较小，据统计，"天津日商纱厂的直接损失仅51 400余日元，与上海青岛方面的损失相较可谓微不足道"[③]。然而，战争对天津日商纱厂所产生的冲击，主要在生产经营上。当时"原料输入困难、职工就业不佳、产品销路不畅，以及日本国内因汇兑管理而带来的汇款不畅，传闻（纱厂）也将暂时歇业"[④]。为避免大量劳工失业带来治安上的

---

① 1934年天津地区原有华商纱厂7家，而1936年年末仅剩4家，其中3家已为日商纱厂收购，参见上海市棉纺织工业同业会（筹）：《中国棉纺织统计史料》，上海：上海棉纺织工业同业公会，1950年，第56、64页。

② 《津市商业半年回顾》，《大公报》1937年7月2日。

③ 《解决融资最为重要》，《大阪朝日新闻》1938年1月27日。

④ 《天津邦人纺织继续生产》，《大日本纺织联合会月报》1938年1月15日，543号。

诸多问题，在日本军方的干预下，当地日商纱厂维持着一定程度的生产；另外，因市场闲散而导致的资金短缺问题，也在日本政府的干预下，通过当地日系银行获得了融通。

战争对于天津日商纱厂的长远影响，在于改变了日本纺织资本对天津的长期投资计划。1935 年"华北事变"以来，中国社会抗日情绪高涨，日本纺织资本家的在华北投资计划，开始考虑现地办厂的安全问题。当时天津日商纱厂虽在实力上远不及上海与青岛日商纱厂，但其扩张速度却超过两者，究其原因，乃因天津处于日本军力直接支配之下，当时在津屯驻的华北派遣军时刻关注着平津的抗日动向，宣称保护日本在当地工商业的安全。此外，一些天津日商纱厂初期投资的成功，刺激了日本纺织资本家在天津的投资热情。1936 年日本钟渊纺社长津田信吾先后收购天津华商裕元纱厂、华新纱厂，将之改名为公大五厂、六厂，当年投入的资金，仅经一年即全部收回，充分体现了天津日商纱厂的盈利状况。[①]津田信吾的成功，为其他日本纺织资本家所羡慕，他们陆续来津考察建厂环境。日本岸和田纺董事长寺田荣吉曾叙述过天津相较上海、青岛等地所具有的优势："一、华北市场比上海市场更具有未来性，岸和田纺因上海的都市发展计划，已难以获得以往（在华纱厂）所能获取的土地。二、若比较华北纺织经营地的天津与青岛，就可以发现青岛在原料棉花的消耗及产品的消耗上已接近饱和，又可说明天津则更具有前途。"[②]在日本纺织实业家的鼓动下，战前天津日商纱厂预计未来可能达到的规模规划，如表 2-1 所示。

表 2-1　天津日商纱厂新增设备的具体状况表（1937 年 3 月数据）

项目	工厂数	纱锭数（千枚）	织机数（千台）
已收购的工厂	4	170	1.0
决定增设的工厂	5	180	21.4
新开工建设的工厂	5	340	6.3
计划进入的工厂	5	430	6.3
合计		1 120	34.9
新增设备合计		950	33.9

资料来源：〔日〕中村隆英：《战时日本对华北经济的支配》，东京：山川出版社，1983 年，第 69 页

---

① 〔日〕中村隆英：《战时日本对华北经济的支配》，东京：山川出版社，1983 年，第 71 页。

② 〔日〕藤冈长和：《岸和田纺织株式会社五十年史》，大阪：岸和田纺织株式会社，1942 年，第 73 页。

当时，除公大纱厂外，决定增加设备的工厂，还包括 1936 年 11 月已与东洋纺织株式会社合资的唐山华新纱厂。若仅从增设设备之数量而观，除纱锭数增加超过一倍之外，织机数量的剧增，亦十分明显。这意味着天津日商纱厂不仅在棉纱产量上将有大幅提高，而且还将倾巨力于织布领域，这必将给予当地兼营织布能力尚十分薄弱的华商纱厂致命一击。[①] 显然，天津日商纱厂于战争前夕已制定了独霸华北市场的未来生产规划，其可谓野心勃勃。然而，抗日战争的全面爆发，导致日商大部分的投资计划皆告夭折，最终实现建厂者，仅有岸和田纱厂（日本岸和田纺）、双喜纱厂（日本福岛纺）、上海纱厂（上海纺天津分厂）三家，具体如表 2-2 所示。

表 2-2　天津日商纱厂新设设备的情况表（1938 年 6 月末）

项目	纱锭（千枚）	线锭（千枚）	织机（百台）
公大纱厂	166	16	30
裕丰纺	102	7	20
唐山华新	45	8	5
天津纺	54	3	7
裕大纺	49	2	—
双喜纺	30	—	7
上海纺	30	5	7
岸和田纺	30	—	7
合计	506	40	84

注：第 3 列和第 4 列"合计"的表据似有误，遵照原文献
资料来源：纺织杂志社编：《大陆和纤维工业》，大阪：纺织杂志社，1939 年，第 120 页

从表 2-2 可见，战争初期天津日商纱厂确实取得过一定的扩张成果，但与其战前预计的扩张规模存在很大差距。

天津日商纱厂的扩张，虽未达到预期目标，但因青岛日商纱厂的毁灭，而使其在规模上仅次于上海，一时天津日商纱厂呈现出取代上海，成为日本在华棉纺织业新中心的趋势。[②] 然而，随着战事的演进，天津日商纱厂的生产与扩张，受到了华北日军严格的制约。日本军方在战争爆发伊始，便对天津

---

① 1936 年年末天津地区的华商纱厂唯恒源纱厂有织机 490 台。上海市棉纺织工业同业会（筹）：《中国棉纺织统计史料》，上海：上海棉纺织工业同业会，1950 年，第 64 页。

② 《第十六回委员会报告》，1938 年 9 月 19 日，在华纺织日本同业会编：《在华纺织同业会大阪本部会议录》，Ⅱ—1—67，日本大阪大学附属图书馆藏。

日商纱厂的生产经营进行干涉，绝不允许其因战事而擅自停工。1938年年初，日本国内的大日本纺等纺织公司，呈请华北方面军特务部，希望允准其在津扩张，特务部却要求他们以发展重要国防资源为中心，至于"新设扩充的纱厂，只准许限定在建设中和已经订购场地等最小范围内，避免使用在日本的停产机器，并需重新制定建设新厂的计划"[1]。由于战时华北日军对华北整体经济战略的重新考虑与布局，日本棉纺织业对华北的投资势头受到了遏制。

除上海、青岛、天津三大据点外，汉口地区唯——家日商纱厂泰安纺，于1938年武汉会战前夕被国民政府强制拆除，其设备作为敌产，被没收并被运往四川、山西等地。战争初期，上海、青岛两地的丰田、国光、日清、富士、泰安等5家日商纱厂几乎处于全毁状态，加上其他日商纱厂大小不等的损失，共计损失纱锭866 576枚、线锭93 936枚、织机16 264枚。[2]日商纱厂因战事而受到的损失，虽较华商纱厂为轻，但青岛日商纱厂的彻底毁灭，战前积极鼓励日商纱厂于华北扩张的华北日军，也因战争局势之变化，出于自身利益之考虑，而对天津日商纱厂之扩张势头实行抑制，日本在华棉纺织业的发展轨迹由此发生改变。

第四节　上海、青岛日商纱厂的复兴计划

由于天津、上海、青岛相继沦陷于日军之手，1938年年初同业会向日本政府提出了恢复日商纱厂战前生产规模的意向。在战火中，天津日商纱厂基本无什么损失，上海日商纱厂的损失有限，而青岛日商纱厂的损失最大。在同业会向日本政府提出的复兴请求中，对上海日商纱厂（包括汉口泰安纺）的复兴计划，不过轻描淡写，对青岛日商纱厂的复兴计划，成为请求中的重点。同业会在给日本政府的青岛复兴请愿书中详道：

> 实施复兴工程之际，若以破坏前的规模来动工颇感困难，故作为
> 第一期计划，每社先以平均纱锭五万枚、织机一千台（换算成纱锭即
> 二万五千枚），九社共六十七万五千枚的规模为目标着手建设，待其竣

---

[1]　《陆军省有关中国事务往来秘密大日记》，1938年4月9日，转引自居之芬等编：《日本在华北经济统制掠夺史》，天津：天津古籍出版社，1997年，第128页。

[2]　〔日〕大日本纺织联合会编：《东亚共荣圈与纤维产业》，大阪：文理书院，1941年，第221—222页。

工后再继续第二期、第三期工程，以此来恢复旧状（包括当时正在扩张中的工程）最为合理……所需资金仅工厂及其附属建筑建设费、机械费就达四千九百万日元，此外原棉采购资金及其他融通资金约一千六百万日元等，总计达六千五百万日元，此乃一笔巨额，且因突然遭受损失，大多数日商纱厂皆缺乏资金准备，故就复兴贷款问题，恳请政府特别照顾。①

正如这份请愿书中所提到的，即使是日商纱厂要求的第一期复兴计划，也需要日本政府大量资金及设备的支持方可实现。

然而，日商纱厂的请求愿望与日本国内不断加强的经济统制可谓背道而驰。1937年9月日本当局制定《进出口品临时措施法》，限制并禁止日本政府指定物资的进出口，不久日本当局又出台《临时资金调整法》，规定有关企业的新设、增资、长期借款等措施，必须得到政府的许可。通过这两部统制法，日本政府对企业在物资流出与资金流动上严格控制。这两部统制法还将包括日本海外企业在内的产业进行了细致的划分：对军需或生产基础物质的产业给予优待；对化纤、造纸等产业的发展加以抑制。1937年10月日本政府成立企划院，由该机构负责综合策划并协调日本战时国力的扩充工作，至此日本战时经济体制完全被置于日本军政当局的直接统制之下。从1937年10—12月起，企划院制订以物资动员计划（即"物动"计划）为中心的贸易、资金、进出口等诸方面统制的措施，强力维持着日本战时的统制经济。日商纱厂复兴所需的资金以及铁、铜等设备原料的进口，虽未立即断绝，但随着日本政府国内经济统制力度的加强，日商纱厂的复兴计划受到日益强大的阻力。

由于资金、资源日益窘迫，日本政府对于日商纱厂的复兴问题，处于一种复杂的立场，日本政府当仍然有其通盘考虑：其一，日本当局曾于1937年2月《第三次华北处理纲要》中明确提出鼓励日本私人资本在华北自由投资的政策，这一方针在战争初期并未改变，日商纱厂的重建问题仍被视为日本大陆殖民政策的重要一环。其二，从现实角度考虑，青岛、上海等地的日商纱厂虽遭受破坏，但厂基尚存，相当数量的日本居留民依附日商纱厂而生存，日商纱厂的复兴问题直接关系到侨民的经济利益，公然宣称放弃日本在青岛的棉纺织业，将被日侨视为"暴论"②。其三，日本国内棉纺织业正实行减产，

① 《关于青岛纺织工厂复原请愿书》，1938年2月21日，《在华居留民业务复兴资金政府贷款所要额各地调》，亚洲历史资料中心，B05016231800。
② 《被破坏的在华日人纺织再建讨论》，《大阪每日新闻》1938年1月17日。

大量纱锭织机闲置，"如果将国内因大量减产而闲置的 300 万枚纱锭中的一部分移送至青岛的话，与转移至济南相比，当可节约三成资金"[①]。因此，日本政府对青岛、上海日商纱厂的复兴的计划保持一种谨慎支持的态度。

但是，同业会的复兴计划受到来自日本军部与日本国内纺织界的反对。日本军方原希望放弃青岛而将济南作为新的据点[②]，因为考虑到同为海港的青岛与天津彼此竞争的问题，若将处于内陆的济南作为纺织基地则更利于打开华北内陆市场，这将更好地为华北日军的"以战养战"策略服务。而日本纺织界的反对声音，主要是担忧闲置设备进入华北后会增强日商纱厂的生产能力，从而间接打击日本国内纱厂对华北的出口。

1938 年 3 月，经过同业会与日本大藏省等部门的反复交涉，日商纱厂的青岛第一次复兴计划虽得以通过，但日本政府也附加了苛刻的要求：①除各社之间的买卖融通外，绝不允许设备总量超过限定的规模总数（纱锭 390 500 枚），且绝不允许纱厂预订新的设备。②复兴资金最大限额 4500 万日元，原则上需由日商纱厂方面自筹，然而其中 1500 万日元可向各银行暂时贷款。[③]青岛日商纱厂的复兴设备总量受到限制，各社不得不取消已向机器制造商预订的纱锭，大康纱厂、日清纺、富士纺、国光纺等从日本母公司迁来的纱锭，也限于 19 万枚以下[④]，公大纱厂、上海纺从天津分厂调来的约 4 万枚纱锭，也因超过指标而必须通过内部调剂来解决。

另外，1938 年 9 月日本企划院第三委员会制定了上海方面的复兴设备所允许的数量，这个数字当然与上海日商纱厂原先的计划量存在距离，然而上海日商纱厂必须接受这样的调整。表 2-3 体现了日商纱厂提出的复兴数量与日本政府最终许可量之间的差距。

---

① 《在华纺再建准备就绪》，《大阪每日新闻》1938 年 2 月 1 日。

② 《在华纺再建准备就绪》，《大阪每日新闻》1938 年 2 月 1 日。

③ 《青岛纺织复兴中各社不同比例的决定》，《大阪每日新闻》1938 年 3 月 6 日；《青岛纺织复兴》，《大阪每日新闻》1938 年 3 月 24 日。此后，外务省下属之"在华居留民复兴调查委员会"以"复兴资金"资金为名，对青岛国光纺、丰田纺，上海的日华纺提供 1095 万日元的补偿，参见陈真等编：《中国近代工业史资料》（第二辑），北京：生活·读书·新知三联书店，1957 年，第 411 页。

④ 村山高：《中日事变与中国纺织业》（二），《大日本纺织联合会月报》1939 年 2 月 15 日，556 号。

表 2-3 战时日商纱厂计划重建数量与日本政府最终许可量情况表

地域		纱锭枚数（计划）	纱锭枚数（许可）	线锭枚数（计划）	线锭枚数（许可）	织机台数（计划）	织机台数（许可）	换算枚数（计划）	换算枚数（许可）
上海	丰田	55 000	44 964	—	6 400	1 100	—	82 500	46 564
	日华	50 000	31 424	—	14 920	1 000	1 493	75 000	72 479
	小计	105 000	76 388	—	21 320	2 100	1 493	157 500	119 043
汉口	泰安	24 816	—	—	—	300	—	32 316	—
青岛	内外	58 480	49 500	10 000	6 000	700	600	78 480	66 000
	大康	64 880	59 000	8 000	5 000	1 500	1 200	104 380	86 250
	公大	63 950	55 000	—	—	2 162	1 700	118 000	97 500
	上海	51 808	44 000	6 160	4 000	1 008	800	65 120	65 000
	同兴	44 824	38 500	7 980	5 000	868	700	68 519	57 250
	富士	39 968	33 000	—	—	719	600	57 943	48 000
	国光	32 000	33 000	4 000	3 000	490	400	63 350	43 750
	日清	50 000	44 000	4 400	3 000	719	500	57 943	57 250
	丰田	45 920	38 500	10 800	6 000	660	600	65 120	55 000
	小计	451 830	390 500	51 340	32 000	8 567	7 100	678 840	576 000
合计		581 646	466 888	51 340	53 320	10 967	8 593	868 656	695 043

注：统计数据似有误，原文如此

资料来源：多谷泰三：《事变以来全中国纺织业的回顾与展望》（二），《大日本纺织联合会月报》1940 年 6 月 25 日，572 号；表中设备换算指按照当时日商纱厂设备通行换算方式（4 枚线锭 =1 枚，1 台织机 =25 枚 纱锭）而得出

　　据表 2-3 可知，日本政府最终允可的复兴规模，只占上海原复兴计划的 79% 与青岛原复兴计划的 85%，这当然是同业会百般争取的结果。由于设备采购、迁移的资金必须自筹，以及辗转运输的劳顿，重建后的青岛日商纱厂至 1939 年 4—5 月方陆续开工。由于青岛、上海复兴的大部分设备来自日本政府已下拨天津的份额，客观上青岛上海日商纱厂的复兴，亦限制了天津日商纱厂规模的扩张。

　　日本政府的许可总量，当然难以令日商纱厂满足，青岛与上海日商纱厂均又提出第二次复兴方案。自 1938 年以后，上海租界内英资纱厂、华商纱厂都表现出增扩的势头，从而使日商纱厂担忧"长年拮据经营方才确保的地位，可能会不得已而后退"[1]。通过呼吁第二期"复兴计划"，日商纱厂向日本军政

---

[1] 《第十九回委员会报告》，1938 年 10 月 22 日，日本在华纺织同业会大阪本部编：《在华纺织同业会大阪本部会议录》，Ⅱ—1—67，日本大阪大学附属图书馆藏。

当局发出意欲再度扩张的信号，然而遭到对方的断然拒绝。日本军政当局声称，由于日本国内的萧条现状，日商纱厂的再次扩张必须待至战后。不过，青岛的第二次复兴计划之所以未被允准，除日本军政当局担心青岛日商纱厂势力的过度膨胀，将不可避免地带来与日本纺织业的摩擦外，更深层的原因在于，1939 年年初日本军部（尤其是华北日军）对未来华北中心都市的认同观已与战初发生了变化，激变的战局已使日本在天津的军事、政治势力急剧上升，而青岛地位的重要性则明显下降，日军中"开战后不久，持天津中心论者的势力加强，他们甚至对日本的中央政策也有过强烈的反映，因而在华北产业开发的第一个五年计划里，以青岛为中心的山东省资源开发计划，已完全被剔出到主流之外"[①]。华北日军对天津的"中心都市"认同观，与日商纱厂集团复兴青岛的欲望产生冲突，结局当然以日商纱厂的放弃而告终。

1939 年后日本国内经济更趋恶化，战略物资更为紧缺，纺织设备所需的铜、铁等金属，因日本政府严格规定的配给量而出口受限，"暂时之间无论如何纺织机械制造的钢材配给均不可能实现，同业会对此就上海及青岛纺织在复兴规模上，需极度缩减业者的要求"[②]，现实中日本运输物资船载量的严重不足，日商纱厂所谓的第二期复兴计划事实上彻底化为了泡影，这意味着日商纱厂因战事而在设备上所受损失必须另觅其他途径来弥补。

第五节　华北华商纱厂的"傀儡"化与"军管理"

抗日战争爆发之后，侵华日军陆续控制了沦陷区内绝大多数的华商纱厂，并委托日商纱厂对其实行强制性的经营管理。1937 年 8 月 31 日，日军大本营撤销原中国驻屯军，改编为"华北方面军"，1938 年 2 月日军大本营又将华中地区的日军统编为"华中派遣军"。至 1939 年 9 月日本军部将华北方面军、华中派遣军合编成"中国派遣军"之前，关内侵华日军维持着"华北"与"华中"两个系统，其虽均听命于日本军部的规划与调遣，但实际上在处置各自占领区内的经济资源问题上，各行其是，具有很强的独立性与垄断性。因此，华北、华中日军在对华商纱厂的处置方案上，即有较大差异，具体而言，华北日军主张对华北华商纱厂实行"军

[①]　松崎雄二郎：《日本人的山东开发计划》，舒贻上译，济南：山东新报社，1947 年，第 77 页。
[②]　《第二十八委员会报告》，1939 年 3 月 4 日，在华日本纺织同业会大阪本部编：《在华纺织联合会委员会决议录》，Ⅱ—1—67，日本大阪大学附属图书馆藏。

管理"，而华中日军则主张对华中华商纱厂实行"中日合办"、"委任经营"。

1937 年 7 月 31 日，日军占领天津后，随即成立傀儡组织"天津地方治安维持会"，代行天津原市政府的职能。由于天津地区的战事很快结束，当地华商纱厂所受损失较小。战前，天津地区的华商纱厂已逐步被当地日商纱厂收购，至沦陷后仅剩恒源纺织厂、北洋商业第一纺织厂、达生制线厂等三家，维持着纱锭 83 000 枚、线锭 2000 枚、织机 560 台的小规模生产。沦陷时期，由于华北日军宣称自治，出于稳定华北政局及笼络人心之需要，日军并未对这 3 家华商纱厂武力强占。抗日战争爆发之初，日本某些国内纺织企业已有大举收购天津华商纱厂之意图。若仅有的 3 家华商纱厂落入日本国内纱厂之手，便将触及当地日商纱厂之利益，日本国内纱厂的意图遭到了天津日商纱厂的激烈反对，同业会天津支部理事后藤禄郎则称："且不论日本国内纺织业者是否加盟日商纱厂，仅在收购华人纺织时便暗中策动胡乱为己所用，结果不过徒然使第三者获益而已。"[①] 如表 2-4 所示，大部分日商纱厂属于日本大型棉纺织公司的支系。

表 2-4　日商纱厂与日本内地棉纺织公司关系表（1939 年 3 月）

日本国内	上海	青岛	天津
大日本纺	大康纱厂	—	—
—	同兴纱厂	同兴纱厂	—
内外棉	内外棉纱厂	内外棉纱厂	—
—	日华纱厂	—	—
东洋棉花	上海纱厂	上海纱厂	上海纱厂
钟渊纺	公大纱厂	公大纱厂	公大纱厂
—	东华纱厂	—	—
丰田纺	丰田纱厂	丰田纱厂	—
东洋纺	裕丰纱厂	裕丰纱厂	裕丰纱厂
富士瓦斯	—	富士纱厂	—
国光纺	—	宝来纱厂	—
日清纺	—	隆兴纱厂	—
岸和田纺	—	（岸和田纱厂）	—
福岛纺	—	—	双喜纺织厂
伊藤忠	—	—	天津纺织公司、裕大纱厂
东洋纺	—	—	唐山华新纺织公司

资料来源：〔日〕上海日本商工会议所编：《上海日本商工会议所年报》（1940 年度），1941 年（根据书末附表整理而成）

---

① 《进入内地业者间的相互竞争激化》，《大阪每日新闻》1938 年 6 月 23 日。

　　然而，为了维护对当地市场的独霸地位，日商纱厂均视当地利益为禁脔，其对本国棉纺织业在华的扩张采取了一致的抵制态度。

　　虽然天津华商纱厂维持着表面的独立，但根本无法正常经营，与1938—1939年上海华商纱厂接近100%的设备运转率相比，天津华商纱厂1938年的平均运转率约66%，至1939年仅为50%左右，其经营不断恶化的主要原因，在于原棉供应不足，当时天津华商纱厂"即便是原棉问题等，都必须与华北日商纱厂保持密切联系，采取同一步调"[①]。事实上，由于华商纱厂维持生产独立必需的原棉不过是日商纱厂的余沥，其基本生产完全受制于日商纱厂，故称其为日商纱厂的"傀儡"，亦不为过。

　　除天津3家被"傀儡"化的华商纱厂外，华北其他日伪控制下的华商纱厂则被以"军管理"方式处置。所谓"军管理"，即由日军对将华北沦陷区内的华商纱厂实行军管，再由日军将之委托日商纱厂经营。从委托细节来看，日商纱厂在代理经营这些华商纱厂时必须承诺以下10项规定[②]：

　　（1）厂之经营使用军队所定名称；

　　（2）将来正式开发或另委他人经营时决无异议；

　　（3）提出事业计划之概要、经营组织之要点，先请军部承认，此后遇有变更场合，亦必在事先经军部同意；

　　（4）报告主要职员名，此后有变更之场合，亦必随时报告；

　　（5）受托经营后，立即提出财产目录；

　　（6）在运营进行中处分或变更固定财产时，须先经军部同意，对流动财产则由受托人负担；

　　（7）经营有亏损时，暂由受托者负担，军方对经营者有所变更或另行决定永久经营者时，经军方之认可，得有继承经营者补偿，经营有利时候，除分配一定红利外，余充改善设施之用；

　　（8）经营所需经费暂时受托者负担；

　　（9）每月末日须填写固定资本及各设备之增减、业务成绩概要、收支明细表等之文件，于下月十五日以前提交军部；

　　（10）军部认为经营不当时，随时取消委托毫无异议。

① 〔日〕大日本纺织联合会编：《东亚共荣圈与纤维产业》，东京：文理书院，1941年，第211页。
② 《军管理工厂之特质》，1940年2月20日，见：中央档案馆等编：《华北经济掠夺》，北京：中华书局，2004年，第301页；另参见松川七郎：《华商纺委任经营问题》，见：〔日〕纺织杂志社编：《大陆与纤维工业》，东京：纺织杂志社，1939年，第137页。

除以上 10 条外，另有"军管理"工厂的主要职员都需由华北方面军特务部委派，工厂主要生产军用品、出售产品的资金完全存入日军指定银行，该资金的使用需得到特务部机关长的许可等名目繁多的规定。[1]虽然日商纱厂是"军管理"下华商纱厂的实际经营者，但对这些华商纱厂拥有绝对处置权力的仍为华北方面军特务部，日商纱厂不过是华北日军的代理，必须坚持执行1937 年 11 月 14 日本军政当局共同制定的《华北政务指导计划方案》，即对纺织等国计民生产业"实行完全内部的指导，……这条在华北方面军司令官的监督下，由军特务部掌管"[2]。事实上，日商纱厂作为"军管理"工厂的管理者，不仅无法拥有工厂的所有权，而且经营权也处处受到日军的制约，以"军管理"为纽带，日商纱厂与华北日军形成了一种怪异的战时合作关系。

华北 12 家受"军管理"的华商纱厂，由公大纱厂、大康纱厂、裕丰纺织、丰田纺织、上海纺织 5 家日商纱厂陆续接管（见附表 2），除丰田纺外的 4 家日商纱厂均在天津设有分厂。在接受过程中，日商纱厂围绕华商纱厂的分配问题曾出现了颇大争议，最后不得不通过军方仲裁方得以解决。[3]若结合这一时期天津日商纱厂规模的膨胀，就可看到华北日军以扶助天津日商纱厂之名义，来协调日商纱厂内部的关系，换言之，正是华北日军通过利用日商纱厂急欲扩张之欲望，而将权力的触角实质性地渗透至华北日商纱厂内部。由于"军管理"的实质在于工厂所有权始终为军方掌握，日商纱厂对此感到十分忐忑，以公大纱厂接收石家庄大兴纱厂为例，当时公大方面曾对有关业主暗示：

> （大兴业主）离津之前夕，彼方侦之，乃邀约许、鲁、江三君谈话，得吾军管理处长堀井（此人系钟纺厂被军部延聘而来）云：石庄现为战区，凡属战区之大企业，纯归军部管理，欲想发还产权，绝不可能，若与钟纺合作，军管名称可以取消。其合作方法；以本场原有机料为股本，再不出现资，彼占 1 成，本厂占 2 成，共同营业，所获利益，照成分配。苟不合作，钟纺亦愿收买本厂。执此两点，要求我方回复。[4]

① 松川七郎：《华商纺委任经营问题》，〔日〕纺织杂志社编：《大陆与纤维工业》，东京：纺织杂志社，1939 年，第 137 页；《1939 年夏季调查报告》，见：〔日〕神户商业大学编：《海外旅行调查报告》，神户：神户商业大学研究所，1940 年，第 402 页。
② 〔日〕中村隆英：《战时日本对华北经济的支配》，东京：山川出版社，1983 年，第 108 页。
③ 〔日〕高村直助：《近代日本棉纺织业与中国》，东京：东京大学出版会，1982 年，第 238 页。
④ 裕大华纺织资本集团史料编辑组：《裕大华纺织资本集团史料》，武汉：湖北人民出版社，1984 年，第 302 页。

若大兴纱厂方面的记载属实，则日商纱厂与华北日军似乎在处理华商纱厂"军管理"问题上有更紧密的联系，甚而日商纱厂可以改变华商纱厂被"军管理"的命运。而另外，华商纱厂业主对被"军管"的态度也因人而异，以大兴纱厂董事苏汰余为例，他就认为，"盖北路花贵纱贱，熟货滞销万分，即能厂权收回，亦属挑水填井，且战局变化靡定，如今日向日方收回，他日国军收复石庄，则难免不无与日方合作之嫌"①。显然，苏汰余的这一认识，既有对当时华北市场动向的整体把握，也有对战时政治形势的权衡考虑，苏汰余的例子，从侧面反映了某些民族资本家在面对艰难选择时，经历了一条反复考量各种利弊而最终放弃产业的痛苦心迹。

"军管理"的形式，无论从权力结构的垄断性而言，还是从经营管理者的单一性而论，均可谓是一种极落后的管理模式，它与一般企业的现代经营原则完全背道而驰。据当时国民政府对这些被"军管理"工厂的调查，这些工厂"主要职员皆无薪水，纯为'经济的军人'，仿佛在军队的指挥之下（进行）经济的战斗"②。再看管理的实际情况，若从 1938 年 12 月—1940 年 9 月华北"军管理"工厂纱锭的平均运转率 66.4% 这一数字来看③，似乎与青岛、天津日商纱厂纱锭运转情况相比亦不算差，然而绝大部分开工的工厂，仅维持昼班生产，实际生产率预计低于正常运转率的一半。而其中 6 家陕西的军管理纺织工厂，因遭华北游击队的袭击或内部机械破损不堪，尚未开工。④山东地区的华商纱厂，如被裕丰纺接收的济南鲁丰纱厂，"机械设备老旧且磨损，甚不堪言，虽勉强可以运转，不过为一老朽工厂而已"⑤，因棉花原料供应不足，该纱厂于 1939 年 3 月便处于歇业状态。勉强维持少量生产的仁丰纱厂，生产的利润则完全被日军特务机关所侵占。

---

① 裕大华纺织资本集团史料编辑组：《裕大华纺织资本集团史料》，武汉：湖北人民出版社，1984 年，第 301 页。

② 《军管理工厂之特质》，1940 年 2 月 20 日，中央档案馆等编：《华北经济掠夺》，北京：中华书局，2004 年，第 301 页。

③ 所谓当月平均运转率，指的是安装纱锭数 / 平均运转纱锭数的比值，其为纱厂设备运转活跃情况的一个重要参考指数。当月生产率的计算则另需去除该月休息日后再行折算。1938 年 12 月—1940 年 4 月数据参见多谷泰三：《事变以来全中国纺织的回顾与展望》(三)，《大日本纺织联合会月报》1940 年 8 月 25 日，第 574 号。1940 年 5—9 月数据根据日商纱厂保存下的有限统计资料统计而出，参见在华日本纺织同业会：《在华纺织统计绩（生产状况）》，S15—4，日本大阪大学附属图书馆藏。

④ 《敌寇统治下的陕西军管理工厂》，1939 年 11 月 30 日，中央档案馆等编：《华北经济掠夺》，北京：中华书局，2004 年，第 295 页。

⑤ 〔日〕华北经济调查所编：《华北工厂实态调查报告书——济南之部》，大连：南满铁道株式会社调查部，1939 年，第 21 页。

除华北日军对华商纱厂企业的绝对控制、低效支配、设备老损等因素外，最重要的是，工厂的生产停滞与华北日军实行严格的原棉统制有关。不过，应看到的是，即使在出现以上困难的情况下，"军管理"工厂的纱锭、织机始终保持运转，说明工厂维持生产的背后，始终保持了一定的供求关系。在实施上，"军管理"工厂大多因当地日军的军需而接受指令性生产。另外，日军为了更多地掠取华北棉货物资，也将"军管理"工厂所产棉纱运往高阳等地，以供当地土布织布工业所需。[①]

然而，"军管理"工厂如此低效率的生产，并非意味着不能获取利润，由于华北原棉缺乏乃至战事对交通的阻滞，当地棉纱价格反致高涨，工厂的劳动力本极低廉，日军和日商纱厂方面均从"军管理"工厂中获得了相当的利润，是不难想见的。

第六节　华中华商纱厂的"中日合办"与"委任经营"

与华北方面的"军管理"模式不同，华中方面的情况则更为复杂。

从1937年"八一三事变"的爆发至12月13日南京沦陷，除迁入租界外，上海及周边地区大部分的华商纱厂尚皆未做内迁准备，悉数落入日军之手。与对待华北华商纱厂态度不同的是，由于华中沦陷区内的棉纺织业被日军视为长期支持南京国民政府的重要经济力量，故遭受全部为日军没收之厄运。然而，当时日本尚未对华宣战，被日军没收的华商纱厂也并非"敌产"，名义上日军并不能剥夺华商纱厂业主对其纱厂的所有权。而另外这时国民政府正积极通过德国驻华大使斡旋与日本达成和解[②]，一旦中日恢复和平，日军控制下的华商纱厂即须全部归还中方。对此，华中日军仿效华北日军，通过日商

① 当时"高阳县之织布工业，在事变以前，为华北各县工业中心。大规模之商号，统计有300余家，事变后地方几经土匪蹂躏，一切建设，已破坏不堪，各工厂工业全停，各商号主事及地方有力人，全逃避京津保各地。最近治安回复，在日驻军的指导下，发来大批棉纱，转发各工厂开工"。参见《高阳运到大量棉纱，工厂复兴》，《华北棉业汇报》1940年第2期。
② 1937年12月2日—1938年1月14日，德国驻华大使陶德曼参与调停中日战争，然而继日军占据南京（1937年12月13日）、北平成立"中华民国临时政府"（1937年12月14日）后，经由德国斡旋的希望已渺茫。见：〔日〕臼井胜美：《中日战争》，东京：中央公论社，1967年，第59—61页。

纱厂对沦陷区内的华商纱厂进行直接接管，造成华商纱厂被日商纱厂接收的既成事实。

战争爆发后，日商纱厂自身对华商纱厂的态度，也存在一个转变的过程。淞沪会战期间，日商纱厂尚未考虑华商纱厂的战后处置问题。战事中华商纱厂除遭受因日军直接轰炸及两军交战所造成的损失外，也受到了一些日商纱厂企业故意施加的破坏。当时丰田纺对申新八厂的大肆破坏，从侧面反映了一些日商纱厂唯恐华商纱厂战后再度崛起的心态。然而，一旦战事结束，上海日商纱厂的态度随即发生转变。当获知青岛日商纱厂的毁灭后，日商纱厂业主立即表达了对华商纱厂的强烈接受意向，当时日商纱厂同业会上海本部声称：

> 对于中国方面爆破青岛日本纺织厂的暴行，而上海的华人工厂却因避入租界或越界筑路的区域内而继续全速开工，此乃甚不合吾意之举动。既然中国方面在青岛实行如此暴虐行为，则日本方面应接受上海地区的工厂，并对其运作管理。在华纱厂各委员就此见解已达成一致，向当局提出处置方案。[①]

同业会此时提出对华商纱厂"委任经营"的处置方案，主要由日商纱厂直接接收华中日占区内的华商纱厂，并对其直接管理经营。这种形式不久便得到了日本军政当局的许可。[②]除上海租界内的华商纱厂外，沦陷区内大多数华商纱厂业主离厂避乱，根本无法管理原有工厂，华中日军也视这些工厂为无主企业而委托同业会各日商纱厂会员接管经营，以充日商纱厂在青岛所受损失之补偿。所谓"委任经营"的实质，即华中日军及日商纱厂原本承认华商纱厂业主对其纱厂的所有权，若业主仍在当地，日军还需以各种手段迫使其出让工厂所有物权，再将经营权交予日商纱厂，而并非使日商纱厂直接获得所有权。[③]然而在现实情况下，若业主离开工厂或拒绝出让所有权，该厂的

---

① 《未题》，1937 年 12 月 20 日，在华日本纺织同业会上海支部：《上海会议录》，Ⅱ—1—25，日本大阪大学附属图书馆藏。

② 《未题》，1938 年 3 月 18 日，在华日本纺织同业会上海支部：《上海会议录》，Ⅱ—1—25，日本大阪大学附属图书馆藏。

③ 有研究者认为，"（军管理）是工厂的主权由日军所掌握，日军何时都能将之交予他人经营，而（委任经营）则是主权与经营权完全交于日本会社之手去支配，与日军没有关系"。参见陈真：《中国近代工业史资料》（第一辑），北京：生活·读书·新知三联书店，1957 年，第 81 页。这一说法被高村直助在《近代日本棉纺织业与中国》中引用（第 257 页）。笔者认为此说法值得商榷，因为所有权若归属日商纱厂，则 1940 年军方提出所谓将之交还业主或"中日合办"即无从谈起，至少在华日军始终认为其自身已控制了工厂所有权。

实体就会被日军没收，"委托经营"的实质与变相强占无异。

早在抗日战争之前，日商纱厂即通过收买的形式吞并了唐山华新纱厂，也曾尝试以融资手段吞并青岛华新纱厂而未获成功。战时的"委任经营"形式，实则基于战前的经验。据当时上海华商恒丰纱厂的实际经营者聂潞生回忆：

> 在1937年12月日纱厂联合会理事长船津辰一郎约我去谈，谓恒丰现为大康纱厂所占据，要求与我们合作，当时我拒绝了……从1938年起，迄1941年止，每年或有日人用各种方式劝我同大康合作，或威胁，或利诱。[1]

华商纱厂业主即使在纱厂实体已被日方控制的情况下，仍为企业的所有权问题与之进行抗争，又从另一侧面说明了日商对华商纱厂业主的态度，尚属缓和，留有余地。在实际操作"委任经营"的过程中，日方对待华商纱厂的态度也因业主的对日态度存在差异，上海大丰纱厂业主原本期望与日本人合股经营，而最后被强迫接受"委任经营"[2]，体现了华中日军对待华商纱厂的强硬一面；另外，日军也有将已侵占的工厂退还于华人业主的个案。例如，华中派遣军特务部为利用利泰纺织公司董事长张啸林之势力为其服务，特意对利泰纺织公司"变更合作条件，按照利泰纺所希望的样子采取合作工作的形式，而作为特殊情况处理"[3]。利泰纺织公司原系日军交由内外棉委任经营的华商纱厂，从而退一步改为日华资本家共同经营形式下的企业，张啸林仍保有对纱厂的一定权力。此外，振华纱厂主尤菊荪也因主动与大康纱厂合作，得以以中日合办的形式恢复开工。[4]从这些例子中不难看出，日军在拉拢亲日华商上所施展的诸种手段，体现了日军对民族实业家怀柔的一面。然而接受"中日合办"的华商纱厂毕竟是少数，绝大部分华商纱厂沦为被迫交予日商纱厂"委任经营"之命运。

无论是被日方彻底接管的"委任经营"，还是华人业主保留部分权力之"中日合办"，日商纱厂对华商纱厂的各种接收，都得到了华中派遣军特务部的

---

[1] 中国科学院上海经济研究所编：《恒丰纱厂的发生发展与改造》，上海：上海人民出版社，1959年，第71页。

[2] 朱邦兴等编：《上海产业与上海职工》，上海：上海人民出版社，1984年，第17页。

[3] 《第四十一回会议报告》，1938年10月24日，在华日本纺织同业会上海支部：《上海会议录》，Ⅱ—1—66，日本大阪大学附属图书馆藏。

[4] 朱邦兴等编：《上海产业与上海职工》，上海：上海人民出版社，1984年，第17页。

支持，并被视为日商纱厂支持日本国策的具体表现，日本政府当局也将日商纱厂对华商纱厂的接管视为"上海地区经济恢复及宣抚工作的一翼"①。当时同业会上海支部理事堤孝认为，日商纱厂采用"委任经营"的形式，对日本在华中的经济统制具有极重要的意义：①以经济手段展开对占领区民众的宣抚工作。以华中地区而论，日商纱厂委任经营工厂的 34 万枚纱锭的运转，直接保证了 2 万华人劳工的就业，间接改善了沦陷区内的治安问题。战争期间，工人因工厂关闭而极度穷困，而"（华商纱厂）工厂设备当时即已多少受到破坏，如果弃置则将全部报废。而职工四散后，其失去工作而苦于糊口，则无论如何宜将之给予工作加以宣抚"②。②提高华人纺织资本家对日本的依存感。堤孝认为，"以往华人纺织业者是抵制日货运动的提倡者，若探求事变前抗日运动的经济原因，最大原因在于中日纺织业的相克。若提出公正妥当的合作条件，就能解除其执拗的排日精神"③。③为日伪满洲国在华经济圈内纺织业整体的规划调整做前期准备。当时日本棉纺织业从战略角度出发，认为日"满"华棉纺织业间彼此利害关系虽不一致，但应求同存异地解决困难，从而对三大区域棉纺织业进行总体性统制最为必要。④在这样的背景下，堤孝得出结论："华人纺织与日本纺织合作越紧密，对未来的调整工作也就越能顺利进行。"⑤

堤孝对于日商纱厂接管华商纱厂的认识，无独有偶。⑥日商纱厂方面已认识到，日商纱厂应将对华商纱厂的接管方式，置于战时中日经济的整体态势中去把握，即在维护日商纱厂既得利益的前提下，一定程度地认识到获取中国资本家好感的重要性，而就这点而论，相较日商纱厂战初的报复心态，已发生了根本的变化。

客观而言，华中无论实行"中日合办"还是"委任经营"，均在管理形式上要比华北的"军管理"灵活得多，这种差别本质上是因为华中日军及日商纱厂认识到华中经济政治局势要远比华北复杂得多。

---

① 《华中华人纺织经营受托比例的决定》，《大阪朝日新闻》1938 年 4 月 4 日。

② 〔日〕井上幸次郎：《大日本纺织株式会社五十年纪要》，大阪：大日本纺织株式会社，1941 年，第 169 页。

③ 堤孝：《日华事变与华中纺织业》，在华日本纺织同业会编：《在华纺织事业缀》，亚洲历史资料中心，B06050470100。

④ 《日"满"华棉纺织业通过共同统制机构的创立》，《大日本纺织联合会月报》1938 年 11 月 15 日，第553 号。

⑤ 堤孝：《日华事变与华中纺织业》，在华日本纺织同业会编：《在华纺织事业缀》，亚洲历史资料中心，B06050470100。

⑥ 村山高在《日华事变与中国纺织业》一文中关于委任工厂的意义，基本观点与堤孝的主张完全相同，同业会中至少这两位干部的认识是一致的。

第七节　日商纱厂对华商纱厂的接管过程

随着日占区的扩大，至 1939 年年末为止，日商纱厂在华中进行"委任经营"的华商纱厂已达 41 家，合计纱锭 1 050 092 枚，线锭 51 104 枚，织机 9903 台；华北地区由日商纱厂代理经营的"军管理"华商纱厂为 12 家，合计纱锭 224 624 枚，线锭 6095 枚，织机 2974 台，另包括广东地区"军管理"纱厂 1 家，纱锭 20 000 枚，线锭 1200 枚，织机 120 台。"委任经营"工厂无论从工厂数还是设备数量上，都占日本控制下华商纱厂的主体，应成为我们的主要研究对象。当时，除华北的"军管理"工厂必须由军方指定委派外，华中被确认为"委任经营"的华商纱厂完全由上海 9 家日商纱厂瓜分。日商厂对"委任经营"对象的甄别非常慎重，所谓"对象的慎重"，"并非是指改变其经营形态。关于哪个工厂将作为委任经营的工厂，都需经充分的讨论，而后对实体进行调查。先将与第三国有关系的或远隔在外的工厂排除在外，剩余的即便是受害严重的工厂也列入委任接收的范围内"[①]。事实上，同业会内部乃是根据日商纱厂战时受损的严重程度，来决定哪些日商纱厂拥有优先选择权的。

然而，日商纱厂在对"委任经营"工厂业主的实际交涉与接管过程中，受到来自他们的普遍抵制。表 2-5 为同业会 1939 年 12 月的接收情况。

表 2-5　华中地区"委任经营"工厂交涉情况一览表（1939 年 12 月）

会社名	委任工厂名	所在地	原所有者	和对方交涉的情况	生产开始时间
大康	恒丰纱厂	上海杨树浦	中国棉业公司	所有者从浙江兴业银行处将运营权交于英商振业公司，和该公司洽谈但未谈妥	1938年6月
	振华纱厂	上海杨树浦	尤菊荪	已达成谅解，日方在原料与技术指导上给予合作援助，目前收购交涉不断进展	1937年7月
	庆丰纱厂	江苏无锡	庆丰纺织漂染有限公司	交涉至今无所进展	1939年2月

---

① 多谷泰三：《事变后的中国纺织业》，大日本纺织联合会编：《东亚共荣圈与纤维产业》，东京：文理书院，1941 年，第 201—202 页。

会社名	委任工厂名	所在地	原所有者	和对方交涉的情况	生产开始时间
大康	丽新纱厂	江苏无锡	丽新纺织印染整理公司	所有权已转移至信昌洋行，故难以交涉，且发电机属瑞典商斯戴尔公司所有，该公司与外国权益关系复杂	不明
	利用纱厂	江苏江阴	利用纺织股份有限公司	关于"委托经营"事召集股东大会，但未果	1939年5月
同兴	大丰纱厂	上海闸北	徐懋棠	非公开的形式合办	1938年9月
	大公染色布织厂	上海杨树浦	唐性存	已达成正式协议	1938年3月
	大华染色厂	上海杨树浦	永安纺织有限公司	与德商梅尔切斯特达成委任经营的协议	不明
公大	申新七厂	上海杨树浦	荣宗敬	与债权者汇丰银行合办交涉中	不明
	元通染色厂	上海南市	不明	已达成合办协议	不明
	大生纱厂	江苏南通等	不明	合办交涉中	1939年5月
	大通纱厂	江苏崇明	大通纺织公司	意大利商沙德关于合办工作交涉中	1939年2月
	富安纱厂	江苏崇明	富安纺织公司	大通协议成立后即可解决	1938年10月
内外棉	苏纶纺织厂	江苏苏州	严裕棠	工厂主对与日方合作存忌惮之心，现居所不明	1938年11月
	利泰纱厂	江苏太仓	张啸林	该厂作为特别处理，在内外棉支援下允许所有者单独开业	1938年12月
日华	永安纺织第一厂	上海杨树浦	永安纺织有限公司	与德商梅尔切斯特达成委任经营的协议	不明
	恒大纱厂	上海浦东	恒大新记纺织股份有限公司	恒大纱厂大股东陈天锡关于运营问题已开始准备中	不明
上海	申新六厂	上海杨树浦	荣宗敬	工厂所有者未出现，故无法交涉，英商Reiss Bradley公司称对申新六厂拥有债权，该社只要提出确证，上海纺即支付债务	1938年6月
	章华毛绒厂	上海浦东	刘鸿生、程年彭	因在德商礼和洋行登记，而与对方交涉无果	不明
	振新纺织厂	江苏无锡	戴鹿岑	工厂主未出现，无法交涉	1939年7月
	申新三厂	江苏无锡	荣宗敬	工厂所有者未出现，故无法交涉	1939年6月
	广勤纺织厂	江苏无锡	杨阴北	未开始交涉	不明

续表

会社名	委任工厂名	所在地	原所有者	和对方交涉的情况	生产开始时间
东华	仁德纱厂	上海杨树浦	严裕棠	双方同意，但具体条件还未谈妥，关于合办或收购正具体商谈中	1939年4月
	鼎新纱厂	上海闸北	不明	已完成协议	1938年6月
丰田	纬通纱厂	上海杨树浦	郭顺	与现在的所有者American Development Corporation就共同经营交涉中	1938年10月
	申新一厂	上海沪西	荣宗敬	与Association American Industry Corporation有5年租赁协定，目前正关于合办经营交涉中	不明
	嘉丰纱厂	江苏嘉定	顾吉生	所有者全权委任	1938年12月
	民丰纱厂	江苏常州	张一鹏	合办交涉中	不明
	大成纱厂	江苏常州	吴镜渊、刘尧性	合办交涉中	不明
裕丰	申新五厂	上海杨树浦	荣宗敬	无法联络	1938年10月
	上海纺织印染厂	上海杨树浦	上海纺织印染股份有限公司	该公司将经营全部委任日方	1938年10月
	仁丰机器染色厂	上海杨树浦	仁丰机器染色厂	达成谅解	不明
	永安纺织第二厂	江苏宝山	永安纺织有限公司	与永安代理人美国开拓公司之间关于合办经营达成协议	不明
	永安纺织第四厂	江苏宝山	永安纺织有限公司	与永安代理人美国开拓公司之间关于合办经营达成协议	1939年2月
	三友实业杭州制造厂	浙江杭州	三友实业者有限公司	无法联络	1938年10月
	中一纱厂	安徽芜湖	中一纱厂	达成合办协议	1939年4月

资料来源：《在上海邦人纺织委任经营工厂现状报告之件》，1940年1月12日，在华日本纺织同业会编：《在华纺织同业会通牒缀（上海）》，S15—1，日本大阪大学附属图书馆藏

从表2-5可知，至1939年12月为止，华中36家华商纱厂工厂约有12家工厂同意被委任经营（或合办），有七八家尚与日商纱厂在谈判中，其中一些谈判自1938年5月日军特务部同意日商纱厂提出的接收方案，竟历时一年而未果。一些华商实业家如荣宗敬等选择逃匿远方，也不愿轻易与日方合作；某些华商，如常州民丰纱厂的实际业主江上达，试图通过日本军国主义思想

家大川周明等人的斡旋，解除委任而未果[1]；又如，严裕棠等人，他们既考虑与日本合作所承担的政治风险，亦担心自己之切身利益受到损害，故而在谈判中既有妥协也有抵制。结果，这些对"委任经营"或持疑虑，或持反抗的华商纱厂，最终也被日军特务部冠以"敌性"资产名义直接没收。[2]

从表2-5中还可见，相当部分的华商纱厂，不惜将所有权出让于欧美商人，以求免遭日方没收之厄运。然而在日本军方的强压下，处于租界内的外国洋行或公司，在出让华商纱厂利权问题上还是对日本作出了妥协。一些洋行通过与日商纱厂的合作获得一定的利润，如汉口泰安纺对武昌第一厂的接收，泰安纺先与安利洋行交涉，提出对武昌第一厂委托经营的要求，条件乃由泰安纺提供运转资金，而利润的1成归经营者（泰安纺）所有，剩余的利润中6成归安利洋行，4成归泰安纺所有。[3] 武昌第一厂虽非表2-5中的华商纱厂，但它的接收过程揭示了日商纱厂可能通过与洋行共享利润的形式，来解决华商纱厂的所有权问题。此外，如上文所述，个别的实业家如利泰纺织公司的张啸林、振华纱厂的尤菊荪等对日方开始即采取合作的态度，除仍旧拥有工厂的所有权外，还捞取了在日伪统治机构中担任职务的资本。

不过，若比较战时和战前日商纱厂对华商纱厂收购的情况，就可发现日商纱厂在接收过程中，遇到了意想不到的阻力，这主要是来自大多数华商纱厂业主本能的反抗。对于民族实业家而言，无论"中日合办"还是"委任经营"，均意味着与日本人合作而将背负"汉奸"的恶名，华商资本家在沦陷区内的开工，即被国民政府视为"利敌行为"，从而可能遭到国民政府或其他抗日力量的报复。1940年9月张啸林被暗杀的事件，尤令华商纱厂资本家心有余悸。另外，常年拼搏奋斗得来的工厂以一纸契约即为日人掠夺殆尽，对于绝大部分的华商纱厂资本家而言亦心有不甘，当时某个华商纱厂业主曾谈到他进退维谷的心境：

---

[1] 参见今井就稔：《战时上海敌产处理的变迁过程与日中棉纺业资本》，〔日〕高纲博文等编：《战时上海1937—1945年》，东京：研文出版，2005年，第77页。

[2] 被称"敌性"的委任工厂有："（裕丰）申新五厂、三友；（上海）申新六；（公大）申新七、纬成；（丰田）纬通、民丰、大成；（日华）恒大；（内外棉）苏纶。"《第五十七回会议报告》，1939年1月17日，在日本纺织同业会编：《上海会议录》。苏纶厂事，见《申报》所载："日军据占苏纶厂，规模最大，资产达一千万元，日人曾一再要求该厂经理人严庆祥，以日人占股百分之五十一，华人占股百分之四十九为条件，均被严标拒绝。至最近，遂日本不复争取该厂主管人同意，将厂占为己有。"《日军铁蹄下苏州工商业概况》，《申报》1938年10月23日。

[3] 《第十四回会议报告》，1939年6月7日，在华日本纺织同业会上海支部：《上海会议录》，Ⅱ—1—66，日本大阪大学附属图书馆藏。

吾等也并非完全拒绝中日合办，但是合办必须是出自双方的一致合意，故吾拒绝单方面强制的行为，合办也好，收购也罢，总之必须承认吾等具有独立经营的自由权利。从以往的交易关系、特殊联系来看，日本人会社与某些华人工厂的联手也不错，或者通过华人资本团体（华商纱厂联合会）与日人资本团体（同业会）双方对等地折冲洽谈合办或收购也可以。如果全然藐视吾等所言，高压地任意决定日本某会社与华人某工厂合办则难以接受，即便是日后被称为"汉奸"之名，这也是吾等共同的最低要求。[1]

从这位业主的态度可知，保住工厂所有权，被视为业主们的最后底线，即使在工厂的实体已被日人强占的情况下，工厂主们仍坚决申明这一主张。可以想见，这一主张又间接强调了日方的强占终为非法手段，华商纱厂业主的这一态度是其对日方最根本的反抗。最后，大部分工厂的产权问题成了悬案，除大部分华商纱厂被华中日军强制交予日商纱厂"委任经营"外，日军也将一部分华中沦陷区内的华商纱厂直接交付华中振兴会社"共同经营"，由于所有的日商纱厂企业均在华中振兴会社中拥有一定股份，日商纱厂通过与华中振兴会社的交涉，又获得了对这些工厂的实际经营权。[2]在处心积虑的操作下，日商纱厂最终通过各种手段，将华商纱厂置于其直接的控制之中。

最后，这些由日商纱厂强制从原业主或从华中振兴会社接收来的工厂，也因设备的旧损、日军临时占为军用等，至1938年10月以后方得陆续开工。与华北"军管理"模式不同的是，华中方面的"委任经营"始终没有解决华商纱厂工厂的所有权问题。通过战争的武力手段，虽可造成强行占有的事实，但如何将这种强占"合法化"，日商纱厂遭到了各种无形与有形的抵抗。通过解读日商纱厂对华商纱厂"委任经营"的问题，让我们看到了中日产业界围绕战时产权问题的复杂生态。

1939年9月后，华北、华中日军统一编为中国派遣军，日方利用武力解决中国事变的希望日渐渺茫，一方面为了笼络南北傀儡政权，实现日本南北统治一体化，而另一方面也为了增进中国实业家对日本的好感，1940年3月汪伪政府成立后，日商纱厂对华商纱厂"军管理"、"委任经营"的形式开始逐步向"中日合办"的形式倾斜。

---

① 名和统一：《关于最近的中国纺织业》（二），《大日本纺织联合会月报》1940年8月25日，第574号。

② 《第八回委员会报告》，1938年7月13日，在华日本纺织同业会大阪本部编：《在华纺织同业会大阪本部会议录》，Ⅱ—1—67，日本大阪大学附属图书馆藏。

第八节　日商纱厂对华商纱厂的经营与返还

1939—1940 年，日商纱厂在并未获得华商纱厂所有权的情况下，陆续将所占华厂开工生产。1938 年 10 月，日商纱厂委任经营下的 37 家工厂中已有 12 家开工，开工纱锭达 336 124 枚（运转率 56%）、织机 2344 台（运转率 43%）。当时这些工厂设备近半闲置，日商纱厂无力为委任工厂受损的设备进行大规模的修缮，而仅将受损轻微的设备加以利用复工，故而这些纱厂的运转率并不高。

1939 年年初，上海地区 35 家委任工厂中已有 21 家开工，当年 3 月"委任经营"工厂的纱锭整体平均运转率，为投产以来最低的 46%，织机的运转率更低至 28%。但此后的 1939 年 7 月，相较 1939 年年初的设备利用率，情形已有所提高，至 12 月时设备运转情况更为良好。委任工厂生产趋于良性化的原因，主要是同期日商纱厂设备全线运转而带来的连带效果。上海日商纱厂工厂生产状况，如表 2-6 所示。

表 2-6　上海日商纱厂工厂生产状况一览表
（据 1939 年 7 月末在华日本纺织同业会统计）

上海所在地区	会社名	纱锭枚数	生产率（%）	线锭枚数	生产率（%）	织机台数	生产率（%）
东部	大康	117 896	100	38 000	100	1 368	100
	同兴	42 000	100	—		1 412	100
	公大	123 812	97.30	11 460	52.10	3 782	99.60
	上海	209 372	92.30	32 920	92.30	3 181	92.30
	东华	47 120	92.30	—		—	
	裕丰	187 268	92.30	27 808	92.30	2 996	92.30
西部	同兴	56 000	100	33 600	100		
	内外	280 136	92.30	103 480	84.60	3 785	91.90
	日华	176 015	88.70	47 739	74.60	692	85.20
	丰田	44 964	92.30	—		900	92.30
吴淞	日华	30 321	89.10	13 517	83.60		
合计		1 314 904	93.10	308 524	85.30	18 116	94.60

资料来源：《上海在华纺生产状况一览表》，在华日本纺织同业会编：《在华纺织事业级》，亚洲历史资料中心，B06050470100

上海日商纱厂委任经营华方工厂的生产状况，如表 2-7 和表 2-8 所示。

表 2-7　上海日商纱厂委任经营华方工厂生产状况一览表
（据 1939 年 7 月 15 日在华日本纺织同业会统计）

会社名	委任工厂名	工厂所在地	纱锭运转枚数	生产率（%）	织机运转台数	生产率（%）
大康	恒丰	上海杨树浦	10 800	20	160	26
	振华	上海杨树浦	13 928	100	—	—
	庆丰	无锡	25 920	52	—	—
	利用	江阴	12 880	20	—	—
同兴	大丰	上海闸北	29 952	100	—	—
公大	大生	通州	49 844	15	632	20
	大通	崇明	21 000	100	—	—
	富安	崇明	15 000	100	—	—
内外	苏纶	苏州	31 356	56	1 040	89
	利泰	太仓	26 608	100	—	—
日华						
上海	申新第六	上海杨树浦	53 568	71	607	75
	振新	无锡	2 600	13	—	—
东华	鼎鑫	上海闸北	27 660	85	—	—
	仁德	上海杨树浦	—	—	420	88
丰田	纬通	上海杨树浦	30 760	93	—	—
	嘉丰	嘉定	1 600	13	20	45
裕丰	申新第五	上海杨树浦	12 510	25	—	—
	上海印染	上海杨树浦	2 240	14	370	45
	永安第四	吴淞	32 004	48	—	—
	三友实业	杭州	6 518	32	100	15
	中一	芜湖	5 880	32	—	—
合计	21 家		412 628	69	3 349	61

资料来源：在华日本纺织同业会编：《在华纺织事业缀》，亚洲历史资料中心，B06050470100；生产率以一周设备运转六昼七夜为 100% 标准计算

表 2-8　上海日商纱厂委任经营华方工厂生产状况一览表
（据 1939 年 12 月 15 日同业会统计）

会社名	委任工厂名	工厂所在地	纱锭运转枚数	生产率（％）	织机运转台数	生产率（％）
大康	恒丰	上海杨树浦	24 240	44	440	72
	振华	上海杨树浦	13 928	100	—	—
	庆丰	无锡	31 520	57	—	—
	利用	江阴	17 392	100	—	—
同兴	大丰	上海闸北	29 000	89	—	—
公大	大生	通州	141 960	95	384	32
	大通	崇明	22 600	87	—	—
	富安	崇明	13 600	97	—	—
内外	苏纶	苏州	36 380	65	1 040	92
	利泰	太仓	26 608	100	—	—
日华	—	—	—	—	—	—
上海	申新第六	上海杨树浦	63 072	77	596	68
	振新	无锡	19 648	92	—	—
东华	鼎鑫	上海闸北	14 778	31	—	—
	仁德	上海杨树浦	—	—	380	—
丰田	纬通	上海杨树浦	31 488	95	—	—
	嘉丰	嘉定	1 800	15	—	—
裕丰	申新第五	上海杨树浦	15 523	14	—	—
	上海印染	上海杨树浦	7 308	22	447	25
	永安第四	吴淞	47 080	71	—	—
	三友实业	杭州	7 018	32	75	10
	中一	芜湖	7 230	20	—	—
合计	21家		572 173	95	3 362	61

资料来源：《在上海邦人纺织委任经营工厂现状报告之件》，1940 年 1 月 12 日，在华日本纺织同业会编：《在华纺织同业会通牒缀（上海）》，S15—1，日本大阪大学附属图书馆藏；生产率以一周设备运转六昼七夜为 100% 标准计算

　　从表 2-6 可以看到，当时上海日商纱厂基本维持了 100% 的生产率。另外，若参考表 2-7 和表 2-8 的数据就可发现，1939 年 7 月大厂的运转情况远较小

厂为优，而上海区域内的工厂运转情况又优于周边的南通等地区。公大纱厂接管的南通、海门大生纱厂，在 1939 年 5 月（实际或稍晚）开工，设备基本全部投产后，工厂的纱锭织机运转率不断上升，至 12 月时基本处于全部运转的状态。1939 年 12 月委任工厂的设备运转率，达到近乎 100%，当月出现了委任工厂在 1938 年 12 月—1940 年 3 月有数据显示的生产最顶峰，而这一期间委任工厂整体的平均纱锭运转率达到 72.4%，织机运转率达到 52.6%。事实上，"委任经营"工厂的高效率生产与 1938—1940 年上海棉产品市场整体不断高涨的繁荣，可谓是紧密相连。可以认为，日商对委任工厂的经营，为战时日商纱厂走向兴盛起到了推动作用。

然而，这样的好景随着 1940 年 5 月以后上海棉产品市场低潮的出现而不再。1940 年 7 月，"委任经营"工厂的纱锭运转率仅为 53%，织机的运转率仅为 40%，而这时上海日商纱厂方面也陆续减产 50%，委任工厂的生产随之走向了低谷。以 1940 年 7 月华中 23 家"委任管理"工厂和上海 9 家日商纱厂的棉纱产量与生产效率为例[1]，作一粗略的比较：当月"委任经营"工厂方面纱锭平均产量约为 0.036 捆／枚，而日商纱厂方面为 0.039 捆／枚；若按工人人均生产棉纱数计算，"委任经营"工厂方面约为 0.54 捆／人，日商纱厂为 1.125 捆／人。虽然双方存在纱种生产取向上的差异及减产程度不同等问题，若仅从设备使用情况而论，双方生产能力上的差距尚较小，然而从劳工的生产效率角度而言，日商纱厂几乎是"委任经营"工厂的 1 倍。

不可否认的是，由于上海 1939—1940 年纱价高腾的缘故，"委任经营"工厂与"军管理"工厂一样，都为日商纱厂带来了巨大的利润。由于棉纱行情不断高涨，只要原棉经过生产转化成棉纱、棉布，就能以高昂的价格抛售。另外，"委任经营"工厂生产的棉产品往往又使用原厂的商标，从而仍以国货形象在市场上畅行。如同兴纺"委任经营"下华商大丰纱厂所产的棉纱，就冒用常熟长丰纱厂和上海第一染织厂之商标，"且此项商标，时常更换，以图保守秘密"[2]。"委任经营"工厂事实上成了日商纱厂打开华中及华南销路市场的经济武器。

除了生产上必须绝对听命于日方外，委任工厂所受的另一较大打击是必

---

[1] 1940 年 7 月"委任经营"工厂方面开工的纱锭有 477 554 枚，约纺织工人 31 981 人参与生产，该月生产棉纱 17 370 捆；该月上海日商纱厂通过纱锭 1 327 632 枚，约工人 46 470 人，生产棉纱 52 275.5 捆，数据参见各月生产诸表，在华日本纺同业会大阪本部编：《各社每月生产状况》（1939—1940 年），Ⅳ—126，日本大阪大学附属图书馆藏。

[2] 朱邦兴等编：《上海产业与上海职工》，上海：上海人民出版社，1959 年，第 20 页。

须与日商纱厂共同承担日军无止无休的勒索。日军往往强行以低于市价的价格向日商纱厂方面收购棉屑，由此委任工厂也必须将厂内棉屑一律上缴军方，所受损失由日商纱厂各社及下属委任工厂按全部的纱锭枚数为基准算出各社所应负担的比例承担。[1]1940 年后随着日占区生产、军需物资的日渐紧缺，日军对委任工厂原棉、棉屑的勒索成为其生产经营上的一项沉重负担。

1940 年 3 月 18 日，日军为了策应"尊重中国主权论"[2]，发表了"西尾宣言"，宣布解除对华北华商纱厂的"军管理"和华中华商纱厂的"委任经营"，名义上将工厂的经营管理权转让于华北的伪"临时政府行政委员会"（后称"华北政务委员会"）和华中"维新政府"，继而 1940 年 5 月 15 日又制定了《委任工厂返还申请规则》，宣布将所有华商纱厂返还于拥有正当权利的业主。日军公开宣称这些措施，抱有收买华商及第三国人心的目的，进而向即将成立的汪伪政权表示所谓的善意。然而，日军背后的指导思想，仍是"虽然采取转让于新政权之华北政务委员会的形式，但当局的意向，乃是电力、铁、煤炭等开发相关事业均预先被命强制合办，面粉、纺织也应按此标准接受指导，纺织工厂合办的对象，大体决定为日商纱厂会员"[3]。换言之，大部分的"军管理"、"委任经营"工厂将以"中日合作"形式，仍由日商纱厂实际经营。日军的返还措施对于华商业主，又将会产生怎样的影响？对此日本当局也作了充分的考虑，日军"在面子上先将二三家工厂（如太仓的利泰，常州的民丰、达成，上海的振华等）返还，而这些工厂事实上已解除管理，故暂时不会有任何变化"[4]。即使这种程度的"返还"，也经历了一个漫长的过程，期间又不断受到日军的阻挠，日军阻挠之理由亦相当简单，"假使将军管理的工厂返还给中国业主，并解除日占区内的物资统制，必将削弱作为调度军事财政主要手段的日本军票的物资基础"[5]。在侵华日军眼中，"军管理"工厂也好，"委任经营"工厂也罢，已然

---

① 《第三十八回会议报告》，1939 年 10 月 18 日，在华日本纺织同业会上海支部编：《上海会议录》，Ⅱ—1—66，日本大阪大学附属图书馆藏。

② 汪精卫在 1939 年 6 月赴日本期间曾提出，"对于日本实行尊重中国主权原则之希望"，其中希望日军占领下的华资企业尽快归还华方；中日合资经营之企业日本股份不超过 49%；合资企业的最高主权属于中国，参见今井就稔：《战时上海敌产处理的变迁过程与日中棉纺业资本》，〔日〕高纲博文等编：《战时上海 1937—1945 年》，东京：研文出版，2005 年，第 81—83 页。

③ 《关于军管理工厂的管理解除之件》，在华纺织同业会大阪总部编：《事业成绩报告》（1941 年度），无档案号，日本大阪大学附属图书馆藏。

④ 《军管理工厂问题和华方工厂主》，1940 年 8 月 8 日，在华日本纺织同业会编：《在华纺织同业会通牒缀（上海）》，S15—Ⅱ—11，日本大阪大学附属图书馆藏。

⑤ 恒丰纱厂厂史编写组：《恒丰纱厂的发生、发展与改造》，上海：上海人民出版社，1958 年，第 71 页。

构成了日本侵华经济策略之一环，是不能轻易舍弃的。自 1940 年 10 月—1941 年 12 月 8 日太平洋战争爆发之前，日军先后 6 次将"军管理"、"委任经营"工厂名义上返还于汪伪政府。期间，在日军"军管理"工厂整理委员会的操作下，崇信、振华、民丰、大成（三厂）、恒大、苏纶、丽新、仁德、鼎鑫、广勤、振新、大丰、振业、中一等 16 厂名义上返还华商业主，其中振华、大丰等 2 厂返还后即为日本人收购，而恒大、鼎鑫、振新、中一返还后仍由日本人加以控股，改为"中日合办"的经营形式①，这些事实表明，"返还"华商的口号，现实中根本无法执行。

与日本当局的处心积虑不同，日商纱厂内部伊始即对"返还"处于一种矛盾的心态。就日本当局表面宣传的"国策"而言，强调"对新政权的绝对信赖，对中国民族主义的承认与理解，不惜对新政权的顺利成长与发展给予协助，乃是日本既定的国策"②。除了宣传对汪伪政权的支持，"返还"还意味着日本当局选择怀柔的手段对租界内的华商纱厂施加影响。所谓"为了将中国民族资本吸收于新政府之下，需要拥有足以威慑逃避民族资本的足够手段，而返还委任经营工厂即是最得当的手段"③，即日商纱厂向华商纱厂业主"返还"纱厂的行为，被视为拥护日本国策的具体体现。然而，从日商纱厂的角度出发，对于归还后的华商纱厂是否会恢复至战前的实力，进而再度掀起中日棉纺织业之间的激烈竞争？这样的顾虑，令日商纱厂业主无法打消。他们利用各种手段将"中日合办"流于形式，即使名义上将一半股份返还于华商纱厂业主，也绝不放弃将工厂改造为纯粹的日式工厂，意图彻底消灭华商纱厂再度崛起的萌芽。④这些日商纱厂业主的心态，始终摇摆于支持日本国策的立场与维护自身利益的立场之间。现实中，由于日商纱厂各会社的情况各异，在返还问题的态度上也并不相同。以丰田纺为例，日本学者桑原哲也曾于 1974 年采访过战前担任过该会社高级职员的稻叶胜三，桑原哲也与稻叶胜三关于战时日商纱厂返还华商纱厂情况的对话如下：

> 桑原：所谓在华纱厂（战时的举动），与其说是政治上的理由，不如说还是经济上企业存在各自目的为恰当。
>
> 稻叶：是的。完全不欲借用军方的力量。到了"大东亚战争"（笔

---

① 〔日〕上海日本商工会议所编：《日本上海商工会议所年报》（1941 年度），第 78 页。
② 〔日〕大日本纺织联合会编：《东亚共荣圈与纤维产业》，大阪：文理书院，1941 年，第 189 页。
③ 〔日〕大日本纺织联合会编：《东亚共荣圈与纤维产业》，大阪：文理书院，1941 年，第 214—215 页。
④ 名和统一：《关于最近的中国纺织业》（二），《大日本纺织联合会月报》1940 年 8 月 25 日，第 574 号。

者注：指1941年12月爆发的太平洋战争）之后，中国人有的逃亡内地，故（日商纱厂）将之工厂委任经营。所有的日商纱厂都接收了一家或两家左右，中国人留下的空荡荡的工厂由日商纱厂分别经营。

桑原：即使如此强调，无论如何都是从军方处取得的工厂，从某种意义上说也是一种扩张。

稻叶：是的。然而我们也有等待中国人归来后将之完好返还的意识。

桑原：还是具有这样的准备意识。

稻叶：如果将设备放置，则会生锈损毁。如果说要将之吞占，则完全没有这种意识。

桑原：我也想要强调这点。企业家的目的与军部的目的不同，彼此并非连为一体，经营海外活动。这仅仅是战时才有的情况。

稻叶：的确如你所说。[①]

以上对话反映了战后某个丰田纺管理层干部对于"委任工厂"的"保管"的心态。虽已时过境迁，但这段对话或许体现了一些日商纱厂对返还华商纱厂的另一态度：日商纱厂不仅将继续运行手中的华商纱厂，并最终将之完好地返还于华商业主。丰田纺管理干部的返还立场，是否为当时日商纱厂的主流意识？不得而知。但它体现了个别日商或许也存在理性解决中日战时企业产权纠纷的态度。

1941年12月7日太平洋战争爆发，日军进占上海租界，租界内英商纱厂、华商纱厂均落入其手，出现了所谓的"新敌产"，日本军政当局随即派遣会计监督官员入驻，1942年1月9日起日军勒令全体华商纱厂停业，然而其中部分工厂为同业会上海支部接收，仍维持少量的生产。至此，沦陷区内日商纱厂的竞争对手已荡然无存。至1945年8月日本战败，日本纺织资本家利用"日中合办"的名义，从华商纱厂中获取的利润十分可观，以受大康纱厂控制的恒丰纱厂为例，该厂于1944年成为日本海军指定的衣粮制造工厂，但仍能定期分配股东8%—12%的红利。[②] 日商纱厂业主当然是这些红利的享受者。无论是"委任经营"还是"中日合办"名义下的华商工厂，直至日本战败的最后一刻，仍为日本军国主义带来了巨额的利润。

---

① 〔日〕桑原哲也笔录、富泽芳亚整理：《在华纺勤务27年的回忆——稻叶胜三采访录》，1974年采访稿，《近代中国研究汇报》2011年3月，第33号。

② 大日本纺织株式会社编：《大日本纺织百年史》，第三章"小寺社长与战时下的经营"，参见 http://www.unitika.co.jp/company/archive01.html。

第九节 本章小结

随着中日战事的展开，日商纱厂在规模上发生了两个层面的变化：其一，日商纱厂重心的两极化。因青岛日商纱厂遭到几乎全毁的打击，导致了日本在华棉纺织业整体规模构造的变化，作为新据点的天津取代了青岛的地位，成为日商纱厂在华北的重心，自此天津与上海作为日本在华棉纺织业的两大重心，并存依附于华北、华中日军。1939 年以后，青岛日商纱厂虽经有限复兴，然其生产始终不振。其二，日商纱厂内各会社的地位出现升降。如表 2-9 和表 2-10 所示，战前规模第一的内外棉，1940 年年初时跌落至第 4 位，而公大、裕丰等日商纱厂崛起，位次上升。这一现象主要是因为公大、裕丰等日商纱厂通过"军管理"、"委任经营"、"中日合办"等手段，攫取了大量华商纱厂设备，扩充了实力。

表 2-9　日商纱厂各社设备量所占全体比重及排名表（1937 年 6 月）

位次	纱锭		线锭		织机		总设备换算	
	会社名	比例（%）	会社名	比例（%）	会社名	比例（%）	会社名	比例（%）
1	内外	16.8	内外	30.3	公大	24.9	内外	17.2
2	公大	15.0	日华	18.1	上海	14.5	公大	16.0
3	上海	11.7	大康	12.7	裕丰	14.2	上海	12.3
4	日华	11.4	裕丰	9.0	大康	13.7	大康	11.9
5	大康	11.3	公大	7.9	内外	11.9	裕丰	11.0
6	裕丰	10.5	上海	7.9	同兴	8.1	日华	11.3
7	丰田	6.2	同兴	7.4	丰田	6.1	同兴	9.4
8	同兴	5.7	丰田	2.0	日华	2.3	丰田	6.1
9	天津	3.0	日清	1.7	日清	1.6	天津	2.2
10	国光	2.1	国光	1.4	富士	1.5	日清	1.8
11	东华	1.9	天津	1.2	泰安	1.2	国光	1.5
12	日清	1.9	富士	0.4			富士	1.4
13	富士	1.4					东华	1.4
14	泰安	1.1					泰安	1.1

资料来源：多谷泰三：《事变以来全中国纺织的回顾与展望》（三），《大日本纺织联合会月报》1940 年 8 月 25 日，第 574 号；该表中总设备换算指按照当时设备通行换算方式（4 枚线锭 =1 枚，1 台织机 =25 枚纱锭）而得出

表 2-10　日商纱厂各社设备量所占全体比重及排名表（1940 年 4 月）

位次	纱锭		线锭		织机		总设备换算	
	会社名	比例（%）	会社名	比例（%）	会社名	比例（%）	会社名	比例（%）
1	裕丰	17.4	内外	26.2	公大	25.2	公大	19.2
2	公大	17.4	裕丰	18.6	裕丰	15.8	裕丰	17.0
3	上海	12.9	日华	15.9	上海	14.6	上海	13.2
4	内外	11.5	大康	10.1	内外	11.5	内外	11.8
5	大康	9.0	上海	9.2	大康	7.7	大康	8.7
6	日华	7.7	同兴	8.3	丰田	6.4	日华	7.2
7	丰田	7.4	公大	7.1	日华	4.8	丰田	7.1
8	同兴	4.7	丰田	2.3	同兴	4.6	同兴	4.8
9	天津	2.9	天津	1.1	泰安	2.5	泰安	2.4
10	东华	2.7	国光	0.6	双喜	1.5	天津	2.3
11	泰安	2.5	日清		富士	1.3	东华	2.2
12	日清	1.3			日清	1.1	日清	1.2
13	国光	0.9			东华	1.0	富士	1.0
14	富士	0.9			国光	0.8	双喜	1.0
15	双喜	0.8			天津	0.7	国光	0.9

资料来源：多谷泰三：《事变以来全中国纺织的回顾与展望》（三），《大日本纺织联合会月报》1940 年 8 月 25 日，第 574 号；该表中总设备换算指按照当时设备通行换算方式（4 枚线锭 =1 枚，1 台织机 =25 枚纱锭）而得出；其中各社设备数算入了所属委任工厂和军管理工厂的设备数

另外，1940 年前日商纱厂主要通过"委任经营"的手段接管华中沦陷区内的华商纱厂，1940 后华中日商纱厂竭力以"中日合办"等形式对被强占的华商纱厂加以控制。日商纱厂考虑到，随着日本扶植的傀儡政权的成立，华商纱厂所有权的归属问题终将浮出水面。为了彻底且永久地占有华商纱厂，以"中日合办"的形式实现对华商纱厂所有权的侵蚀，是日商纱厂谋划的最佳方法。本章通过重构抗日战争前期日本在华棉纺资本通过各种手段掠取对手企业权益、实现扩张的历史过程，反映现代战争中一个不常为人关注的重要问题——战时企业工厂产权的归属问题。这一问题在现实中又充满复杂性，可以看到，日商纱厂正是通过各种手段对华商纱厂掠夺与压制，在战争环境下进一步扩张了生产规模，获取了中国棉纺织业的霸主地位，从而为其战时环境下走向兴盛，奠定了基础。

第三章

对战时上海日商纱厂市场销路与生产经营的考察

　　1937 年"卢沟桥事变"爆发后，日商纱厂的经营状况发生重大变化：天津日商纱厂受华北日军棉花统制之影响，生产逐渐不振；青岛日商纱厂因国民党军队的彻底爆破，无复战前的实力；只有上海日商纱厂，不仅生产设备于战火中较完整地保留下来，且仍维持着大规模的生产。抗日战争爆发前后，中国棉纺织业的生产环境已然发生巨变，"昔我国纺织工业设立之地，如冀、鲁、豫、晋、苏、浙、粤沿海诸省，伊遭波及，致内地所需棉纱布匹，均须仰给上海"[①]，战时上海棉纺织业生产的棉产品，几乎供应全国各埠所需。1938 年以后，以上海为中心阵地的中日棉纺织业集团，并未因战火陷入颓势，生产经营、市场销路延续了战前的繁盛。在复杂的战时环境中，各路商帮的纷至沓来，国内外形势的变化，均对日商纱厂产品的市场销路造成了影响，而市场销路的变动，最终又将作用于日商纱厂的生产取向之上。[②]市场与销路，原本不分表里，往往彼此作用，相互影响，不应割裂开来进行分析。本章以 1937—1941 年日商纱厂棉产品的市场行情变迁为背景，以日商纱厂产品的流向与客帮间的联系为线索，分析日商纱厂的产品市场行情及销路的变动，对其生产经营所造成的影响，以求探明日本在华棉纺资本集团的最重要阵地——上海日商纱厂，在战争环境下其经营活动由盛转衰的历史过程，以及中国民间商业势力居中扮演的角色。

---

① 施鑫泉：《战时上海华商棉织业之动向及其前瞻》，《财政评论》1940 年 11 月第 4 卷第 5 期。

② 为行文简介，本书除特别说明外，"日商纱厂"均指"上海日商纱厂"。

第一节　淞沪会战前日商纱厂市场销路的动向

　　1931 年"九一八事变"与 1932 年"一·二八"事变相继爆发，以上海为中心的沿海大都市掀起了抵制日商产品的浪潮，日商纱厂在沿海及长江流域的销路，受到了沉重的冲击。为回避民间抵制运动所带来的冲击，日商纱厂加速了将生产重心转移至华商纱厂生产薄弱的中、细棉纱与高级棉布领域，同时尽可能地将产品销往抵制日货运动较弱的华北腹地、伪满洲国及南洋印度等地。然而 1934 年以后，由于伪满洲国对日货逐步实行进口关税优惠政策，大批日本国产棉产品涌入东北市场，日商纱厂东北销路顿失。而在华北，因高阳帮等在沪直接设立申庄，收购棉纱，导致北帮中最大的势力——天津帮的地位有所下降，"二十四年（1935 年）沪市纱销，虽视二十三（1934 年）年无殊，但运津数量，几不及半"[①]。在这些因素的影响下，日商纱厂进一步扩大了对华南及南洋印度等地的销路。

　　正当日商纱厂积极开发新产品、拓展销路之际，其竞争对手华商纱厂，正遭遇着更为深刻的经营危机。1934 年国民政府实行的关税提高政策，虽使棉布进口数量锐减，然而最终获益者乃是生产大宗高档棉布的日商纱厂，华商纱厂并未从中享受到实际利益。1933 年以后，陷入严重经济危机的美国，大量收购白银，中国白银大量外流，上海市面银根紧缩，中国对外贸易大量入超，外棉价格飙升。与此同时，中国内地灾害频频，国产棉花不作，市场由此出现"花贵纱贱"的现象。华商纱厂不得不利用南帮与长江流域诸客帮的势力，将产品销往内地，故当时其销路以华南及长江一带为大宗。1932—1935 年，由于销路的差异与变动，日商纱厂的生产利润率呈递增趋势，而华商纱厂的利润率却呈递减之势。[②]

　　1936 年对中国棉纺业而言具有重要意义。这一年国内棉花种植出现前所未有的大丰收，大量新棉涌入市场，"花贵纱贱"的现象随之改观，中国棉纺业出现了自第一次世界大战以来罕见的兴旺景象。虽然抗日战争的阴霾已经逼近，然而市场上日商纱厂与华商纱厂产品的价格行情，却因受利好形势的

---

① 华商纱厂联合会：《华商纱厂联合会年会报告书》（1935 年度），第 22 页。
② 城山智子：《大萧条时期的中国——市场、国家与世界经济（1929—1937）》，孟凡礼等译，南京：江苏人民出版社，2010 年，第 131 页。

推动而殊为可观。为了综合考察战争前夕上海棉纱市场上日商纱厂棉纱价格的走势，笔者选取了日商纱厂与华商纱厂双方的代表性产品进行考察，日商纱厂方面选取了大康纱厂生产的 16 支立马牌粗纱、日华纺生产的 16 支蓝凤牌粗纱、内外棉生产的 42 支水月牌细纱；华商纱厂方面，则选取申新纱厂生产的 16 支人钟牌粗纱、永安纱厂生产的 42 支金城牌细纱，笔者以这些棉纱价格走势，做成图 3-1，基本可以客观地反映 1937 年 1—8 月上海棉纱市场的价格行情动向。

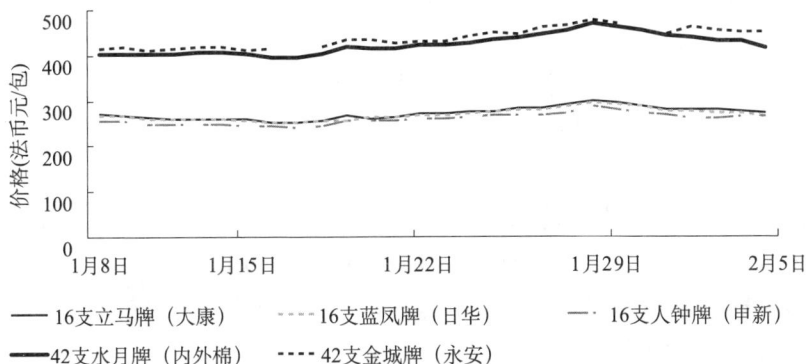

图 3-1　1937 年 1—8 月上海棉纱现货市场价格变动情况表

资料来源：诸种纱的价格，参加上海日本商工会议所编：《上海日本商工会议所年报》(1937 年度)，书末附表

　　从图 3-1 可见，在 1937 年 1—6 月，日商纱厂 3 种重要棉纱的价格行情，无不处于稳定增长的态势。这一期间，日商纱厂棉纱行情的高涨，除了市场大环境的回暖之外，还受到了上海棉纱投机风潮的牵动。一些华商纱厂的棉纱产品因在质量上远逊于日商纱厂产品，不为上海中小织染布厂及各地客帮看好，故而在市场上大量壅积，成为纱交经济人与投机商空头交易的筹码，遂导致市场上 4—6 月华商纱厂棉纱价格的一路狂涨。[1] 这场 1937 年春夏之际的纱交风潮，"作为多种合力的结果，对上海棉市产生了极大影响"[2]。6 月中

---

[1]　聂潞生：《复兴公司》，中国人民政治协商会议上海市委员会文史资料工作室编：《旧上海的交易所》，上海：上海人民出版社，1994 年，第 123 页。

[2]　国民政府对本国生产之棉纱征收二级税制，即 23 支以下中粗纱每包征 8.58 元，23 支以上则征 11.63元。当时国民政府正酝酿对棉纱征收四级新税制，参见《财政部拟增加棉纱统税》，《纺织时报》1937年 3 月 25 日，第 1369 号。这次棉纱价格的异常上涨主要因上海棉布交易所内同业经济人对期货棉纱之投机交易所致，而其背后的推力则是以孔祥熙家族为核心的官僚资本。当时上海棉产品市场风闻国民政府拟将棉纱统税按四等缴税等消息而人心动摇的潜流，也对这次纱交风潮产生了推波助澜的影响。

旬以后，随着国民政府对纱交投机的有力反击，纱价趋于急落，各路客帮陆续有所购进，棉纱市场逐步恢复了常态。

在这次风潮中，华商纱厂的大量棉纱为官僚资本所控制，处于买空卖空的状态。而日商纱厂产品因未直接卷入风潮之中，故仍可通过洋行等渠道源源不断地涌向市场，甚而填补华商纱厂市场的空缺。1937 年 5—6 月，在市场风潮的推动下，日商纱厂棉纱价格，紧随华商纱厂棉纱价格扶摇而上，日商纱厂成为这次华商纱交风潮中意外的收获者。当时《立报》评述了 1937 年上半年的纱交风潮："纱交操纵的结果，为物价暴涨，影响平民生活，增加社会不安；并使民族工业因原料涨价，成本增加，营业困难，致外货乘机涌入，斫丧国家经济命脉，简直是为侵略者做清道夫、先锋队，是十足的叛国罪犯。"[1]《立报》虽语涉过激，但大体上道出了日商纱厂从中大获其利的事实。

然而好景不长，日商纱厂产品的市场行情，因 1937 年 7 月 7 日北平郊外发生的"卢沟桥事变"而峰回路转。若比较图 3-1 7 月 5 种棉纱行情的波动情况，似可发现时局激变中上海棉纱市场人心微妙的变化。

（1）16 支立马牌（大康）7 月 2 日—7 月 23 日基本保持每包 280 元的价位，而至 7 月 30 日已跌至每包 270 元。

（2）16 支蓝凤牌（日华）从 7 月 2 日的每包 276 元，7 月 30 日跌至每包 265 元。

（3）42 支水月牌（内外棉）从 7 月 2 日的每包 433 元，7 月 30 日跌至每包 414 元。

（4）16 支人钟牌（申新）从 7 月 2 日—7 月 30 日，基本保持在每包 263—266 元。

（5）42 支金城牌（永安）月初每包 445 包至月中上升为每包 455 元，月末维持在每包 450 元的水平。

显然，事变爆发的消息并未骤然传至上海，沪上棉产品市场于 1937 年 7 月上旬仍处于一派平静之中。上海的沸腾，是在 7 月中旬以后。7 月 17 日蒋介石在庐山发表讲话，宣告中日之间大规模的战争已无法避免，并宣誓国民政府"临到最后关头惟有坚决牺牲"的决心，上海的报纸舆论随之出现一致要求抗日的呼声[2]，民间再次掀起了抵制日货的浪潮。结合图 3-1 中各种棉纱

---

[1] 见平言：《豪门与纱交风潮》，中国人民政治协商会议上海市委员会文史资料工作室编：《旧上海的交易所》，上海：上海人民出版社，1994 年，第 161 页。

[2] 〔日〕臼井胜美：《日中战争》，东京：中央公论社，1967 年，第 39 页。

价格的变动情况可见，7月下旬上海棉纱市场日商纱厂与华商纱厂的产品行情出现了截然不同的发展态势，华商纱厂产品不仅价格平稳且销路良好，而日商纱厂产品则出现持续下跌的趋势。[1]7月25日之后日商纱厂的产品行情竟至无一买客，价格也急转日下，跌入谷底，日商纱厂的销路处于停滞状态；而华商纱厂的棉纱，却"因销路活泼，独能平静勿动"[2]。淞沪会战前，日商纱厂面临着与历次抵制日货运动时相似的危机。[3]

第二节　战时日商纱厂市场销路的沉寂与复苏（1937.8—1938.9）

1937年8月上旬，上海市场上日商纱厂的各类产品几至无人问津，出货渠道也被阻绝。8月13日晚淞沪会战爆发，上海沦为中日两军交战的最前线，日商纱厂亦不得不宣告全体停工。战事伊始，上海市场上已有的日系棉纱、棉布，除受抗日民众的抵制外，各地客帮皆观望不前，战前日商纱厂最重要的客户之一——北帮，也因华北战局的蔓延而无暇南顾，日商纱厂的内外销路几乎全部阻绝。整个会战期间，上海棉产品市场萧条，日商纱厂的产品，除来自内地的川帮、长沙帮偶有所采购外，基本无其他客商问津。[4]9月上海棉产品市场总共仅成交棉纱2230余包，此数字尚不及同年6月一天的成交量。

整个会战期间，日商纱厂昔日的销路基本阻绝，残存租界内的华商纱厂的销路也发生巨大变化。由于天津日商纱厂并未在华北战事中受损，继续维持着生产，原占华商纱厂市场约1/7的华北销路，被天津日商纱厂彻底夺去；

① 《华纱高过外纱十余元，标纱继涨增高》，《申报》1937年7月24日。

② 《标纱受时局影响严重，一周来跌去十三四元》，《申报》1937年8月1日。

③ 1925年"五卅运动"以来，日本商人已意识到："抵制日货运动高涨时，平常比日商纱厂廉价之华商纱厂产品急趋极峰，而日商产品则反趋暴落。"参见井村薰雄：《中国之纺织品及其出品》，周培兰译，上海：商务印书馆，1928年，第69页。这一现象至抗日战争前也莫如此。

④ "八一三"之后，上海华商纱布交易所停业。纱业同业失去每日集市市场。除若干纱厂门市店外，绝大部分纱号收歇回籍。客销除四川、汉口略有交易外，其余客销全部停顿。当时长江水路还有英商怡和、太古及挂有洋商人旗帜的轮船可以通航，因此四川、汉口两帮仍在沪继续办货。而同时沪上华商纱厂及纱号纷将大批纱布装运到四川、重庆等地，以保安全。此种情形参见汪鸿荪：《旧上海棉纱行业概述》，上海市政协文史资料委员会编：《上海文史资料存稿汇编》（6），上海：上海古籍出版社，2001年。

而占其原销路近半的长江口岸市场，因通往长江诸口岸都市之铁路、水路陆续为日军控制，也基本处于阻绝状态。[①] 这一时期，因主要交通干道的阻滞，华商纱厂运往浙东、华南沿海口岸的棉货也极少。当时华商纱厂的销路，以租界内的申新纱厂为例，在长江沿岸各埠及江浙内地的销路大减，宁波、温州及闽、粤等省已基本无趸批交易。

1938 年 1—3 月上海局势趋于缓和，日商纱厂陆续复工生产。南北诸路客帮纷纷回沪采购，北帮因津浦路沿线中日两军激战，于是利用英商太古、怡和及日商的轮船，将日商纱厂产品通过海路运往青岛、天津等华北口岸。在日军已实际控制华北市场的情况下，流入华北的棉产品基本为日商纱厂所垄断，华商纱厂的产品在华北几至绝迹。

上海日商纱厂产品流入华北，填补了青岛、天津日商纱厂的市场份额。1937 年 12 月青岛日商纱厂为国民党军全部爆毁，青岛市场棉货出现短缺。与此同时，天津日商纱厂的生产经营，也较战初有了重大调整。据 1937 年年底天津日本总领事的报告，天津 5 家日商纱厂各厂仅开日班，产量只及战前昼夜全部运转状态下的 46%，至 1938 年 8 月，仅有一厂恢复了战前正常的生产率。[②]1938 年年初华北日商纱厂产量的锐减，导致了当地棉产品市场出现供不应求的状态。为填补市场出现的空缺，1938 年年初以天津帮为首的北帮大量来沪采购，从表 3-1—表 3-4 及图 3-2 中可见，1938 年 1—2 月沪上日商纱厂所产棉纱之价格，普遍较华商纱厂为低，若以当时日商纱厂与华商纱厂所生产的 20 支标准纱的价格进行对比，更可一目了然：华商纱厂永安纱厂所产之金城牌 20 支纱，1—2 月的均价在每包 260 元左右，而日商纱厂日华纺所产蓝凤牌 20 支纱，则每包在 238.5 元左右[③]，两者相差达 20 元上下。正如第一章所述，日商纱厂产品的生产成本，本较华商纱厂为低，故在特殊时期，往往能以低价优势打开市场销路，当时日商纱厂采取此廉售策略，故较华商纱厂更能吸引北帮的兴趣。[④]

---

① 《沪西区七家华商纱厂恢复夜班》，《申报》1937 年 12 月 12 日；各销路所占比例见吴景平等：《抗战时期的上海经济》，上海：上海人民出版社，2001 年，第 121 页。

② 王子建：《抗战以来的棉纺织业》，《新经济》1939 年第 2 卷 1 期。

③ 日纱单位为捆，约为 396.83 磅，而华纱单位用包，标准为 400 磅（实际为 420 磅左右），标准情况下两者相差不大。除特定情况外，本书统一单位为包。

④ 〔日〕上海日本商工会议所编：《上海日本商工会议所年报》（1938 年），1939 年，第 1 页。

表 3-1　1938 年日商纱厂若干产品与国棉、进口棉之每月平均价格情况表

单位：棉纱：法币元／捆，棉花：法币元／担，棉布：法币元／匹

1938年度 项目	1月	2月	3月	4月	5月	6月	7月	8月	9月	10月	11月	12月
丰年16支纱	—	—	268	260	—	262	—	305	299	313	297	296
蓝凤20支纱（A）	239	238	272	256	238	269	290	318	302	309	302	298
彩球32支纱	265	291	330	315	270	320	340	365	362	370	370	383
龙头细布	8.25	9.6	10.1	8.85	9	12	11.8	12.1	11.3	11.5	10.3	10.75
印棉（B）	—	—	—	—	—	—	—	—	—	—	—	—
美棉	—	—	—	—	—	—	—	—	—	—	—	—
通州棉（C）	—	41	50.5	44.5	45	45	47	52	53	61	66	66
（A）/（B）	—	—	—	—	—	—	—	—	—	—	—	—
（A）/（C）	—	5.8	5.4	5.75	5.3	6	6.17	6.12	5.7	5.07	4.58	4.52

表 3-2　1939 年日商纱厂若干产品与国棉、进口棉之每月平均价格情况表

1939年度 项目	1月	2月	3月	4月	5月	6月	7月	8月	9月	10月	11月	12月
丰年16支纱	306	309	327	388	348	380	460	502	660	582	625	665
蓝凤20支纱（A）	322	330	334	415	387	412	495	530	735	598	650	710
彩球32支纱	430	428	425	505	470	490	515	590	860	700	795	980
龙头细布	11.8	12.1	12	15	13	14	15.65	17.7	22.5	18.6	19.1	22.35
印棉（B）	60	61	60	68	69	90	120	155	180	—	180	200
美棉	87	—	88	92	98	120	155	190	220	175	188	250
通州棉（C）	73	73	80	77	75	88	92	123	160	135	150	175
（A）/（B）	5.37	5.4	5.6	6.1	5.61	4.58	4.13	3.4	4.08	—	3.61	3.55
（A）/（C）	4.41	4.5	4.2	5.39	5.16	4.68	5.38	4.3	4.59	4.43	4.3	4.06

表 3-3　1940 年日商纱厂若干产品与国棉、进口棉之每月平均价格情况表

1940年度	1月	2月	3月	4月	5月	6月	7月	8月	9月	10月	11月	12月
丰年16支纱	705	805	865	1 240	860	750	730	—	—	—	960	1 100
蓝凤20支纱（A）	730	873	900	1 320	1 020	765	800	835	930	1 080	1 060	1 230
彩球32支纱	965	1 050	1 070	1 440	1 200	930	940	970	1130	1 430	1 405	1 650
龙头细布	22.9	27.1	28.8	46.2	38.3	29.8	29.25	32.6	34	36.7	35.35	41.9
印棉（B）	175	212	205	225	185	155	185	171	190	177	205	205
美棉	230	279	300	307	305	285	280	290	290	270	310	330
通州棉（C）	185	215	220	230	230	165	175	170	185	210	200	200
(A)/(B)	4.17	4.12	4.1	5.87	4.43	4.94	4.32	4.88	4.89	6.15	5.17	6
(A)/(C)	3.95	4.06	4.09	5.74	4.43	4.64	4.57	4.91	5.03	5.14	5.3	6.15

表 3-4　1941 年日商纱厂若干产品与国棉、进口棉之每月平均价格情况表

1941年度	1月	2月	3月	4月	5月	6月	7月	8月	9月	10月	11月	12月
丰年16支纱	1 200	1 180	1 200	1 290	1 160	1 230	1 300	1 460	1 570	2 400	2 000	—
蓝凤20支纱（A）	1 300	1 250	1 295	1 390	1 255	1 375	1 440	1 730	1 900	2 950	2 450	2 150
彩球32支纱	1 820	1 920	1 960	2 150	2 000	2 200	2 440	3 020	3 150	4 100	3 400	—
龙头细布	46.5	46.9	50	51.75	43.9	49.9	52	56.2	60.7	110	88.25	83
印棉（B）	200	200	218	220	230	250	275	350	330	650	600	500
美棉	335	350	385	410	430	490	580	850	800	1 150	1 100	1 000
通州棉（C）	200	195	215	200	220	220	250	320	360	470	490	440
(A)/(B)	6.5	6.25	5.94	6.32	5.45	5.5	5.24	4.94	5.76	4.54	4.08	4.3
(A)/(C)	6.5	6.41	6.02	6.95	5.7	6.25	5.76	5.41	5.28	6.28	5	4.89

资料来源：〔日〕上海日本商工会议所编：《上海日本商工会议所年报》（1938—1941 年各年度），书末各附表

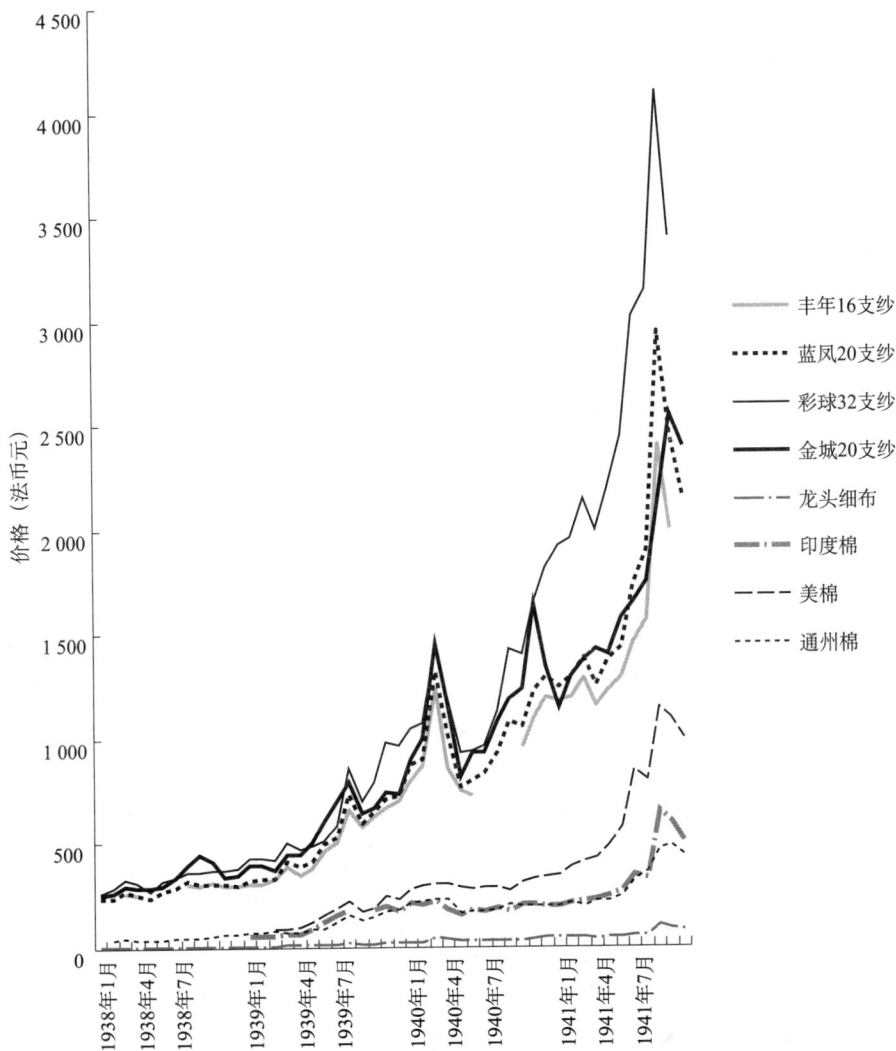

图 3-2　1938—1941 年日商纱厂主要棉产品及棉花市场批发价格变动图

资料来源：该图据表 3-2 的数据整理而成

与日商纱厂产品流入华北之情形相对，华商纱厂的产品则经由南帮以海路流入西南内地，1938 年 1 月，华南各要港尚未沦陷，南帮采办华商纱厂产品亦呈踊跃之势。

1938 年 3 月以后，日商纱厂的棉产品因华北销路极佳，市场上的价格稳步攀升。3 月中旬，华北"临时政府"下属"中国联合准备银行"开张，发行伪币"联准券"。日伪颁布所谓的《旧通货管理办法》，规定"联准券"与法币、日币可作等价兑换，并令国民政府中央银行发行的法币 3

个月后禁止于华北流通。[1] 日伪出台的这些措施，促使以天津帮为首的北帮携带大量旧法币涌往上海，北帮遂成为沪上最活跃的客帮势力。然而，因北帮的大举采购，造成了沪上法币供过于求，导致 1938 年 3 月法币对外汇率大幅贬值。[2] 抗日战争爆发以来，国民政府虽然将法币的对外汇率固定于某一名义数值，然而黑市中法币对英镑、美元实际汇率早已大幅下跌，上海市场上各类产品价格恶性膨胀，棉产品价格节节攀升。1938 年 3 月末，华北"临时政府"规定南货北来，悉须征收新统税，北帮若将物资运北，将会蒙受双重课税，其"采购欲望有所松懈"[3]。为了更好地了解战时日商纱厂产品与上海棉市行情的动向，笔者以 1938—1941 年（表 3-1）各项棉产品的价格（主要为日商纱厂丰田纺生产的 16 支丰年牌棉纱、日华纺生产的 20 支蓝凤牌棉纱、内外棉生产的 32 支彩球牌棉纱、裕丰纺生产的龙头牌细布与华商纱厂申新纱厂生产的 20 支金城牌棉纱）为分析对象，可以看到在此期间日商纱厂、华商纱厂各主要产品价格行情呈现变动走势，如图 3-2 所示。[4]

从图 3-2 可见，继 1938 年 3 月因通货膨胀而高涨的日商纱厂棉纱、棉布行情在 4—5 月略呈下跌之势，此即系北帮采购欲望减退所致。自华北日伪推行"联准券"后，华北与华中通货出现不统一之局面，北帮为规避货币间汇兑之风险，渐而改用以物易物的新交易形式——以华北所产之棉花，与上海日商纱厂（洋行）方面直接交换产品，力求摆脱货币兑换上的繁冗环节。通过这一方法，经历 3—5 月采购低谷的北帮，再度出现活跃势头。由于实销的刺激，图 3-2 及表 3-1—表 3-4 中 7 月下旬日商纱厂纱布的行情，出现战争爆发以来未有之高值，1937 年 7 月底每包 269 元的 20 支蓝凤纱，至 1938 年8 月已达每包 360 元。产品价格的飞涨，使日商纱厂获得了极大利润。另外，通过王子建统计的 1938 年 1—9 月华商纱厂产品的盈利情况，可以获知华商

---

① 吴冈：《旧中国通货膨胀史料》，上海：上海人民出版社，1958 年，第 44—45 页。

② 有学者认为这些南来的法币途径通过"联准券"换购等形式来实现，参见宋佩玉：《抗战前期上海外汇市场研究》，上海：上海人民出版社，2007 年，第 85 页。然而笔者以为当时伪"中国联合准备银行"尚刚营业，无法导致大量法币南来，1938 年 3 月这一时期华北法币流入上海主要因北帮尤其是天津帮对上海货物的大量采购所致。

③ 〔日〕上海日本商工会议所编：《日本上海商工会议所年报》（1938 年度），1939 年，第 1 页。

④ 数据参见〔日〕上海日本商工会议所编：《日本上海商工会议所年报》（1938—1941 各年度），书末各附表。

纱厂同样也取得了丰厚的利润。[①]不过，与日商纱厂的情况不同，华商纱厂的产品价格上涨主要因产量收缩所致。[②]

自 1938 年 1—9 月以来，日商纱厂与华商纱厂产品的市场分化趋向更为明显。《申报》对当时纱布市场变动所作的统计及说明如下：

> 现纱销路 1 月至 10 月各帮买去统计 147 401 包，1、2 月销场最淡，6、9 月消化最浓，因此市价变动较巨，华纱专销西南非战区域，惟战区以内纱销，已为日纱侵占矣。但华、日纱相差二百元外（笔者注：此处误，应为 20 余元），故本埠大小棉织厂专购日纱制造，获利雄厚焉。[③]

《申报》的报道大体说明了沪上棉纱市场被消化的景象。当华商纱厂 1、2 月间销路最淡时，北帮陆续采购日商纱厂产品，大量日商纱厂生产的 16 支、20 支纱及各种棉布被运往北方沦陷区。由于华北日军的统制，华商纱厂同类纱布在华北市场并无能力与之抗衡。此外，日商纱厂生产的 20 支以上细纱，则基本为沪上织布行业所吸收。在北帮与同业的推动下，日商纱厂的市场销路开始全面复苏。

1938 年 4—9 月，客帮与日商纱厂的商业结合更为紧密，日商纱厂产品行销各地，皆赖客帮的采购与输送。于此期间，国民政府为获取足够物资，宣布开放江苏、浙江、福建、广东沿海各省 46 处口岸，并准许外商货轮行驶于定海、海门、启东等线，这使南帮进一步打通了沿海口岸运入内地之销路渠道，华商纱厂的产品遂大量流入西南内地。另外，自 1937 年 8 月以来，内地抗日情绪高涨，民众对日货的猛烈抵制，利于国货在国统区的盛行。在举国抗战的非常时期，购买国货虽成为衡量民众拥有爱国心的标准，然而民族情感也并非决定产品销路走向的关键因素。事实上，日商纱厂与华商纱厂为追求市场销路之扩大，皆可谓不择手段，"日商产品或加盖华商商标，销于内地，或因日纱价廉，华商加盖日货商标，华纱销路亦受排挤"[④]。中日商人唯利是图

---

① 王子建统计了 1938—1941 年华商纱厂销纱盈利率之情况：其中 1938 年 1—9 月为 79.2%，1938 年 10 月—1939 年 8 月为 42.2%，1939 年 9 月—1940 年 2 月为 12.8%，1940 年 3 月—1941 年 7 月为 36%，1941 年 8—12 月为 22.8%，平均为 41.2%。王子建：《"孤岛"时期的民族棉纺工业》，中国近代经济史丛书编委会：《中国近代经济史研究资料》（10），上海：上海社会科学院出版社，1990 年，第 21 页。
② 上海鸿章纺织染厂 1938 年 8 月 18 日董监会议中称："最近货价情形因囤户尚多，实销亦有，惟国产货物有限，故逐步上扬，原棉粗细绒价格均见高涨，以细绒为甚。本厂备存尚可敷三个月之用。"参见《上海鸿章纺织染厂会议记录》，Q199—2—67，上海档案馆藏。
③ 《一年来之纱布》，《申报》1938 年 10 月 11 日。
④ 《日暮途穷之厂布事业》，《申报》1938 年 10 月 14 日。

的行径，固然应受到批判，然而从实际运销的过程中，若没有南北帮的合作我们很难想象这些行为能够实现。上海棉纱市场上南北销路之形成，充分说明了北帮与日商纱厂、南帮与华商纱厂在经济利益上的紧密结合。

第三节　市场销路的低迷、和缓与高涨（1938.10—1939.5）

经历了沉寂与复苏阶段，1938 年 10 月以后日商纱厂的市场销路呈现上升趋势。日商纱厂市场销路走向兴盛，完全依托于上海"孤岛"经济的繁荣。[①]若单纯从下文所示 1938 年 11 月—1940 年 4 月日商纱厂生产率与利润率的变动情况来看，似乎可以认为日商纱厂维持了极其良好的生产状态，并获取了丰厚的利润。然而，通过对一系列日商纱厂主要产品价格走势的观察，就可以发现日商纱厂的市场行情虽然整体呈现出高涨态势，但这一态势始终曲折不定。显然，现实中这种非直线型的增长态势，说明其本身仍因受多重因素的制约及影响而形成。为了真实了解上海日商纱厂市场走向繁荣的实质，必须对日商纱厂产品的市场行情、销路走向进行更为细致的观察，并从中判断什么是因实际需要带来的真实繁荣，哪些又是商业投机造成的假象。

通过对图 3-2 产品行情走势与表 3-1—表 3-4 中的数据进行分析，笔者大致可将 1938 年 10 月—1939 年 5 月日商纱厂市场的变动分为 3 个阶段。

（1）1938 年 10—12 月，日商纱厂的市场呈现出一个较低迷的态势。这主要是因为这一时期战争局势的变动对日商纱厂的销路造成了一系列的不利影响。

1938 年 10 月初，日本积极对武汉、广州两大重镇的攻略，使长江流域诸帮与华南闽粤各帮都因武广战事的紧张而观望却步，粤帮尤其顾虑海运危险，

---

① 对于上海棉纺织业的"孤岛"繁荣，中外学者皆有相当研究。王子建称这种繁荣为"昙花一现"，而这种繁荣的关键在于，日本对中国沿海港口的封锁与中国棉业利用各种形式的反封锁。见王子建：《"孤岛"时期的民族棉纺工业》，中国近代经济史丛书编委会：《中国近代经济史研究资料》（10），上海：上海社会科学院出版社，1990 年，第 14 页。高村直助则认为上海棉纺织业繁荣的出现，从当地日商纱厂始终保持高生产率的角度而言，在于国统区的棉货需求旺盛，所受日本方面的经济统制较弱，乃至外棉得以自由进口等原因所致。〔日〕高村直助：《近代日本棉纺织业与中国》，东京：东京大学出版会，1982 年，第256—259 页。王子健与高村直助各从华商纱厂与日商纱厂的角度解释了上海棉业出现繁荣的原因。

甚将已购棉纱陆续吐出。除武广战事对市场造成不利影响外，1938年以来日军在长江流域的烧杀劫掠，导致当地内工商业的凋敝，外埠中小布厂对沪上棉纱需求锐减，日商纱厂在长江中下游流域内的布销极为不易。据当时的《申报》记载，"棉纱如此暴腾，而棉布销路滞迟，反较奄无生气，假使买纱织布，不但不能获利而亏本甚大，照此而论可想对于棉纱投机性为众也"①。显然，华南与长江中下流域销路的滞迟，拖累了日商纱厂在当地的实销。1938年10月，国民政府宣布国统区内彻底禁止从沦陷区内输入一切日货，日商在华工厂生产的产品亦在严限之内，日商纱厂的西南销路由此受到打击，棉纱销路出现"专靠本街为众"的景象。各地的战火与国民政府的严禁，虽使上海日商纱厂在华中、华南、西南三条销路都蒙受损失，然而1938年下半年以来北帮之积极采购，尤以天津帮对日商纱厂生产的龙头、五福、飞鱼牌等高档细布充满兴趣，故而日商纱厂南方销路虽阻滞萧条，而华北销路却勉强得以维持。

从上海棉市的整体市场来看，各地战火的蔓延，对华商纱厂、英资纱厂的产品行情同样造成了冲击，一些华纱、英纱行情惨落，价格已渐向日纱靠拢。1938年11月，英商怡和纱厂所产牧羊牌20支纱每包售287元，比日华纺所产20支蓝凤纱每包296元已低10元左右。华纱价格则较英纱更为低下，完全可与日纱展开低价竞争。在价格因素的主导下，商帮采购意向更对日商纱厂不利，据当时的《申报》所载，"内地帮素来专办东纱为主要项目，以前因华纱价格太贵，故购东纱图利雄厚，此种景象业已转变，所以对于华纱颇有尝试之念"②，换言之，华纱、英纱价格的大跌反致其销路转佳，而日纱的小跌反使其销路阻滞。

不过，1938年10—12月，日商纱厂的市场状况，并非毫无起色。1938年年底，随着沦陷区内商业环境的改善，日商纱厂的销路出现转机。1938年12月，汉口、广州沦陷，中日之间的重大战事告一段落，日本军部提出除战略必要外日军不再扩大沦陷区之战略方针。此后，日军一面继续对沦陷区内一切抗日力量进行镇压与瓦解，一面开始着手维持沦陷区内的治安与稳定。③在日军的庇护下，南京、津浦路沿线及江北一带棉货需求大增，日商纱厂产

---

① 《一年来之纱布》，《申报》1938年10月11日。

② 《棉纱跌风暂息》，《申报》1938年11月23日。

③ 〔日〕臼井胜美：《日中战争》，东京：中央公论社，1967年，第105页。

品得以在长江中下游沦陷区内一举畅销。[1]而国统区内因广州沦陷，粤帮已失去向内地中转棉货之作用，故而在沪的地位顿失。不过，南帮并未因粤帮的退出而衰颓，1938年年末上海至浙东方面的航路仍未遭日军封锁，客商汇集温州、宁波、台州等地积极搜罗各色棉货，辗转运往西南后方者尤众。另外，经由越南海防，通过昆明而入重庆的新渠道逐渐形成，沪市出现南帮采购连日的繁忙景象[2]，市场上"近以华纱津、潮、闽、滇等帮粗细纱销路陡然日见活跃，连朝上腾，买价越涨四十元外，于是一般做日纱交易之户，追踪华纱之价而看涨矣"[3]。由于华商纱厂新销路的拓展，产品价格大幅上涨，日商纱厂棉纱行情受其连带亦有所改观。

（2）1939年1—3月，相对于华商纱厂产品行情的突涨，上海日商纱厂各类纱布价格行情则呈现出和缓的上涨走势，这一状况的形成，主要由以下一些因素所致。

其一，受沪上投机商与中小织布行业的影响。1931年"九一八事变"以后，上海商会为避免华商纱厂产品运往内地各埠遭到误扣，即要求出港国货办埋国货证明。[4]1938年国民政府又制定战时国货证明书暂行规定，意图控制各种日货流入国统区内。当时国统区内华商纱厂棉产品，以粗纱产品最为盛销。而华商纱厂产品在国统区内的畅销，带动其价格的上扬，又间接刺激了沪上日商纱厂产品价格的追随。1939年1月，"日纱市面，全系追随华纱市面之变迁而定，不过其上下范围，占华纱十分之一"[5]。显然，日商纱厂纱价之涨跌幅度较华商纱厂纱价为小，这主要因日纱的过分跌落与上涨均不利于投机，故投机商频繁对日纱做投机交易，以与价格涨跌幅度展开拉锯之势。当

---

① 〔日〕上海日本商工会议所编：《上海日本商工会议所年报》（1938年度），第3页。不过，日商纱厂对于沦陷区市场的垄断不容乐观。由于战争的创伤，当时"日人直接装运长江一路各码头，并青岛、天津等处推销，结果各地人口逃亡，购买力丧失，市场系一片荒凉之象"。参见《本纱交易续而不断》，《申报》1938年12月28日。

② 当时之布销情况，"广州客帮原来范围大，采购量大，其实更有发展，从二十多家增加到三、四十家。当时货色之要转得快，钱就赚得多，广州沦陷后，则有香港转经拱北麻章转运西南各地。北路客帮虽一度中断，但也有经苏州等处运往西安、华北的"。参见中国社会科学院经济研究所主编：《上海市棉布商业》，北京：中华书局，1989年，第268—269页。

③ 《日纱市场一番小挤轧》，《申报》1938年12月8日。

④ 1938年国民政府复作出国货证明书暂行规定，即华商领取国货证明书后，每次运货须向商会领取国货证明清单，单随货行，若有不实，厂商或字号除吊销证明书外，另将受所在同业公会除名之严惩，参见上海工商社团志编撰委员会编：《上海工商社团志》，上海：上海社会科学院出版社，2001年，第344页。

⑤ 《纱价回跌亦猛烈》，《申报》1939年1月12日。

日纱价格低于华纱时，沪上织布行业一般会采用日纱为原料，日纱价格由此得以托底，不致出现暴跌。

其二，受华北销路不振的影响。当时《申报》称："日纱走销颇为脆弱，实以汇划贴现率高升，北销去化又滞，苏北、浙中游击战激烈，交通梗阻影响所致。"[①] 从销路方面来看，局部的战事如日军对冀南地区的扫荡作战，以及对苏北淮阴、淮安一带的武力侵扰，一度也影响了日商纱厂的北销，市场上北帮仅对日商纱厂的细纱略有收购，故而这一时期日商纱厂的市场动向并无特别起色。据《棉业周报》对日商纱厂市场行情之观察，当时"日纱市情，始因国纱暴涨，人心掀起，同趋上游，然需要不畅，殊乏生气，北帮因闻烟台有受统制汇兑关系，采办殊为清淡"[②]。

其三，受自身生产过剩的影响。1939年2月末时沪上棉纱存量计10万包以上，日商纱厂产品即占40%弱[③]，当时日商纱厂手上拥有至少4万包以上存纱，这意味着日商纱厂的生产已大量过剩。当日商纱厂的各类产品充斥于市场之中时，其价格上涨势头自然也会受到抑制。

（3）1939年4—5月，市场上日商纱厂的产品价格再次呈现高涨之势，这一现象主要因长江中下游区域内布销的带动与北帮的回归所致。

1939年4月以后，沪上日商洋行利用日军控制下的上海周边主干交通线路，无需国货证明即可将日商纱厂产品运往南京、芜湖一带销售，日纱、日布在当地畅通无阻，形成了"苏浙皖三省游击区内日商洋行分庄林立，棉纱充斥市里"之局面。[④] 因棉布较棉纱具有更高的附加价值，故于沦陷区内独行其俏[⑤]，以致日商纱厂棉布在沪行情出现"涨风愈加炽烈，几至漫无止境"的情形，棉纱为生产棉布的基本原料，布价的上涨必然会带动纱价的上升。这一时期，因棉布行情的高涨，又带动了棉纱行情的回暖，仅4月1日一天之内，内外棉、日华纺即开出20支水月、蓝凤期纱达二三千包之巨。[⑥]

另外，在华北，自1938年11月末日本军政当局授意"临时政府"出台《棉花输出许可暂行条例》，日军便强化对当地棉花的统制，集中于天津的棉花已无法通过北帮运至上海。自1938年4、5月以来即与北帮维持易物交易

---

① 金城、通成、诚孚联合棉业调查所：《棉业周报》1939年3月14日，第43号。

② 金城、通成、诚孚联合棉业调查所：《棉业周报》1939年1月17日，第36号。

③ 《纱价惨跌之大原因》，《申报》1939年2月26日。

④ 金城、通成、诚孚联合棉业调查所：《棉业周报》1939年5月23日，第53号。

⑤ 中国社会科学院经济研究所主编：《上海市棉布商业》，北京：中华书局，1989年，265页。

⑥ 《粗纱津帮采购尚续健》，《申报》1939年4月1日。

的日商纱厂，此后再难通过这一渠道获取华北棉花。对此同业会大阪总部弥漫着悲观的情绪："原本我在上海纱厂的产品将近一半运入华北……然而这次华北棉的统制，却使华北流入上海的华北棉限于极少数量，从而阻止了纱厂产品货款的回收渠道，以至从此不得不舍弃最大的市场。我在上海纱厂，将不得不向华中或华南寻求新的市场，代替华北市场。"[①]从长远角度而论，同业会的担心不无道理，日本对华北棉花的统制，势必将对日商纱厂的华北销路造成极不利的影响。不过从短期来看，日军对华北棉的统制尚无法骤然削弱北帮收购日商纱厂产品之强劲势头，相反，从后来市场的实际变动情况来看，正因华北棉统制导致青岛、天津日商纱厂产量的急剧减少，反而刺激了北帮更为迫切地收购上海日商纱厂产品，4月青岛等地商人又复大量囤积当地棉纱，这又滋长了北帮争先来沪囤购棉纱的欲求。

1939年4—5月，日商纱厂产品市场迎来了一片高涨，除销路上的扩张等原因外，华北、华中金融环境的变动是唯一重要因素。1938年年末，华北日伪政权宣布自1939年2月20日起法币以6折兑换"银联券"，并自3月10日起将全面禁止法币在华北的流通。日伪这一声明的出台，再次加剧了华北法币的南来，而1938年年底中国银行天津分行允许当地商人将天津法币汇往上海的规定，又为法币在上海的大量聚集起到了推波助澜的作用。[②]在上海，1939年5月"维新政府"下属"华兴商业银行"宣布开业，日伪政权规定该行发行的"华兴券"与法币等值，意图利用伪币大量套取法币，继以法币进一步套取外汇。华北、华中金融环境的变动，导致了沪上法币对外汇率的迅速贬值，从而促使外棉进口价格的高涨。当时日商纱厂的生产基本依赖外棉为原料，外棉价格的高涨，大大增加了日商纱厂的生产成本，间接刺激了其产品价格的整体上扬。

1939年4—5月，上海日商纱厂产品的行情继续高涨。随着北销的复苏，沪上人心对日商纱厂棉纱更为坚定。而与此相对，华商纱厂销路的弊端却逐渐显现，租界内各家华商纱厂生产的纱布多经浙东海路辗转运至西南川、滇等地，不仅交通不便，且运输成本高昂，南运负担过重。华商遂以浙赣一路因战事影响商路受阻为契机，逐渐改由汕头通过内河辗转而至内地。汕头内地通道的形成，不仅降低了华商的运输成本，且使汕头帮成为1938年11月—1939年5月沪上客帮中与华商纱厂交易最为活跃的客帮势力。

---

① 村山高：《日华事变与中国纺织业（二）》，《大日本纺织联合会月报》1939年3月15日，第556号。

② 陈炳熙：《中国银行上海分行史》，北京：经济科学出版社，1991年，第112页。

第四节　市场销路的繁荣与饱和（1939.6—1940.4）

　　1939 年 6—12 月，沪上日商纱厂产品的行情，除 10、11 月两月期间因欧战影响而有所下跌外，总体呈大幅上涨之势，日商纱厂的市场销路出现了自抗日战争爆发以来最为繁荣的景象。这一期间除各地客帮对日商纱厂的销路继续推动外，上海金融形势的发展及日商纱厂的沉着应对，无不对市场繁荣的形成产生了重要影响。

　　1939 年 6 月 21 日，国民政府为稳定上海地区法币价值，限制上海市场法币的泛滥，财政部向上海诸华商银行发出"马电"，规定："上海银钱业支付存款除发放工资者外，每周支取数目在五百元以内者照付法币，超过五百元者以汇划支付，专供同业转账之用。"[1]"马电"出台后，中央银行、中国银行、交通银行、农民银行四大银行法币提现受限，市场法币现款锐减，客帮无法凑足与日商纱厂、洋行间即将到期的货款，面临着违约危机。原本沪上棉货交易之形式，日商纱厂较华商纱厂更为严格，华商纱厂棉纱期货交易往往以七分汇划三分现款方式结算，而日商纱厂则要求客商完全以"划头"形式结算。[2]"马电"出台后，沪上纱业公会紧急与日商纱厂方面协商，希望延缓到期之货款。结果，日商纱厂允许将客帮交款期限宽延两周。[3]面对突如其来的金融变动，以日华纺、内外棉等为首资金雄厚的日商纱厂迅速变更原有的结算方式，允许收贴水一成后之新汇划，打破了厂方与客帮间的僵局。可以看到，日商纱厂在 6、7 月间对应对上海金融巨变的成功，为其维持市场繁荣创造了条件。

　　沪上金融风暴之后，北帮的采购更为积极。除实际需求外，另受投机心理之推动。华北法币因受日伪经济压迫而价值下跌，故而北帮急于将之脱手。1939 年 7 月中旬，上海、天津之间法币对外汇价出现差距，上海汇市较天津为松，北帮若持华北法币至沪上套取外汇，即可获取相当利益。面对汇兑上

---

① 《法币对外价值变动及其原因》，《中国经济评论》1939 年第 1 期。
② 所谓"划头"，系"汇划"之对称，亦为票据之一种称谓。唯此种票据可以当日取现，故与现款无异。另外，下文所提到之"汇划贴现"，乃由于上海当时法币紧张，且法币对外汇率不定，故汇划金额与法币原本价值往往产生区别，故需贴现补偿。"汇划贴现"显系非法行为，乃当时商人间交易运作之"潜规则"。参见王逢壬：《上海汇划制度之研究》，《财政评论》1940 年第 2 期。
③ 《棉纱浮多，纷起斩结》，《申报》1939 年 6 月 28 日。

的漏洞，中国银行、交通银行两大银行为遏止北帮套汇，宣布自 7 月 18 日起限制天津地名法币在沪流通。[①] 在如此情形下，北帮所持华北法币既无法容身于华北，又难以在沪上套汇，遂只能游走于棉市充作投机交易之资本。7 月间北帮将携来沪上之华北法币，立即套购日商纱厂产品的举动，营造了日商纱厂华北销路空前旺盛的氛围。

另外，1939 年 6 月国民政府宣布放宽物资运入国统区的禁令，大量日商纱厂产品通过南方诸帮由香港流入内地，其流入西南内地的阻力，已较战争初期为小。由于南帮、北帮的共同作用，1939 年 7—8 月日商纱厂产品的销路处于极佳状态，其市场行情也在这一期间达到高潮。[②]

然而，不久日商纱厂的销路在国内环境与国际形势的影响下又发生了若干变动。这一时期日商纱厂销路的主要特点有以下三点：其一，华北发生特大水灾，当地民众对棉货的需求顿显萎缩，北帮采购欲望迅速减退；其二，日本政府因欧洲战争爆发而无法出口欧洲之部分棉布，运至华中汉口等地倾销，为避免日商纱厂所产棉布与日本国产棉布之间的竞争，华中日军严禁日商纱厂的棉布运往当地，从而对日商纱厂 1938 年以来略有复苏的长江中下游流域销路形成了极大冲击[③]；其三，因法币汇率较前一时期低下，上海出口形势呈现利好，日商纱厂纱布得以低廉价格出口至南洋、印度等地。从以上销路上的变动中可以看到，日商纱厂的国内销路开始出现越来越多的不稳定因素，而日商纱厂也在通过对外销路的扩张，弥补国内销路困阻造成的损失。[④]

1939 年 9 月欧洲战争爆发，内地物价沸腾，日商纱厂产品的市场行情出现动荡与不安。9—11 月日商纱厂棉纱、棉布价格波动极大。在此期间日军在广西北海登陆，上海棉货对华南的出口交易陷入停滞局面。另外，中国香港当局出台严格的审核汇兑之手续，商人不得擅自将款项对外汇出，新加坡等地亦出台相似法令，香港帮、南洋帮在沪的活动大受牵制。南方销路的阻滞自然会反映在市场动向之上，10 月 20 支纱跌去 170 元，40 支纱更跌去 240 元左右，纱价如此迅猛的跌势，自战争爆发以来罕见。[⑤] 然至 11 月末，法币对英镑、美元的汇率有所回

① 《法币对外价值变动及其原因》，《中国经济评论》1939 年第 1 期。
② 〔日〕上海日本商工会议所编：《上海日本商工会议所年报》（1939 年度），1939 年，第 147 页。
③ 《第三十三回会议报告》，1939 年 9 月 18 日，在华日本纺织同业会上海支部：《上海会议录》，Ⅱ—1—66，日本大阪大学附属图书馆藏。
④ 《第二十三回会议报告》，1939 年 8 月 2 日，在华日本纺织同业会上海支部：《上海会议录》，Ⅱ—1—66，日本大阪大学附属图书馆藏。
⑤ 《纱市跌风加厉》，《申报》1939 年 10 月 10 日。

升，北帮复返沪市，日商纱厂产品之北销复趋活跃。这一时期，因日商纱厂与印度达成出口高支细纱的协议，南洋印度方面的销路开始出现回暖。12月，在美国拟对本国棉农实施出口补贴政策的刺激下，纽约棉花市场行情看涨，上海市场为其牵动，各种棉产品价格回涨不已，10月以来市场的阴霾为之尽扫。

1940年年初，日商纱厂市场仍维持1939年年末以来的活跃态势，1—4月纱价不断攀升，至4月而臻最高峰。然而，随着国民政府对流入国统区市场货物统制的再度加强，西南内地华商纱厂的兴起及日军对沿海口岸的严厉封锁，日商纱厂原本十分薄弱的华中销路基本阻绝。以重庆市场为例，1939年重庆市场的棉纱十之六七来自上海，1940年年初重庆各厂陆续开工后，沪纱的输入日趋困难，重庆及周边地区棉纱供给基本仰赖本地生产，而外埠来渝者不及1/10。[1] 由此可见，日商纱厂在华中的销路已大受削弱。另外，北帮（主要为天津帮）与香港帮对于粗中纱之需求转趋殷切，华商纱厂以提高粗中纱的产量应对其所需，从而导致华商纱厂与日商纱厂在低支粗中纱领域竞争激烈。以20支标纱为例，华商永安纱厂生产之金城纱与日商日华纺之蓝凤纱价格已极逼近，日商纱厂的低价优势彻底丧失。

日商纱厂国内棉纱销路虽然出现阻滞，但上海棉纱市场的大环境并未骤变，故日商纱厂仍维持着庞大的产量。至1940年4月，上海棉产品大量囤积的现象较1940年年初更甚，所谓"今年首四个月直到纱价特然暴落为止，棉纱的出产，每月平均仍为11万包。纱厂方面当然的已得到了很大的盈余。投机者大量囤积，正常时期不过4万包，几多了10倍"[2]。至1940年6月末，上海各仓库中所存棉纱总数达40万包之多，如此巨大的囤量，非3个月以上不能销尽。然而西南方面销路的阻滞，实销根本无法推动。日商纱厂市场销路陷入饱和之中，棉纱市况必须依靠投机势力拉动，当时沪上"一般投机者群办日纱市场，去踢皮球交易矣。且日纱投机，进进出出两方皆无须垫头银，于是气势更炽，两日间一开涨至一千三四百元外。五月份交割双马倒闭已有多家，上面日纱交割尚无问题，因之咸向上面做输赢，交易意外发展"[3]，正是生动的说明。1940年4月末，因棉纱实销不畅所导致的囤货增加，成为投机兴盛的最重要因素。日纱交易尤为投机商人热衷利用，下文将对此作进一步说明。虽然日商纱厂的销路日渐萎缩，但沪上投机交易却仍为其带来了巨大利润。

---

① 杨蔚等编：《重庆棉货市场及市价之研究》，重庆：中央银行经济研究处，1944年，第46页。
② 《上海棉纺织业的前瞻》，《经济丛报》1940年第28期。
③ 《纱风潮的回归》，《申报》1940年6月16日。

第五节　市场销路的衰退与没落
（1940.5—1941.12）

1940 年 5 月以后，日商纱厂陷入减产危机，市场销路更趋不振。1940 年 5 月，在欧洲战场上，德国突袭荷兰、比利时，继而法国陷落，欧洲战局为之剧变。随之沪上警讯频传，市场人心震荡不安，若干外商银行发生提款风潮，外汇市场顿起迅猛抛风，商人大量抛出外汇，沪上纱、布行情大跌，棉货交易陷入一片恐慌之中。[①] 日军正预谋阻断闽浙沿海口岸援蒋渠道，连接内地的中国香港、安南、缅甸三大交通线莫不受其影响。同业会为配合日军对国民政府的彻底封锁，要求日商纱厂流入国统区的产品必须限于最小数量，故宣布日商纱厂各社自 6 月中旬起自行减产 15%，7 月 1 日以后又扩大至 30%。在日商纱厂减产风潮的影响下，上海中外纱厂的月产量遂从 1—4 月的平均每月 11 万包降至 7 月的 8.5 万包以下。[②] 5—8 月，由于日本对浙东、华南沿海地区的封锁逐步加强，沪上纱价下滑幅度极大，倒闭清理之华商批货字号，几乎无日不有之。6 月 27 日，日军将对海防封锁的消息传至沪上，纱价跌势益猛。当时中外纱厂唯赖库存原棉维持基本生产，纱厂已无利润可言，甚而出现生产成本高于市场纱价之现象。

而在华北，由于日伪为控制华北物价之恶性膨胀而实行价格冻结令，"联银"继之宣布控制来自华中的无汇兑物资交易，日商纱厂最重要的销路——华北一线受到致命打击，日商纱厂的华北销路受到彻底扼制。

1940 年 9 月，华中日军为彻底阻断华中援蒋渠道，授意华中日商成立"棉纱布贩卖组合"，意图通过该组织彻底控制华中棉货的交易与流通。虽然日商纱厂棉产品流入沦陷区内受到日军的重重阻挠，但区内日军对棉产品也存在一定的需求，故日军规定日商纱厂产品若以军票形式销往内地，每月尚允许 9000 包棉纱运出上海。[③] 面对这一规定，同业会经过反复酝酿，再次严令日商纱厂各企业于 10 月 1 日起统一减产 50%。显然日商纱厂冀以通过减少产量的方式，以应对销路衰退问题，却导致日商纱厂生产的进一步低迷。而

---

① 施鑫泉：《战时上海华商棉织业之动向及其前瞻》，《财政评论》1940 年第 5 期。
② 〔日〕上海日本商工会议所编：《上海日本商工会议所年报》（1940 年度），第 69 页。
③ 〔日〕上海日本商工会议所编：《上海日本商工会议所年报》（1940 年度），第 68 页。

同时华商纱厂工厂因销路受样受扼，也不得不宣布减产 20%—30%。[①]

因日商纱厂的大幅减产，市场滞货有所减少，日商纱厂棉纱价格相较 1940 年 5—8 月的低谷，略有回复。10 月 1 日由日商完全控制的"上海棉业取引所"（笔者注：取引，即"交易"之意）成立，该机构与华商纱布交易形成对峙之势，由于日商这一固定交易场所的开办，其产品交易较华商纱厂更为便捷。继 9、10 两月法币略有跌落，日商纱厂棉纱价格陆续恢复至 5 月的水平。9—10 月上海商人又将投机兴趣转移至华商纱厂产品，据当时《申报》记载，"日纱市场近被统制，每日每市之起伏范围殊狭，投机者既乏手腕，又少兴趣，大都改变宗旨，换换口味，群向双马市场进攻，所以近来几天楼下华纱市场人头壅塞，无插足之地，一片兴旺气象也"[②]。

国统区内禁止日商纱厂产品流入，华北沦陷区内又因日军的统制而无法运入，日商纱厂产品在国内市场可谓陷入绝境。而与其相对，华商纱厂棉产品却因香港帮在秋销上的起色，陆续办去粗细纱将近万包，销路反较日商纱厂为胜。自 1939 年 3 月香港帮之采购趋旺以来，至 1940 年年初乃至 1941 年 10 月期间，香港帮始终处于华商纱厂产品最大采购方之地位。[③]

1940 年 12 月，由于日军的严厉封锁，内地棉产品价格出现暴腾，四川等地的市场上出现 20 支纱每包可卖至 4000—6000 元的高价，内地纱价与沪上市场价格相差殊悬，商人将沪上棉货运至内地，即可获暴利。鉴于此，日军规定日商纱厂产品运往华中沦陷区内，须另征收棉货利润之 10% 作为统制费，同时取消每月棉纱移出仅限于 9000 包的规定。不过，据日方的估计，现实中因日商纱厂已大幅减产，实际流出上海的棉纱量始终未能超过这个数字。[④]
与日商纱厂受到日军严格统制不同，租界内华商纱厂的生产则处于极自由的生产状态，华商纱厂不惜重价购买走私来沪的国产棉花，1940 年年末恢复了 100% 的生产率，而在销路上，华商纱厂继续积极利用由华南沿海（主要经由

---

① 〔日〕上海日本商工会议所编：《上海日本商工会议所年报》（1940 年度），第 68 页。

② 龙驹生：《纱价上涨之说素》，《申报》1940 年 9 月 25 日。

③ 1938 年香港进口额占国统区进口总额的 4.7%，1939 年为 13.8%，1940 年骤增为 40.2%，1941 年为 58.3%。造成这种飞速增长的原因，一方面是由于大多数沿海要港遭到日军封锁，而另一方面也是由于国民政府贸易政策的变化。1939 年 6 月，国民政府颁布新的进口贸易条例，主要为了增加必需品的进口，而不管其来自哪个国家，因此运往香港的沦陷区内所产纱布无需申报商品来源，这些货物在香港重新包装后，贴上新的标签后出口至国统区。故大量日商纱厂之产品也可经由香港流入内地。事实上，从香港转口的纱布产品，几乎都来自上海。参见郑友揆：《中国的对外贸易与工业发展》，上海：上海社会科学院出版社，1984 年，第 165 页。

④ 〔日〕上海日本商工会议所编：《上海日本商工会议所年报》（1940 年度），第 69 页。

香港）流入内地之渠道，因而生产业绩较日商纱厂尤为可观。[①]

1941 年年初，日商纱厂进一步进行减产，与之相反，华商纱厂则维持了全运转的状态。1941 年 1 月，日商纱厂共生产棉纱 3.4 万—3.5 万包，华商纱厂共生产棉纱 3.2 万—3.3 万包，两者产量已极接近。[②]2 月，日军实行阻断香韶运输公路线作战，港帮受其影响，采购趋于停缓，上海棉货的华南销路随之受阻。年初浙江、云南、四川及内地客帮尚零星来沪采购，然至 2 月尾声，"运销内地之棉产品，过去必经证明始克无阻，此则业已停顿，客帮鲜有问讯"[③]。华商纱厂的销路由此而被彻底截断。而日商纱厂产品的市场状况，自美国即将冻结日本外汇之消息传来后，即混乱不堪，期货商急于抛售日纱，现货跟之挫降，纱价遂成江河日下之势。日商纱厂产品销路因受"纱布贩卖组合"统制，已不能大量运往华中沦陷区内，而"南方方面因汇兑统制及华侨抵制日货的影响，尚乏显著发展"[④]。原本日商纱厂生产的 42 支细纱，因南洋帮的采购而保持一定产量，此时因生产高支纱所需美棉的缺乏，南洋销路仅能处于勉强维持之状态。外棉进口的减少，导致日商纱厂生产成本的增加，市场上日商纱厂 20 支纱的价格，继 1940 年 5 月之后再次出现低于成本的局面。总体而言，自 1941 年年初以来，除南洋、浙东、闽省游击区内零星销路外，日商纱厂的市场全靠本埠支撑。日商纱厂棉纱价格的暴涨暴落，已与实销脱钩，产品的市场行情完全系于投机商的空头交易。当时投机商的心理不仅受游资活动的左右，也视外汇行情的升降为转移，这一时期法币汇率的浮动对于日商纱厂产品行情的影响极大。

1941 年 4 月日军实施浙东作战，先后登陆宁波、温州，进攻福州等地，日商纱厂于浙东、闽省游击区内的销路（主要为棉布销路）尽为切断。对日商纱厂而言，此时日商纱厂的销路唯"日纱现货销运往荷属印度与台湾各地畅通如

---

① 以当时华商纱厂大同纱厂之销路而论，其于 1940 年 5—7 月困苦于内地销路被夺与新销路之开拓情形，正如其董事会所述："检讨公司五月至九月之营业亏损，竟达廿二万元之巨，爰不得不力挽狂澜，谋产销两方保持适当之平衡，以免再如前车之覆。于七月间向瓯江调查销场，旋即委托鸿源号推销，不意日军海舰窥扰闽浙口岸，游弋靡定，商航被阻，仅销去各支纱六十件，各式布匹七百五十匹，去温职员屡濒于险，此路原冀熟悉之后，得能西进，湘赣也至次只能舍弃折回，但西南需要颇殷而交通阻梗，输销愈远，获利愈厚，然风险亦殊大。吾公司感产品在本埠市场既乏优越之地位，惟有各奔前程，毅然运港以求出路，自助天助，成绩差堪观。自十月七日起，至年底止，销纱达四万七十五件，各式布匹计算九千匹。"参见《大同纱厂无限公司第四届股东常会议事录》，1941 年 2 月 12 日，《大同纱厂无限股份公司股东会议录》，Q192—6—66，上海档案馆藏。大同纱厂作为华商纱厂在市场与销路上的转变绝非唯一现象，可视为租界内大小华商纱厂经营生态的缩影。

② 〔日〕上海日本商工会议所编：《上海日本商工会议所年报》（1940 年度），第 68—70 页。

③ 《市场动态》1941 年 2 月 26 日，《棉业周报》1941 年第 6 号。

④ 《市场动态》1941 年 4 月 19 日，《棉业周报》1941 年第 13 号。

故"①。4月以后沪上中外纱厂棉纱生产量均呈减少之势，日商纱厂的产量尤较华商纱厂低落。若比较1941年4—6月与1940年同期上海中外棉纺势力棉纱生产量，即可明了日商纱厂在生产上处于较华商纱厂更为严重的衰退境况（表3-5）。

表3-5　1941年4—6月与1940年同期上海棉纺业棉纱生产情况表

单位：包

时间	华商纱厂	日商纱厂	英商纱厂	合计
1941年4月	34 558	30 174	5 437	70 169
1941年5月	32 843	29 429	5 805	68 077
1941年6月	29 702	27 196	5 225	62 123
1940年4月	33 456	70 893	5 235	109 584
1940年5月	36 358	70 818	7 510	114 686
1940年6月	33 951	63 035	6 610	103 596

资料来源：《市场动态》1941年8月6日，《棉业周报》1941年第26号

若对比表3-5中的两组数据可以看到，日商纱厂1941年4—6月历月的棉纱产量，仅及上年同期的42%左右；而1941年4—6月日商纱厂棉纱产量占上海棉纱生产总量约43%，已与1940年同期60.8%—64.7%的情况不可同日而语。通过这两个时段的对比，可以了解到1941年4—6月日商纱厂的生产出现了严重的衰退。由此可以推测，在1941年4—6月或更早的某一时间点，日商纱厂的棉纱产量已低于华商纱厂。

1941年7—9月，日商纱厂的自由市场基本走向没落。继7月25日美国政府宣布冻结中日在美资金，英国、荷兰等国也相继推出类似政策。沪埠英美银行随之宣告冻结中日在其所存之资金，一时沪上外汇紧缺、法币暴跌，沪市再掀物价狂涨之景象。日本因与英国、美国的关系彻底恶化，海上运输进入临战状态，诸国来沪船只锐减，上海对外贸易大幅下滑。与此同时，日本对华中、华南沿海要港的封锁线业已完成，沪埠与西南重庆之货物流通渠道唯取道缅甸仰光与中国香港两地，上海棉货流入西南内地的数量极度缩小。当7月末冻结消息传至沪上，棉纺织业尚未骤起恐慌，相反中外棉纺业受物价高涨刺激一时再度扩大生产。而在南洋销路方面，日商纱厂对泰国、印度、中国台湾等地的出口也未显疲弱，不过大部分出口产品被用于换取当地大米、橡胶等物产，只不过是属于日本军政当局严格统制之下无法获取外汇的易物

① 《市场动态》1941年4月30日，《棉业周报》1941年第15号。

交易。[①] 另外，上海市场上日纱价格再度高于华纱，原本采购日纱的本埠织、染布厂转购华纱。8 月 12 日，中美、中英平准基金会于重庆启动，国民政府禁止市场外汇无限制交易，并将供汇办法改为审核制度。沪上外棉进口为消耗外汇最巨者，故而平准基金会严格控制外棉采购导致外汇流出。

太平洋战争爆发的前夜，日商纱厂的市场销路已彻底走向没落。1941 年10 月初旬，日伪政权控制下的上海海关宣布上海商货禁止对外出口，往来外洋轮船悉令停驶，作为对欧美等国冻结日资的报复手段。由于日伪政权的这一举措，日商纱厂产品的对外出口渠道基本断绝。以 8 月计，当月沪上棉纱库存约有 27.2 万包，其中华纱约 17.7 万包，日纱约 9.5 万包[②]，存量庞大而各路实销基本停滞。1941 年 10 月，日商纱厂的生产率已减至 1940 年 6 月的35% 左右，当月棉纱产量仅为 18 219 包，而其对手华商纱厂由于原棉与电力供给不足，也仅能维持45% 的生产率。[③]除本埠染织厂与沦陷区内略有采办外，日商纱厂与客帮已无大宗交易，国内销路陷入极度萎缩的境地。

资金封冻后上海黑市外汇紧缩，外汇交易出现"远贱近贵"的现象，日纱期货行情受之影响惨落，而现货行情反之暴涨。与之相应，沪上中外纱厂不仅对产品惜售，甚而将卖出产品陆续购回，以待高价而沽。日商纱厂产品较华商纱厂产品略有优势者，在于少量产品尚可获得日本当局开出之运出许可证，仍可运往沦陷区内销售。1941 年 10 月中旬，沪上最后的客帮——香港帮彻底退出上海棉产品市场，象征着抗日战争爆发以来上海中外棉纺业的自由市场走向了尾声。1941年 12 月 8 日太平洋战争爆发，日商纱厂与华商纱厂共同的自由市场走向终结。

第六节　客帮对日商纱厂销路的影响

通过前文所述，可以发现，战时环境下日商纱厂的销路变动与客帮活动存在极密切的联系。日商纱厂的产品正是通过各地客帮的活动，流向华北、华中、华南、南洋各大区域。然而，关于各区域流入总量的情况，囿于资料有限，仅能从表 3-6—表 3-8 中一窥端倪。

---

① 〔日〕上海日本商工会议所编：《上海日本商工会议所年报》（1941 年度），1942 年，第 82 页。
② 《市场动态》1941 年 8 月 27 日，《棉业周报》1941 年 32 号。
③ 〔日〕上海日本商工会议所编：《上海日本商工会议所年报》（1941 年度），1942 年，第 79 页。

表 3-6　1936—1940 年上海棉纱国内贸易统计表

单位：公担，法币元

年份	上海→东北		上海→华北		上海→华中		上海→华南	
	量	值	量	值	量	值	量	值
1936	220	16 017	163 638	16 800 474	422 025	41 883 635	374 581	39 419 664
1937	76	8 018	136 148	15 423 349	277 484	32 703 723	371 425	45 204 515
1938	0	0	143 906	20 181 333	61 032	8 187 089	436 040	56 872 430
1939	0	0	262 064	34 989 563	78 074	14 634 453	429 008	71 104 579
1940	0	0	57 433	28 155 258	47 878	24 316 719	431 659	223 307 394

表 3-7　1936—1940 年上海粗细斜纹布国内贸易统计

单位：公担，法币元

年份	上海→东北		上海→华北		上海→华中		上海→华南	
	量	值	量	值	量	值	量	值
1936	7	1 080	29 443	4 251 604	135 926	18 494 948	68 760	8 934 125
1937	0	0	42 499	6 264 847	123 063	18 296 635	52 267	8 129 318
1938	0	0	31 469	5 032 649	26 402	4 452 309	42 957	7 903 851
1939	0	0	35 221	8 216 696	43 588	9 687 331	56 584	11 200 988
1940	0	0	9 277	4 909 323	20 776	12 381 037	53 607	26 899 073

表 3-8　1936—1940 年上海市布、细布、粗布国内贸易统计

单位：公担，法币元

年份	上海→东北		上海→华北		上海→华中		上海→华南	
	量	值	量	值	量	值	量	值
1936	25	2 530	90 320	9 553 760	300 261	41 785 225	56 843	7 960 662
1937	2	300	75 296	9 000 159	258 446	39 552 278	61 528	10 396 678
1938	0	0	140 190	19 570 860	60 182	9 694 149	89 330	16 997 858
1939	0	0	112 565	20 127 231	107 680	22 686 626	122 003	26 491 197
1940	0	0	75 920	36 451 194	84 467	46 692 578	149 612	85 463 526

资料来源：韩启桐、郑友揆整理：《中国埠际贸易统计 1936—1940 年》，北京：中国科学院，1951 年，第 498—557 页；另表中东北各埠包括牛庄；华北包括秦皇岛、天津、龙口、烟台、威海卫、胶州等埠；华中包括重庆、万县、宜昌、沙市、长沙、岳州、汉口、九江、芜湖、南京、镇江、苏州、宁波、温州、三都澳、福州、厦门等埠；华南包括汕头、广州、九龙、梧州、南宁、琼州、北海、蒙自、腾越等埠。棉纱单位为每公担 100 千克，而一般棉纱单位 1 包（件）为 420 磅左右，即每包纱约 1.905 公担

表 3-6—表 3-8 中的数据，因未包括走私的数量，故而较实值偏小。即便如此，通过对表中数据的解读，仍可大致了解 1936—1940 年上海棉产品的流向情况。若结合对国内客帮在沪上的采购动向的分析，这些数据变动背后日商纱厂销路的变迁情况，即可更为明了。1937 年 7 月战前，上海日商纱厂的产品主要销往华北、华中两大长江流域，也有一小部分流入华南及出口南洋、印度等地，但数量有限，流入东北的量极少。战时日商纱厂的销路继承了战前日商纱厂与客帮的商业合作关系，但也因战时特殊的环境而发生了若干变化。

（1）华北销路。战前沪上棉货市场最强势的客帮依次为广东帮、川帮、天津帮、汉口帮等各帮，以天津帮为首的北帮不过仅居第 3、4 位而已。1938 年年初，上海战事甫经平定，各路客帮重返沪市，日商纱厂销路逐渐复苏。至 3 月时，日商纱厂所产棉纱"每月尚出不满三千多包。前东（洋）纱本还存二万余包，今亦悉数售完。其去路大都天津去其半，余皆销于南洋等帮"[1]。显然，当时日商纱厂的生产元气尚未回复，北帮对其存纱的吸收，使之生产大受裨益。因受华北金融体系之变动及日军华北棉统制之影响，北帮一扫战前颓势，大举来沪采购，一跃成为推动日商纱厂华北销路的最大客帮势力。1938—1939 年华北市场基本为日商纱厂垄断，由表 3-6—表 3-8 1938 年、1939 年上海流入华北的棉产品，可以推测皆为日商纱厂的产品。表 3-6—表 3-8 上海 1939 年流入华北的棉纱、粗细斜布量较 1938 年明显增加，说明 1939 年北帮对日商纱厂棉纱与高档棉布采购的活跃程度，均要超过 1938 年，1939 年可谓北帮在沪棉货采购最为活跃的一年。1940 年 6 月以后，华北日军严格取缔上海与华北间的易物交易，北帮从此一蹶不振，采购活动日趋式微，表 3-3 中 1940 年上海流入华北各种棉货的量与值较前年锐减即可反映这一现象。北帮的凋落使日商纱厂的华北销路饱受影响，这一销路延至 1940 年 6 月末基本断绝。

（2）华中销路。因日军对长江中下流域的封锁及在当地施加的各种经济统制，日商纱厂丧失了战前大部分的华中销路。不过，1939 年南京、芜湖等长江下游沦陷区与宁波、温州等浙东游击区内不复存在国货检查制度，日商纱厂生产的棉布得以乘机大量流入，因而出现了表 3-6—表 3-8 中 1939 年上海运往华中的市布、粗细布量较前年大幅增加的现象。1939 年 9 月以后，在日军的操控下，大量日本国产棉布涌入华中沦陷区内，当地日商纱厂产品遭到驱逐。1940 年以后，日商纱厂的华中销路虽未彻底阻绝，但在流入量上完全受日军统制。

---

[1]　上海社会科学院经济研究所编：《荣家企业史料》（下册），上海：上海人民出版社，1980 年，第 69 页。

（3）华南销路。1938年，日商纱厂产品因国统区内各级海关国货审查制度的严厉执行，经由海路流入华南的数量极有限，这一时期流入华南的主要为华商纱厂产品，华商棉货基本独占西南市场。1939年以后，国民政府对国统区内国货的审查较战初有所松动，日商纱厂利用沪上织布、染布行业的暗箱操作，将产品混入华商纱厂产品中，经由汕头、香港等地流入西南内地。至1939年夏，"上海风起云涌之染织厂，平时皆用东洋匹头印之后，加用自己牌号，冒充国货在市出售，盛销于西南，故全市所销之布匹，百分之七十至八十是东洋货"[1]。当时日商纱厂产品流入西南地区的数量之巨，即"约计有90万锭日商在上海以及邻近区域所经营或代理的纱锭，供给着中国沦陷区域以外居民的所需"[2]。显然，1939年以后，在南帮的推动下，西南销路已间接成为日商纱厂的重要销路，这条销路可谓日商纱厂的"暗线"销路。至1940年秋，由于日军对华南要港的严厉封锁，南帮中除香港帮外其余势力皆退出上海市场，日商纱厂的华南销路大不如前。至太平洋战争爆发前夕，日商纱厂仅依赖香港帮的走私，少量产品流入华南地区，勉强维持其微弱的华南销路。

（4）南洋销路。自1938年以来，日商纱厂通过南洋帮的运作得以将产品陆续销往中国台湾、泰国、新加坡等地，至太平洋战争爆发前这一销路始终不绝。日商纱厂自1941年年初囿于国内市场之逆境形势，开始重视利用香港帮、南洋帮开拓南洋销路。不过，由于南洋帮对棉纱支数要求较高，即使加上沪上华商纱厂、英商纱厂各棉纺势力对南洋的出口，"此新市场之纳胃，至多仅占（上海）总产量百分之五六"而已，可以想象，日商纱厂的南洋销路相对于其他区域的销路而言，极其狭小，当居于次要地位。[3]

纵观1938—1941年日商纱厂大宗产品销路的变迁，可以发现日商纱厂产品的区域流向与各帮的关系（表3-9）。

表3-9　1938—1941年日商纱厂产品销路的变迁与客商关系表

年份	主要销路区域	客帮与经手产品
1938	华北、南洋	北帮（棉纱）、南洋帮（棉布）
1939	华北、华中沦陷区、南洋	北帮（棉纱、棉布）、浙东诸帮（棉布）、南洋帮（棉布）
1940	华南、南洋	香港帮（棉纱、棉布）、南洋帮（棉纱、棉布）
1941	华南、南洋	香港帮（棉纱、棉布）、南洋帮（棉纱、棉布）

---

① 《华厂已有办法》，《申报》1939年6月24日。

② 《上海棉纺织业之面面观》，《经济丛报》1940年11月。

③ 《纱市新闻知识》，《申报》1941年6月23日。

需指出的是，华北日军的统制和华中日军的封锁，时严时宽，唯根据日本对华战略需要而变动，大致 1938—1939 年尚宽而 1940 年后趋严。所谓封锁线，更非疏而不漏，中国海岸延绵数千里从无彻底封锁之可能，小宗日商纱厂产品利用各种渠道渗入内地的现象，是日军无论如何也无法阻绝的。

第七节　沪上同业对日商纱厂市场的影响

1937—1941 年，日商纱厂产品的市场行情除受客帮活动之影响外，沪上同业对其具也有极重要的影响。沪上同业大致由两类商人构成：一为从事织布、染布行业的商家，日商纱厂的产品是他们生产加工的原料，他们对日商纱厂的产品具有实质性需求；二为沪上各类棉货投机商，他们大多从事买空卖空、囤积居奇等的投机活动，无论华纱还是日纱，只不过都是他们随心所欲的投机资本而已。

对于第一类商人，当市场上日商纱厂的棉纱价格高昂时，他们往往改购华商纱厂生产的棉纱，而当华纱转跌为涨时，日纱即又受到他们的青睐。他们的交易活动，往往导致日商纱厂与华商纱厂产品的行情此消彼长。这一类商人的采购活动，可以视为日商纱厂销路在本埠的延伸。

对于第二类商人，他们通过投机活动引发华商纱厂产品漫无止境地暴涨，间接影响日商纱厂产品之市场行情。[1]太平洋战争爆发的前夜，投机商人能够左右上海棉货市场行情，并使之变化万端，这样的实力并非一蹴而就。从战前的纱交风潮，到战时投机的兴起、兴盛、极盛，投机商对日商纱厂产品的影响力的扩展，具有一个历史过程。

1938 年 3 月，随着日商纱厂全面复苏，沪上投机商的活动也开始兴起。6 月沪上一些日本商人大量购入日商纱厂棉纱，恶意抬高纱价，这次投机影响虽然有限，但已开战时投机之先声。自 1939 年 9 月浙东华南沿海港口相继为日军攻陷，沪上华商纱厂销路唯剩海防及香港等远线，棉产品无法大批运出上海，孤岛内外遂成囿户世界。9 月中旬欧洲战争爆发，沪上投机商的投机目

---

① 在大多数的情况下，华商纱厂产品的价格约比日商纱厂高出两成左右。因而在上海棉产品市场上，华商纱厂产品所受投机交易的直接影响，较日商纱厂产品更甚。参见张朴：《战时中国棉纺织业的演变》,《工商天地》1948 年第 5 期。

标也有转移之势，据《申报》观察，"以前恃扒购外汇为致富捷径者，今则一变而为为商品之囤积矣。良以投机家预测欧战发生，洋货输入将较以前困难，物价必趋上游，有利可图，于外汇之买风顿减"[①]。显然，1939 年 9 月以后，沪上投机家对外汇之兴趣已转移至商品实物上，棉货遂成其投机之首选。至 1940 年春初，据调查估计，上海市场上已有棉纱 25 万包存于投机者手中[②]，这一时期投机商已初步具有左右棉市走势之实力。

自 1940 年下半年起，上海棉业的投机势力因本埠证券、黄金投机商人的加入而更为强大，这当然是上海棉纺织业的销路难以拓展，市场存纱大量囤积、游资泛滥多重作用的结果。或许是一个粗疏、间接的研究，若将华商纱厂棉纱 1940 年 1 月—1941 年 10 月每月上海同业成交量与总成交量（笔者注：这一时期沪上各类投机商已成同业主力）的比值进行统计，就可以看到如下的比值情况（表 3-10），它体现了这一时期上海投机势力的活跃程度。

表 3-10　1940 年 1 月—1941 年 10 月历月同业成交量与总成交量比值表

单位：包

月份	1940年			1941年		
	A 同业成交量	*B* 总成交量	*A/B*	*A* 同业成交量	*B* 总成交量	*A/B*
1月	27 790	40 070	0.69	89 570	95 226	0.94
2月	36 245	42 390	0.86	166 493	176 995	0.94
3月	44 817	57 470	0.78	175 280	186 441	0.94
4月	40 630	56 145	0.72	137 980	154 437	0.89
5月	25 325	40 381	0.63	248 100	262 330	0.95
6月	33 215	43 717	0.76	199 935	224 965	0.89
7月	30 045	46 096	0.65	142 575	160 745	0.89
8月	40 550	53 860	0.75	165 400	176 208	0.94
9月	53 195	68 654	0.77	179 520	194 765	0.92
10月	119 850	140 638	0.85	235 800	236 981	0.995
11月	135 950	149 294	0.91			
12月	120 180	132 908	0.90			

资料来源：各数据系笔者对《申报》、《商业新闻》中 1940 年 1 月—1941 年 10 月每日交易量的统计

从表 3-10 可以看到，1940 年 5 月同业成交量与总成交量的比值升至 0.63，随后比值每月皆居其上。至 1940 年 10 月之后，同业交易量已基本占到至少

---

① 《法币对外价值变动及其原因》，《中国经济评论》1939 年第 1 卷第 1 期。

② 《上海目前之棉花业》，《经济丛报》1940 年第 26 期。

总交易量的 9 成以上。1940 年 5 月以前，上海一般商人的投机对象多集中于英商纱厂与华商纱厂，因为日商纱厂产品几乎全部通过日商洋行与华中各地（即指沦陷区）单独贸易，很少给予投机商人机会[1]，故而日商纱厂产品的价格涨跌幅度均较华商纱厂为小，这也说明其受投机势力的影响也较华商纱厂为小。然而，自 1940 年 10 月后，同业交易几占总交易量的全部，沪上投机商的势力达到极盛，投机交易成为影响沪上纱价升跌的最根本原因。由于内地销路大减，上海囤货大增，日商纱厂产品已不可避免地受沪上棉纱市场风向所左右，从图 3-2 就可看到，日商纱厂产品的涨幅，并不亚于华商纱厂产品。1941 年以后，美棉进口剧减，日商纱厂生产的高支纱，往往为投机商人囤藏作为投机交易的筹码，投机势力对日商纱厂的影响日渐加深，可以看到图 3-2 中 1941 年以后日商纱厂高支棉纱产品（如丰年 42 支纱）的价格急剧攀升。自 1941 年 5 月以后，上海投机商一日之内买进万包以上棉纱的现象屡见不鲜，这些买进的棉纱根本无法运出上海，在买空卖空的期货交易中，日商纱厂的市场彻底陷入了空洞化的深渊。

若对日商纱厂市场行情变动加以宏观的理解，自 1938 年 3 月日商纱厂产品的市场逐步复苏以来，至 1940 年 5 月期间因实销旺盛而推动的繁荣，一般可视为"生产繁荣"；而 1940 年 10 月—1941 年 12 月太平洋战争爆发之前，日商纱厂产品的市场所谓的繁荣，不过是由沪上投机势力哄噪而成的"投机繁荣"。

第八节　市场销路对日商纱厂生产经营的影响

1937—1941 年，面对市场销路发生的深刻变化，日商纱厂企业的生产取向有无发生转变？日商纱厂的生产率又发生了如何的变化？这些变化在其利润状况中又如何体现？通过对这些问题的解答，我们可以更为明了日商纱厂在市场销路发生重大变动时在生产经营上作出的应对。

（1）棉纱支数的变动。1938 年—1940 年 5 月，北帮对沪上棉纱的需求对于日商纱厂的影响，主要体现于日商纱厂棉纱生产取向发生的转变。由于华北气候较华中地区寒冷，民众需纤维较粗之棉产品御寒，故战前青岛日商纱

---

[1] 《上海棉纺织业之面面观》，《经济丛报》1940 年第 30 期。

厂生产的棉纱支数，往往对应华北市场之需要，其生产主力多集中于中等粗度棉纱。1934—1936 年，青岛日商纱厂所产棉纱平均支数在 22.1—23.7 支，明显低于上海日商纱厂平均 29.4—32.8 支的水平[①]，青岛、上海两地日商纱厂在棉纱生产取向上的差异，从根本上说体现的是各自所属市场对棉纱支数的不同需求。然而 1937 年 12 月青岛日商纱厂全部被毁，华北棉纱市场出现严重的供给不足，空缺的市场如何得以填补？从以下 1938—1940 年上海日商纱厂棉纱生产情况表（表 3-11）中可以看到一些端倪。

表 3-11　1938—1940 年度上海日商纱厂棉纱生产情况表

时间		产纱总量（捆）		产纱平均支数	
1938年	上半期	97 762	281 271	31.75	29.3
	下半期	183 509		27.95	
1939年	上半期	183 444	356 114	30.92	31.4
	下半期	172 670		31.93	
1940年	上半期	330 827.5	579 243.5	30.9	28.7
	下半期	248 416		28.2	

资料来源：1938 年、1939 年上海日商纱厂平均棉纱支数据根据《上海邦人纺 1939 年度一年间生产量报告》中的年产量计算而得；1940 年之数据，参见森时彦：《中国近代棉纺织业史研究》，书末附表，第 454—455 页

从表 3-11 可以看到，1938 年下半期日商纱厂棉纱生产的平均支数，是1938 年—1940 年 6 期中最低的一期，而这一时期恰恰又处于青岛日商纱厂市场彻底出现真空，而北帮在沪上市场极其活跃的时段，这是否可以说明上海日商纱厂为顺应华北市场的急需而特意在生产取向上扩大了对 16 支、20 支纱的生产呢？[②] 不过，1938 年的平均支数并未过低，这说明日商纱厂仍维持了相当量的细纱生产。通过表 3-1 与图 3-2 可以看到，1938 年日商纱厂 32 支细纱价格的涨幅与中低支粗纱相比极为有限[③]，说明日商纱厂细纱的市场供求

---

① 〔日〕森时彦：《中国近代棉纺织业史研究》，京都：京都大学学术出版会，2001 年，第 454—455 页。

② 根据《上海邦人纺 1939 年度一年间生产量报告》中关于 1938 年、1939 年上海日商纱厂各种纱产量的统计，1938 年下半期，上海日商纱厂共生产 16 支纱 24 230 捆、20 支纱 80 878 捆，前者占当期总量的 13.2%、后者占 44%。具体数据参见在华日本纺织同业会：《在华纺统计缀》，S15—4，日本大阪大学附属图书馆藏。

③ 42 支水月（内外棉）1938 年 1 月均价 392 元 / 包，至 8 月为 471 元 / 包；60 支彩球（内外棉）当初为 624 元 / 包，8 月时均价 751 元 / 包。其涨幅均明显低于同期的中纱。数据均参见〔日〕上海日本商工会议所编：《上海日本商工会议所年报》（1938 年度），书末附表。

关系仍处于一个较合理的状态，从而体现了日商纱厂在细纱生产上的延续性与稳定性。细纱生产领域自战前即为日商纱厂的生产强项，其所生产的细纱，主要供自厂与沪上织布行业生产高档细布之用，显然，战时日商纱厂倾注于细纱的生产模式，并未因战争的爆发而发生多少变化。

1939 年上下两期及 1940 年上半期，日商纱厂的棉纱生产平均支数基本维持在 31 支左右，这意味着华纺的棉纱生产取向比较固定化，而这一时段内它的销路较为稳定，市场也相对繁荣。不过，若通过观察表 3-12 中 1940 年上下期各月棉纱平均支数的变动情况，即可发现上海日商纱厂在 1940 年上半期棉纱生产的平均支数偏高，其中市场销售棉纱的平均支数更高达 35.1 支。尤以 1940 年上半期日商纱厂的棉纱生产支数，甚至超过了 1939 年的平均水平。

表 3-12　1940 年各月上海日商纱厂棉纱生产情况表

单位：捆

时间	销售棉纱		厂内用纱		月合计	
	产量	平均支数	产量	平均支数	总产量	总平均支数
1月	26 185.5	36.2	27 732	26.5	53 917.5	31.2
2月	24 386	36.7	25 179	27.1	49 565	31.8
3月	26 724.5	36.3	26 814	27.4	53 538.5	31.9
4月	28 478.5	35.4	28 151	27.7	56 629.5	31.6
5月	30 807	33.5	29 084	26.1	59 891	29.9
6月	28 882	32.8	28 403	25.4	57 285	26.1
7月	25 068	32.6	27 207.5	25	52 275.5	28.7
8月	24 925.5	32.3	26 163	24.5	51 088.5	28.3
9月	22 462.25	32.7	25 741	24.3	48 203.25	28.2
10月	14 888	32.1	17 114	24.2	32 002	28
11月	15 592	30.7	15 977	24.8	31 569	27.7
12月	17 164.5	31	16 113	24.8	33 277.5	28
全年	285 563.75	33.8	293 678.5	25.8	579 243.25	29.7

资料来源：日本在华纺织同业会编：《在华纺织统计缀》，1940 年度各月统计，参见〔日〕森时彦：《近代中国棉纺织业研究》，第 499—513 页；应说明的是，本表数据与《日本上海商工会议所年报》相比偏高，而与《棉市周报》统计相比，本表 1940 年 4—6 月日商纱厂的生产棉纱数又偏低，或因单位换算误差所致

日商纱厂年初棉纱生产支数偏高的现象，从侧面反映了当时日商纱厂再次扩大了对 32 支以上细纱的生产比重，当时《申报》关于日商纱厂大量吸收

生产高支棉纱所需美棉的报道，也可印证这一现象。[①] 这一生产比重上的变动，主要是为了顺应这一时期销路上的变化。1940 年年初，由于国内长江流域（汉口、长沙等地）销路的不畅，日商纱厂减少了原本流向华中的粗中纱的生产，开始重视向南洋等地出口高支细纱的生产。[②] 不过，日商纱厂 1940 年上半期生产的棉纱平均支数始终未能超过 40 支，这似乎意味着棉纱高支化的现象仍得以控制，从侧面说明日商纱厂仍维持了一定比例的粗、中纱生产，而这部分粗、中纱主要用于厂内粗布织造，或作为销售棉纱流入天津、香港等地。与棉纱销路变化不同的是，1940 年年初日商纱厂棉布销路似未发生明显变化，始终畅销于华北内地，"改头换面之东匹，印上国货标记，运往内地者，为数仍在不少"，而市场上北帮采购日布依旧殷切。日商纱厂对棉布，尤其是对在华北市场上广受欢迎的粗布的大量生产，明显制约了其棉纱生产向高支化进一步发展的倾向。1940 年下半期，由于外棉进口的减少、各地销路的阻滞、减产计划的大举实施，日商纱厂棉纱生产的平均支数有所回降。

综上所述，自 1938 年 3 月日商纱厂恢复生产至 1940 年 10 月大幅减产为止，棉纱支数在生产取向上基本经历了一个由低至高、稳定、再由高至低的变化过程。总体而言，日商纱厂棉纱支数的变化幅度是较小的。战时销路、市场的突发性变动，虽一定程度上影响到了日商纱厂产品的生产取向，但并未彻底改变日商纱厂长年形成的生产惯性。

（2）企业生产率的变化情况。通过高村直助的研究成果，我们可以看到 1938—1941 年上海、青岛、天津三地日商纱厂的生产率（即操业率）呈现出如图 3-3 所示的发展态势。

由图 3-3 可见，上海日商纱厂生产率的变动轨迹，与天津、青岛日商纱厂的差距极大。上海日商纱厂生产率的曲线呈现出三个发展阶段的变化：① 1938 年 10 月—1940 年 4 月，除 1939 年中期若干月份外，上海日商纱厂基本保持了接近 100% 的生产率，这一期间基本与上海日商纱厂的市场繁荣期、饱和期相对应，也是战争爆发以来上海日商纱厂销路的最佳时期。② 1940 年 5—10 月，上海日商纱厂的生产率急剧下落，至 10 月时已低于华北日商纱厂，而这一时期上海日商纱厂的市场行情虽然高涨，但销路已经不畅。③ 1940 年

---

① 关于这一时期，日商采办美棉交易独健的情况。可见《申报》1940 年 3—4 月诸报道。

② 上海日本商工会议所编：《上海日本商工会议所年报》（1940 年度），第 71 页。1940 年 2—3 月，一些日商纱厂对生产高支棉纱的外棉积极采购。当时"申新及裕丰日厂采办，皆系三十二支及六十支原料"。参见《申报》1940 年 3 月 14 日。

11 月—1941 年 12 月太平洋战争爆发，上海日商纱厂进一步扩大减产，生产率缓慢下跌，这一时期市场投机兴盛而销路却极为低落。可以看到，上海日商纱厂的生产率变动情况与其销路的扩张状况是对应的。

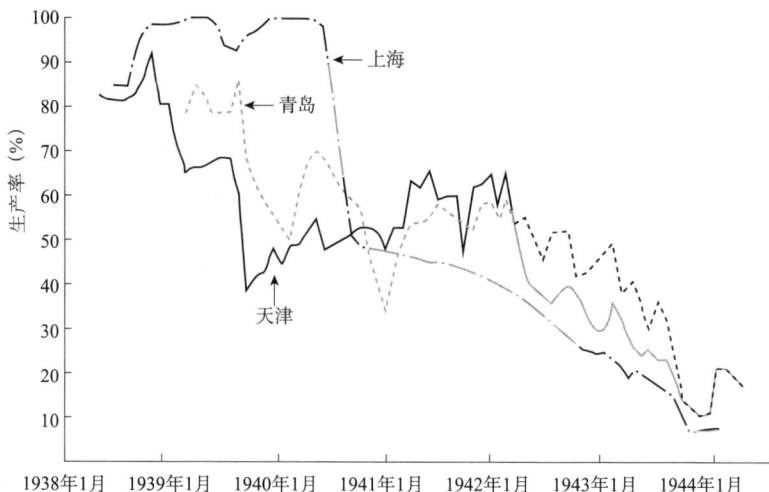

图 3-3　战时上海日商纱厂生产率走势图（1938—1944 年）

资料来源：〔日〕高村直助：《近代日本棉纺织业与中国》，第 240 页

值得注意的是，面对市场、销路的变动，战时日商纱厂的生产率仍体现出了高度的集团性。1938—1941 年，上海日商纱厂各企业基本受同业会各项生产指令的影响，在生产活动上采取统一行动，同业会的卡特尔组织效力较战前更为强化。我们不妨以内外棉战时各时期生产率进行剖析，如表 3-13 所示。

表 3-13　战时内外棉各地纱厂的生产率情况表

时间	日本国内纱厂	上海纱厂	青岛纱厂	大连（金州）纱厂
1939年上半期	64%	加工70%、棉纺100%	棉纺80%、织布60%	（4月以后）60%
1939年下半期	（9月以后）61%	（期末）加工90%、纺织100%	83%	（9月以后）50%
1940年上半期	70%	100%	67%	52%
1940年下半期	（期末）53%	66%	79%	50%
1941年上半期		50%		
1942年上半期				40%
1942年下半期	24%			40%

资料来源：桑原哲也：《日商纱厂的组织能力——两次大战期间的内外棉会社》，《经营学论集》2004 年第 1 期

通过表 3-13 的数据可以看到,内外棉上海纱厂的生产率,在 1939—
1941 年的任何一个时期,均要高于内外棉在日本国内及在伪"满洲国"的
纱厂。1940 年下半期,由于受上海日商纱厂集体减产的影响,内外棉上海
纱厂的生产率开始低于青岛纱厂,上海纱厂的生产优势不再。数据表明,
即使是同一日商纱厂企业不同地区的纱厂,受到其所属同业会支部生产统
制的影响,生产活跃程度也完全不同。另外,通过将表 3-13 各时期的数据
与图 3-4 相比较,又可看到,内外棉上海、青岛纱厂各时期的生产率分别
与同时期上海、华北日商纱厂整体的生产率基本趋同,这意味着战时日商
纱厂企业自身的生产活性已无法伸张,各会社的生产规划完全受制于同业
会的统制。显然,战时日商纱厂的生产活动未能使人感受到多少自由经济
的气息,日商纱厂企业生产的高度统一性,是这一时期束缚日商纱厂生产
自由化的主要原因。

(3)企业利润上的变化。那么 1937—1941 年日商纱厂企业所获利润情况
又如何呢?通过表 3-14 可以看到这一期间主要日商纱厂的利润率情况。

表 3-14　1936—1941 年日商纱厂各社利润率表

单位:%

时间	上海纺	公大纱厂	内外棉	日华纺	同兴纺	东华纺	裕丰纺	平均
1936年上	46.5	29.6	27	10.1	14.6	16.2	22.3	21.5
1936年下	50.3	29.8	26.4	14.3	16	0.4	20	22.4
1937年上	72.2	38.2	45.7	2.9	29.4	22.6	22.2	32.3
1937年下	22.9	28.2	25.5	−92.9	35.4	−3.4	21.8	11.4
1938年上		−258.1	28.3	2.4	7.6	−21.8	23.8	−40.4
1938年下	−15.7	47	37	73.2	28.3	14.5	40.5	51.8
1939年上	74.9	59.3	81.7	29.4	37.8	29.7	37.7	38.9
1939年下	111.6	83.7	57.3	101.6	44.4	26	43	61.1
1940年上	164.4	133.7	57.2	103.8	51.5	31.4	45.4	72.5
1940年下	185.1	261	56.1	84.3	52.9	35	139.2	124
1941年上	278.13	124.5	54.1	62.8	42.3	31.7	68.5	67.2
1941年下	431.4	141.7	44.5	69.2	43.4	35.1	65.7	68.5

资料来源:〔日〕高村直助:《近代日本棉纺织业与中国》,第 125、267 页;上表中除上海纺以银两计算
利润率外,其他 6 家日商纱厂以日元计算,故平均数为去掉上海纺数据的加重平均数

从表 3-14 可见,除 1938 年上半期 7 家主要日商纱厂的利润率出现负值外,
其余各时期均为正值。应该说,1938—1941 年日商纱厂能从中国市场获取如
此丰厚的利润,生产规模庞大、长期维持 100% 生产率的上海日商纱厂,是

为日商纱厂集团创造利润的主力军。若以表 3-15 内外棉的情况为例，即可看到，战时内外棉上海纱厂产品的销售额，约占内外棉全体纱厂产品销售总额的 59%—73%，内外棉从其上海纱厂中获取了最多的利润。

表 3-15　内外棉各地工厂产品销售额情况表（包括在伪"满洲国"的工厂）

单位：日元

年度	上海纱厂		青岛纱厂		金州纱厂		在华纱厂合计		全体纱厂合计	
	金额	比例（%）	金额	比例（%）	金额	比例（%）	金额	比例（%）	金额	比例（%）
1936年上	19 319 281	53	8 404 457	23	5 288 659	15	32 844 176	90	36 440 336	100%
1936年下	23 731 711	58	7 633 008	19	5 866 483	14	37 231 202	92	40 640 078	100%
1937年上	—									
1937年下	9 119 502	35	3 578 965	14	8 853 093	34	21 551 560	83	26 092 498	100
1938年上	6 890 296	34	0	0	9 528 195	47	16 418 492	82	20 144 883	100
1938年下	22 800 745	63	0	0	10 307 462	29	33 108 207	92	36 119 113	100
1939年上	15 408 929	52	1 060 350	4	9 880 214	34	26 349 493	90	29 401 859	100
1939年下	16 930 296	59	2 718 218	9	6 291 642	22	25 940 156	90	28 771 852	100
1940年上	48 110 565	73	6 459 520	10	8 550 539	13	63 120 625	96	65 925 041	100
1940年下	51 466 281	68	10 061 712	13	11 183 853	15	72 711 845	96	75 487 918	100
1941年上	36 255 353	64	8 004 507	14	9 446 057	17	53 705 917	95	56 730 060	100
1941年下	41 584 562	66	8 654 155	14	9 917 348	16	60 156 065	96	62 683 439	100
1942年上	159 246 018	66	18 769 639	—	8 156 043	—	—	—	—	—
1942年下	115 239 028	—	8 576 374	—	8 797 460	—	—	—	—	—

资料来源：桑原哲也：《在华纺的组织能力——两次大战期间的内外棉会社》，《经营学论集》2004 年第 1 期

　　1938—1941 年是日商纱厂谋取巨利的年代，即使一些技术落后的日商纱厂如东华纺等，也皆在战时扭亏为盈。而表 3-15 并未列出的丰田纺，据其原管理干部的回忆，自成立以来仅有一期利润为负增长，其余皆为正增长，这当然也包括了其战时的情况。[①]

　　在表 3-14 中，7 家日商纱厂的利润率以 1940 年下半期为最佳，达到124%，然而，这一时期恰恰是上海日商纱厂销路出现不展、大幅减产的时

————————

① 〔日〕桑原哲也笔录、富泽芳亚：《在华纺勤务 27 年的回忆——稻叶胜三采访录》，1974 年采访稿，《近代中国研究汇报》2011 年 3 月，第 33 号。

期。为什么日商纱厂的生产经营情况会与利润情况背离？结合 1940—1941 年上文所述沪上投机商的活动情况，即可发现，1940 年 10 月后沪上投机商对日商纱厂产品价格的高涨起到推波助澜作用，日商纱厂从商业投机中获取了庞大利润，1940 年 10 月以后日商纱厂从"投机繁荣"中获取的利润，显然较此前依靠客帮销路的更为可观。在 1941 年日商纱厂大幅减产的情况下，当年上下两期仍取得了 67.2% 与 68.5% 的好成绩，这只能说明日商纱厂的利润已彻底依赖市场的投机交易所推动了。

应说明的是，1940—1941 年获取较高利润率的日商纱厂，如上海纺、公大纱厂、内外棉等，皆是有能力生产高档棉产品、实行生产多样化的大型棉纺企业。以 1935—1941 年内外棉上海纱厂的生产销售情况为例，如表 3-16 所示。

表 3-16　内外棉上海纱厂各棉产品销售情况表

年度	棉纱生产		棉布生产		加工棉布生产		其他棉产品生产		合计	
	金额	比例（%）	金额	比例（%）	金额	比例（%）	金额	比例（%）	金额	比例（%）
1935年上	—		—		—		—		—	
1935年下	7 606 522	32	2 535 148	11	13 612 337	57	0	0	23 754 006	100
1936年上	6 928 948	36	1 899 466	10	10 490 867	54	0	0	19 319 281	100
1936年下	7 353 198	31	1 971 157	8	14 349 061	60	58 296	0	23 731 711	100
1937年上	—		—		—		—		—	
1937年下	3 795 113	42	910 852	10	4 581 742	50	0	0	9 119 502	100
1938年上	2 661 500	39	1 855 474	27	2 373 322	34	0	0	6 890 296	100
1938年下	9 025 992	40	6 041 034	26	7 733 718	34	0	0	22 800 745	100
1939年上	7 119 783	46	1 795 952	12	6 492 836	42	358	0	15 408 929	100
1939年下	7 608 388	45	1 614 462	10	7 477 910	44	229 537	1	16 930 296	100
1940年上	22 630 296	47	9 540 773	20	15 397 484	32	542 008	1	48 110 565	100
1940年下	24 131 000	47	6 764 283	13	19 342 852	38	1 228 147	2	51 466 281	100
1941年上	15 160 425	42	7 488 204	21	12 912 048	36	694 676	2	36 255 353	100
1941年下	16 072 613	39	5 798 182	14	19 310 802	46	402 965	1	41 584 562	100

资料来源：桑原哲也：《日商纱厂的组织能力——两次大战期间的内外棉会社》，《经营论集》2004 年第 1 期

可以看到，在战时内外棉上海纱厂的各种产品销售额比例中，棉布与加工棉布的销售额始终高于棉纱。换言之，比棉纱具有更高附加价值的棉

布（包括加工棉布）销售额，成为内外棉上海纱厂产品销售额的主体，即高档棉布的销售额成为内外棉上海纱厂从市场获取利润的最主要来源。从内外棉的个案或可使我们看到，大型日商纱厂企业生产多样化、产品高档化的特点，并未因战时环境而改变，而正是这些特点又一定程度上确保了日商纱厂在战时动荡的市场环境中能够遍地开花、左右逢源，并获取大量可观的利润。

第九节　本章小结

从日商纱厂的产量来看，战时日商纱厂棉纱产量自 1938 年起逐年增加，1940 年达至顶峰，此后有所跌落，如表 3-17 和表 3-18 所示。

表 3-17　1938 年 7 月—1939 年 6 月三地日商纱厂生产情况

项目	男工（人）	女工（人）	原棉消费量（担）	棉纱生产量（俵）	棉布生产量（匹）
上海日商纱厂	12 216	44 374	2 717 663	366 911	12 621 155
青岛日商纱厂	10 778	8 267	292 141	51 041	1 019 736
天津日商纱厂	12 361	8 319	696 508	89 292	4 037 512
合计	35 355	60 960	3 706 312	507 244	17 678 403

资料来源：〔日〕上海日本商工会议所编：《上海日本商工会议所年报》（1938—1941 年各年度），书末附表

表 3-18　1939 年 12 月—1940 年 11 月日商纱厂生产情况

项目	男工（人）	女工（人）	原棉消费量（担）	棉纱生产量（俵）	棉布生产量（匹）
上海日商纱厂	8 900	21 639	2 221 351	453 646	12 022 087
青岛日商纱厂	7 328	6 247	554 457	79 549	3 773 089
天津日商纱厂	9 546	8 247	551 662	54 990	4 144 890
合计	25 774	36 133	3 327 470	588 185	19 940 066

资料来源：〔日〕上海日本商工会议所编：《上海日本商工会议所年报》1938—1941 年各年度

1941 年 1 月—1941 年 12 月日商纱厂生产情况，如表 3-19 所示。

表3-19　1941年1月—1941年12月日商纱厂生产情况

项目	男工（人）	女工（人）	原棉消费量（担）	棉纱生产量（俵）	棉布生产量（匹）
上海日商纱厂	8 533	18 488	1 356 164	248 342	7 351 561
青岛日商纱厂	6 807	6 543	490 815	54 647	3 254 926
天津日商纱厂	11 064	8 416	609 072	62 529	4 106 892
合计	26 404	33 447	2 456 051	365 518	14 713 379

资料来源：〔日〕上海日本商工会议所编：《上海日本商工会议所年报》（1938—1941年各年度），书末附表

　　上海日商纱厂的产量增加情况，与其销路的畅通程度基本是对应的。日商纱厂若要将如此庞大数量的棉产品运往各大区域，必须依赖客帮庞大的商业网络体系，可以说客帮的活动维系了战时日商纱厂销路的畅通。另外，上海日商纱厂通过沪上同业对其产品的投机交易，谋取了丰厚的利润。我们似可得出一个结论：客帮的采购活动是维持战时环境下日商纱厂实际销路最重要的生命线，而沪上同业投机则是其获取财富之根本利薮。战时日商纱厂的生产取向，虽然因战时市场销路变动而有所调整，但是战前形成的生产惯性仍对其具有很大的约束。面对市场销路的变动，日商纱厂各企业均受制于同业会的统制，采取卡特尔式的集团化生产经营，日商纱厂作为经济个体的活力，已远不如战前。

　　最后，值得一提的是，太平洋战争爆发之后，汪伪政权成立"上海棉业统制委员会"，通过该会收购所有沪上之纱。沪上日商洋行利用军部特殊许可证，将每月日军配发之棉纱、棉布运至苏州、无锡、常州等地分行销售，从而换回当地的粮食、油类、杂货等生活物资。日商洋行的活动，使沪宁、沪杭一带纱布行业再度悄然兴起，当地的纱布商人利用多种渠道，从日商手中获取之纱布，并使之源源不断流入内地。[1]抗日战争后期，在极严苛之统制条件下，客帮亦得利用一切之可能条件，而使沪上棉产品如涓涓细流般流向国内各地，抗日战争前期传统的客帮势力与日商纱厂产品的深刻联系，又以另一种形式复活。

---

① 汪鸿荪：《旧上海棉纱行业概述》，上海市政协文史资料委员会编：《上海文史资料存稿汇编》（6），上海：上海古籍出版社，2001年。

第四章

日商纱厂与原棉问题

1937—1941 年，华北、华中各地棉产区饱受战祸影响，棉农弃作，棉田荒芜，历年棉产均较1936年出现大幅减少，而日军又于沦陷区内对棉花生产、收购、运输、分配上实施统制，从而导致中国棉纺织业出现严峻的原料短缺。虽然日商纱厂对日军的原棉统制政策给予资金及行动上的支持，但是日商纱厂的生产活动本身亦深受日军统制之负面影响，其与日军的矛盾不断激化，日商纱厂与侵华日军在国棉统制上的合作与对立，使我们从另一视角——原料供给与消费，去理解战时日商纱厂的生存状态。通过分析日商纱厂对各类原棉吸收与消费的情况，可以使我们了解原棉问题对战时环境下的日商纱厂究竟造成了何等的影响，日商纱厂的生产经营对此作出了怎样的应对。

第一节　战前全国棉产的好转

1931—1935 年，国内棉花年产量除 1934 年小有丰收外，均处于低迷状态。在市场上，国棉供给短缺，棉价居高不下，纱厂棉产品价格却因内地民众购买的衰退而低落，由此出现"花贵纱贱"的现象。20 世纪 20 年代以来，西北等地虽已逐渐培育出能够纺细纱的改良型棉花，然而因军阀割据、交通阻滞，大多难以运至沿海的棉纺织业地带。日商纱厂面对国棉供给不足，只能选择以外棉补充。不过，正如第一章中所述，随着 1936 年全国棉产大丰收的到来，市场上的国棉再度充裕起来。

1936 年全国棉产出现的丰收，与国民政府采取积极的棉花增产政策密不可分。针对 1931 年以来国内棉花产量减少对中国棉纺织业造成的冲击，国民政府于 1933 年 10 月成立了全国经济委员会棉业统制会。次年又从中美棉麦借款中特支 50 万美元，用于国内植棉改进事业，国民政府另派遣调查专员分赴各地实地调查，俾作日后改进棉产之准绳。[①]国民政府开展的这场棉花种植改进运动，在棉种改良、棉田推广、棉花运销合作等方面，皆取得了一定成效。当时中国棉产地大致可分为两大区域，即长江流域之华中棉产区与黄河领域之华北棉产区。1932—1937 年历年华北、华中棉田面积及棉花产量变化情况如表 4-1 所示。

表4-1　1932—1937年历年中国棉产区别棉田面积及籽棉产量表

项目			1932年	1933年	1934年	1935年	1936年	1937年
棉田面积（亩）	全国	实数	27 099 800	40 454 023	44 971 264	35 025 894	56 210 742	64 362 385
	华北区	实数	17 126 155	18 604 371	22 899 773	14 637 383	28 939 430	35 809 233
		区亩数占全国亩数之比例（%）	46.16	45.99	50.92	41.79	51.48	55.64
	华中区	实数	19 973 685	21 849 652	22 071 491	20 388 511	27 271 312	28 553 152
		区亩数占全国亩数之比例（%）	53.84	54.01	49.08	58.21	48.52	44.36
棉花产量（公担）	全国	实数	8 105 637	9 774 207	11 201 999	8 142 911	14 508 230	10 651 181
	华北区	实数	3 860 812	4 777 841	6 799 747	4 045 083	7 173 331	6 167 294
		区产量占全国产量之比例（%）	47.63	48.88	60.68	49.68	49.44	57.9
	华中区	实数	4 244 825	4 996 366	4 404 252	4 097 826	7 334 899	4 483 987
		区产量占全国产量之比例（%）	52.37	51.12	39.32	50.32	50.56	42.1

资料来源：华北棉产改进会调查科：《华北棉产进会业务概要》，北京：华北棉产改进会，1940 年，第 56 页

1936 年，全国棉花全年产量达到 1460 万担左右，是抗日战争前最好的纪

[①]　参见朱斯煌：《民国经济史》，上海：银行学会，1948 年，第 323 页。

录。1936 年华北植棉事业发展尤为迅速，除棉田数量较前年大幅增加外，产量占全国总量的比例，继 1934 年后再次超过华中。这表明中国的棉产中心出现由长江流域的华中区域渐移至黄河流域的华北区域的趋向。1936 年全国棉花的大丰收，是国民政府棉业统制会一系列努力的成果。

然而棉花产量的大丰收，却使日商纱厂与日本当局的矛盾隐现。1936 年 9 月，日本驻上海领事馆商务书记官岩井光次郎预计，当年棉花的产况，将带给日商纱厂乃至中国棉纺织业一次重要的发展契机。在给日本外务省的调查报告中，他写道："预计此新棉将获巨大丰收，从而使（1）上海、汉口及其他地区休业的华商纱厂得以复工；（2）青岛、天津等地的纱厂增加纱锭枚数；（3）印度棉的进口得到抑制，国棉的国内消费将有相当增加。"岩井光次郎意识到，丰收后的国棉，除满足国内棉纺织业需要外，其消费的另一出路为向日本出口，他认为，

> 棉花这种并非中国所独有的物资，如通过出口与日本建立紧密联系，（日本）就能对此广阔地域内的民众进行掌握牵制……鉴于中国持续对棉花栽培投入努力的目前形势，（日本）若对此加以协助及采购的话，既可确保从邻国获取原料，又可将势力渗入农村，进而改善民众对日观念。故必须使纺织业者及棉花商人避免烦躁，忍受牺牲，积极投入促进中国棉花出口的战略。[①]

这位日本在华外交官已看到，1936 年国棉产量的大丰收，将对日商纱厂的扩张战略与日本对华经济关系的调整形成良性影响。但是，他又担忧随着日商纱厂的扩张，对国棉需求的激增，必将会对国棉的对日出口造成负面影响。

1937 年，上海、天津等地棉花市场上国棉的供给量极大，仅上海一地棉花库存即达 7 万担，国棉的价格保持低落。另外，已订货而未到港的美棉、印度棉等外棉，又达 10 万担之多。[②]1937 年世界棉市整体不景气，世界印度棉、美棉行情持续走低，津、沪棉花市场上的外棉价格十分疲弱。国棉、外棉价格的低落，刺激了日商进一步扩大生产规模的欲望，正如岩井光次郎所设想的，当时天津、青岛日商纱厂正在积极筹划新一轮的扩张。

然而，1937 年北京郊外"卢沟桥事变"与上海"八一三事变"的爆发，使

---

① 《关于中国棉花出口可能数量与促进出口之策略》，1936 年 9 月 25 日，在华日本纺织同业会上海支部：《上海会议录》，Ⅱ—1—24，日本大阪大学附属图书馆藏。
② 〔日〕上海日本商工会议所编：《上海日本商工会议所年报》（1937 年度），第 5 页。

天津、上海、青岛三地日商纱厂相继停产，沪、津棉花市场交易宣告中止，大量原棉封存厂内以俟战事结束。当时中外纱厂预计，1937 年全国棉产总额完全可以满足自给需要，或许因战争停产还将导致棉花过剩[①]，然而随着日军对沦陷区内棉花从生产、收购、运输、供给等诸环节实行统制，他们的乐观估计宣告破灭。

第二节　日军华北棉运出、配额统制对日商纱厂的影响

　　1937 年前，华北棉主要包括河北、河南、山西、山东、陕西等 5 省的产棉。根据表 4-1 所示，1935 年 5 省棉产仅 404 万担，1936 年却达 717 万担，1937 年亦达 678 万担。明显可以看到，1936 年、1937 年这两个年度的棉产量，较 1935 年激增，其中占产量 70%—80% 的棉花被用于市场交换。抗日战争爆发后，华北除陕西省外，各大棉产区均陷于日军之手，华北大部棉花的生产、运输、交易遂被日军控制。

　　日商纱厂的生产自战前即需大量华北棉的供给。由于 1936 年以来华北棉产的提高、棉质的改善，不仅天津、青岛两地日商纱厂对华北棉的需求日益殷切，甚而上海日商纱厂对华北棉的吸收也十分重视。战前，上海日商纱厂生产细纱及织布所需的山东美种棉及河南灵宝棉，通过中日棉花商的采购，源源不断流入，华北棉已在上海日商纱厂的原棉消费中占有相当重要的位置。至 1938 年年末，同业会上海支部故称："本来对于华北棉花，上海方面不甚关心，近年由于华北棉的改良增产，棉花品质不断向上，结果成为上海方面用于织布原纱不可以或缺之原料。华北棉之用量因而显著增加，因事变（指'卢沟桥事变'——笔者注）导致灵宝棉、郑州棉之输入中绝，以至今日吾等深感华北棉花之需要。"[②]可以看到，由于运输中断等原因导致华北棉短缺，一度令上海日商纱厂感到焦虑。

　　除了战事对华北棉的供给造成负面影响外，华北日军实施的战时华北棉统制政策，是导致日商纱厂棉花供给失衡的重要原因。战时华北日军的统制政策，主要目的在于满足日本国内棉纺织业对华北棉的进口需求。

---

① 《本年的棉花究竟有过剩吗？》，《大公报》（汉口）1937 年 10 月 31 日。
② 《第四十三回会议报告》，1938 年 11 月 2 日，在华日本纺织同业会上海支部：《上海会议录》，Ⅱ—1—66，日本大阪大学附属图书馆藏。

众所周知，日本本国棉产极少，根本无法维持国内棉纺织业及军火工业的用棉需要，其棉纺织业的生产经营，皆需依赖外棉进口。华北棉作为日本实施战时物资动员计划迫切需要的国防资源，自战前即为日本觊觎。然而华北棉的对日出口，并不能按日本之随心所欲进行。一方面因其产量有限，无法满足所需；另一方面也因当地日商纱厂确实存在生产消费上的需要，日本必须兼顾在华日本企业的利益。为了保障足够数量的华北棉对日出口，日军可谓绞尽脑汁，竭尽所能。

1938年3月，日伪政权控制下的"中国联合准备银行"宣布发行可与日元等值兑换的"联银券"，华北通货体系成为日元流通圈的一环。伪券既与日元等值，就意味着日本从华北进口物产无需支付任何外汇，这为日本掠夺与进口华北棉花大开方便之门。1938年9月，日本政府在华北棉进口问题上指出："内地军需特免品所用之原棉，虽在技术上不应使用中国棉而应使用埃及棉，但暂时只能在数量上寻求中国棉的供给方法，如此，方可使我国于国际收支上处于最妥当之地位。因而对华北棉的统制实属必要。"[1] 日本政府为尽量避免外汇的消耗，决定日本军需及国内棉纺织业生产所需的原棉，原则上均依靠进口华北棉来解决。[2]

可以看到，战争爆发后的第一年，即1937年9月—1938年8月，天津市场上华北棉供需关系的情况如表4-2所示。

表4-2　1937—1938年天津上市华北棉供需关系表

供给（A）	需求（B）
天津市场原有棉：11万担 华北各地上市棉如下： 河北棉145万担 山东棉60万担 河南棉45万担 合计：261万担	天津当地纺织消费：45万担 运往日本：125万担 运往朝鲜、伪"满"：13万担 运往欧美：10万但 运往上海：25万担 合计：218万担
供给（A）—需求（B）=43万担	

资料来源：《第十三回委员会报告》，1938年8月15日，在华日本纺织同业联合会编：《在华纺织同业会大阪本部会议录》，Ⅱ—1—67，日本大阪大学附属图书馆藏

---

[1] 《第十九回委员会报告》，1938年10月22日，在华日本纺织同业会大阪部编：《在华纺织同业会大阪本部会议录》，Ⅱ—1—67，日本大阪大学附属图书馆藏。

[2] 《1939年夏季调查报告》，〔日〕神户商业大学编：《海外旅行调查报告》，神户：神户商业大学研究所，1940年，第409页。

从表4-2可见，这一时期华北棉的上市量，基本可满足日本出口与日商纱厂生产的需要。但需考虑的是，运往上海的25万担华北棉，并不能代表上海日商纱厂的真正需求。事实上，1938年上半期上海日商纱厂因战前存棉并未耗尽，对华北棉的实际需求尚属有限。

1938年8月，天津市场上剩余的43万担华北棉，以及河北各沦陷区内14万担的留存棉，可供日本出口及各类纱厂所用的华北棉，也仅57万担左右。这些棉花量若要满足至新棉上市为止近3个月内，日本、中国、朝鲜、伪"满洲国"各地日资纱厂约73.5万担的需求，其中差额必须由进口外棉来弥补。而在以上各地日资纱厂的需求中，日本国内纱厂即占50万担左右，成了华北棉最大的需求方。在日本国内纱厂的大量需求下，1938年8月以后华北棉的供需关系开始变得紧张。

战争初期的华北，因商业交易手段的落后，棉花往往充作各类市场交易或支付劳动力的"货币"。日伪政权虽反复宣传"联银券"可与法币等价兑换，然而伪券在华中毫无作为货币的效力，为了避免南北货币差异而在汇兑上造成的损失，上海日商纱厂通过与华北客帮易物交易的形式获取华北棉，上海日商纱厂将生产的棉产品直接换取华北客帮手中的华北棉，华北棉事实上充作日商纱厂与客帮交易的"物资货币"。为了避免大量华北棉运出华北，便于集中对日出口，日军逐步对华北棉的运出实施统制。

1938年11月末，日方授意华北伪政权"临时政府"公布《棉花输出许可暂行条例》，强行对棉花运出实施统制。日伪的统制伊始尚不严厉，仅在沿海通商口岸限制棉花的出口，华北客帮仍可将小股棉花通过各种渠道，源源不断地运至上海等地。然至1939年以后，因战地军需，虽日军允许华北棉可于华北内部自由交易，但严禁民间商人将其从天津等口岸运出[①]，从而导致大量华北棉囤积于天津等地，客观上为大宗华北棉的对日出口创造了条件。

自日方宣布对华北棉实行运出统制以来，上海日商纱厂的生产即受到严重影响。上海日商纱厂与北帮维持的所谓易物交易，除为上海日商纱厂获取生产必需的华北棉外，原本另有一层重要经济意义，即上海日商纱厂可利用北帮之影响力，打开产品在华北的销路。1939年以后，上海日商纱厂无法从北帮获取华北棉，其产品的华北销路随即出现萎缩。除运出上的统制外，在战时华北棉产量极为有限的情况下，如何维持华北棉的对日出口第1位，并兼顾当地日商纱厂的生产需要，华北日军还必须对华北棉实行严格的配额统

---

① 《八一三以来日本在华北之贸易统制》，《中国经济评论》1939年11月。

制。因而华北日军关于华北棉分配额的划定，成为日商纱厂关心的另一重要问题。

1938 年 12 月，华北日军与日本企划院首度共同制订了关于各地区华北棉配额比例的计划。当时日方预计 1938 年 9 月—1939 年 8 月这一年间的华北棉产约可达 330 万担，这些棉花主要供出口日本、伪"满洲国"及华中华北日商纱厂的需要。华北日军与日本企划院两经协商后的分配额情况，如表 4-3 所示。

表4-3　华北日军、日本企划院制定华北棉分配
比例方案（1938.9—1939.8）　　　　单位：千担

项目	华北日军方案	企划院第一方案	企划院第二方案
日本国内	1453	1453	1303
伪"满洲国"	387	561	561
华北	1360	1058	1178
华中	100	228	258
合计	3300	3300	3300

资料来源：《第五十五回会议报告》，1939 年 1 月 6 日，在华日本纺织同业会上海支部：《上海会议录》，Ⅱ—1—66，日本大阪大学附属图书馆藏

虽然各地华北棉的分配额度，名义上由制订日本物资动员计划的企划院所决定，但实际上华北日军在具体配额划定上，具有实质性的决定权。从表 4-3 可见，在华北日军的分配额中，华中所占比例较少而华北偏多，体现了华北日军对当地日商纱厂的地缘照顾。华北日军的这种照顾，当然出于自身利益的考虑，因为当时维持华北民生最低的棉花消费约为一年 170 万担，如果低于此数字，华北民生物资即会出现大量短缺，日军在华北的统治将会陷入"治安危机"。[①]企划院第二方案，是在上海日商纱厂的强烈要求下经过协调后的结果，故而对上海日商纱厂的利益有所兼顾。即便如此，无论是华北日军还是企划院制订的配额方案，都与上海日商纱厂的实际用棉需求相差甚远，分配于上海日商纱厂的华北棉，根本无法维持其正常的生产所需[②]，上海日商纱厂必须另谋他径。华北日商纱厂相对于上海日商纱厂而言，虽从配额

---

① 《华北棉业政策的转换》，《大日本纺织联合会月报》1939 年 12 月 20 日，第 566 号。

② 以上海日商纱厂为例，1938 年 7 月—1939 年 6 月上海 9 家日商纱厂平均一月消耗华北棉达 76 629 担，则分配其华北棉之份额至多仅供其 3 个月所需。参见《上海在华按原棉品种每月平均消耗量》，在华日本纺织同业会编：《在华纺织事业缀》，亚洲历史资料中心，B06050470100。

中获取了较华中宽裕的原棉量，但这些量也仅够维持数月生产所需，此后再无法从正常渠道获取大宗的华北棉。当企划院方案尚未出台时，天津日商纱厂于1938年9—12月几乎保持全运转状态，不久分配的原棉份额，即告罄尽，1939年年初起天津日商纱厂即必须以限产、减产的形式，应对原棉的不足。事实上，1939年华北实际棉产远低于日军所估，以上分配方案于1939年后基本无法实施。

由于1939年后华北实际棉产的减少，日军对华北棉的配额统制完全将上海日商纱厂排除在外，对华北日商纱厂的配额也减去许多。以日军1939年4—8月的再次分配额而论，当时日军预想可获得华北棉100万担左右，除去必须出口日本之67万担及运往伪"满洲国"的若干数量外，可供华北日商纱厂生产所需的量仅277 327担。[1] 这样的数量，当然无法满足华北日商纱厂生产所需。除配额统制外，华北各地运至天津的棉花还必须以低廉的价格被军方强制收购充作军用，这进一步加深了华北日商纱厂的生产危机。

1940年，华北棉产进一步减少，华北日商纱厂获取原棉的渠道更为艰难，华北日商纱厂不得不将生产的纱布与上海日商纱厂手中的各种棉花交换，维持生产设备的基本运转。以青岛日商纱厂为例，当时被迫实行了减产40%—50%的计划。然而，即使维持如此低的生产率，因山东棉大量减产，青岛日商纱厂也只能从华北获得原所需棉花量的20%左右，而其余所需的40%—50%的原棉，不得不从上海方面获取，结果导致其原供给华北市场的60%—70%的产品流向了上海市场。[2] 这种以纱布换棉花的交易形式，因不会消耗日本的外汇，得到了日本政府与华北日军的默许。1940年以后，华北、华中地区的物价高涨，若将原已价格高昂的国棉大量出口日本，不仅将进一步刺激华北物价的上升，也将间接导致日本内地的通货膨胀，华北日商纱厂只能采取"无论如何，必须以货物来换取棉花"的策略，来维持易物交易。[3] 而这种模式虽然暂时避免了货币危机，但必然导致部分产品流入重庆国民政府控制的国统区内，成为国民政府抗战的物资基础。故日本兴亚院规定，华北日商纱厂储备的外棉及华北棉，在总量上不得超过维持6成生产所需的量，意图从根本上限制华北日商纱厂的产量。然而，即使为了满足这一最低限度，华

---

[1] 《关于1939年4—8月华北棉比例之件》，在华日本纺织同业会天津支部：《1939年度事务成绩报告书》，Ⅳ—116，日本大阪大学附属图书馆藏。

[2] 〔日〕松崎雄二郎：《青岛的现状》（1940年度），青岛：日本青岛商工会议所，1941年，第136页。

[3] 《围绕中国棉花的诸问题》，《大日本纺织联合会月报》1941年8月25日，第586号。

北日商纱厂在 1940 年 9—12 月仍需进口外棉达 50 万—60 万担。[①]1940 年 9 月以后，日军对国统区实行大规模的经济封锁，日军严格控制日商纱厂的棉产品流入国统区内，即便易物交易的形式，也为日军所严禁。随着法币一再贬值，这一时期上海日商纱厂获取外棉日趋困难，加之运往华北的运输成本过高，1940 年年末华北、华中日商纱厂间的易物交易已基本销声匿迹。[②]另外，由于日本加快实现华北棉增产计划，1941 年华北棉的产量略有恢复，当年中国对日出口棉花 180 万担左右，其中华北棉即达 60 万—70 万担。[③]由于华北棉产量的提高，不仅华北棉对日本出口的需求被再度唤起，而且日军对华北日商纱厂的华北棉供给量也有所增加。在 1941 年华北棉 212 万担的实际配额中，华北日商纱厂的配额达 116 万担[④]，显然 1941 年华北日商纱厂获取的华北棉份额较 1939 年时大大提高。

从 1938—1940 年日本对华北棉的配额统制来看，华北日军始终将对日出口作为其对华北棉实行统制的首要目的，而对日商纱厂的用棉需求，则尽可能加以限制。结果 1939—1940 年华北日军对华北棉的搬出与配额统制，导致了天津、青岛日商纱厂生产的不振，促使了上海日商纱厂对其战前用棉方式的转变。1941 年以后，由于华北棉产的恢复，虽然日本当局对华北日商纱厂的配额有所放宽，但是上海日商纱厂仍无法从日本当局的配额统制中获取华北棉，上海日商纱厂只能依赖对华中棉与外棉的采购维持生产。

第三节　日商纱厂对日军华北棉收购、增产统制的协助

　　华北日军为实现华北棉的对日大量出口，自 1938 年起即在华北各地设立一系列关于棉花收购的统制机构。1938 年 3 月，华北开发株式会社首先成

---

① 《许可华北纺织的外棉进口》，《大阪每日新闻》1940 年 6 月 29 日。

② 《第四十九回会议报告》，1940 年 11 月 23 日，在华日本纺织同业会编：《在华纺织同业会通牒缀》，S15—Ⅳ—13，日本大阪大学附属图书馆藏。

③ 《在华需求概要》，在华日本纺织同业会编：《1941 年度事务成绩报告》，无档案号，日本大阪大学附属图书馆藏。

④ 《16—17 年棉花年度华北棉比例配额表》，日本在华纺织同业会编：《在华纺织事业缀》，亚洲历史资料中心，B06050464300。

立一家经营棉花的子公司——华北棉花会社，并由该社从事棉花仓储、包装、统一规格等业务，兼及收购棉花。另外，日伪控制下的天津等地零散的各类棉花同业组合等，也承担若干棉花收购业务，战前天津日商纱厂原有意设立一综合的棉花收购机构，终因棉花商的顾虑而未能成功。[1] 战争爆发后，日本国内对华北棉的需求剧增，而华北棉产量有限，华北日军的收购统制基本依靠强制手段。1939 年 5 月，华北日军规定："凡远到津部之棉花，须按五十元一担之价格，强制售于军部，风声一播，棉花来源逐渐减少，津地纱厂所需，亦不能供给。敌人无法可想，乃授意各厂商，联合组织，派员往彼方所认为之'贼匪区'（即游击区）照市价（约七八十元一担）收买。"[2] 由于日军强制以低价收购，棉农不欲将棉花卖出，日军的收购效果并不理想，这又导致华北日商纱厂无法获得基本生产所需之棉花。1939 年 5 月，日伪政权于北平成立华北棉花协会，该会对华北内地的棉农实行所谓一元化的收购统制，日军意图通过一个总的统制机构，取代零零散散之小机构，按规定价格强行垄断棉花收购，尽可能多地从华北民间掠取棉花。日商纱厂积极参与了这一机构的筹建，很多华北日商纱厂的企业代表兼任该协会的干部甚至会长职务 [3]，日商纱厂在棉花采购上，也受该协会的约束，该协会会规明确规定："纱厂及出口商若非通过本协会购入棉花，即不得使用或出口棉花。"[4] 由于这一规定，战时日商纱厂的华北棉流入渠道发生巨变，情况如图 4-1 所示。

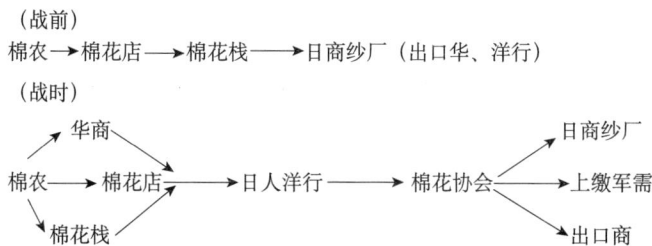

（战前）

棉农→棉花店——→棉花栈——→日商纱厂（出口华、洋行）

（战时）

棉农——→棉花店→日人洋行——→棉花协会 → 华商 / 日商纱厂 / 上缴军需 / 出口商 （棉花栈）

图 4-1　战前与战时华北棉流入日商纱厂渠道变动图

---

[1]　纺织杂志社编：《大陆与纤维工业》，东京：纺织杂志社，1939 年，第 74 页。

[2]　《徐堪就华北华中金融情形复浦心雅函》，1939 年 5 月 8 日，重庆市档案馆等编：《四联总处史料》（上），北京：档案出版社，1993 年，第 408—409 页。

[3]　天津与青岛日商纱厂大多数的董事或干部，均在"华北棉花协会"担任职务。其中天津公大纱厂董事足立茂，还担任"华北棉花协会"的会长一职。参见中西利八：《中国绅士录》，东京：满蒙资料协会，1942 年，第 384 页。

[4]　《1939 年夏季调查报告》，〔日〕神户商业大学编：《海外旅行调查报告》，神户：神户商业大学商业研究所，1940 年，第 422 页。

华北棉花协会成立后，华北日商纱厂及日本各大洋行皆为其下属会员，华北各地华人棉花商（花行、棉花捐客、轧花店、棉花贩等）也有入会者，有的还充当日籍会员的承办商。这些华人棉花商深入内地收购棉花，成为该协会获取棉花的最主要渠道。[①] 战前，国民政府于 1933 年设立棉业统制委员会，该会在华北农村广泛推行棉业合作社制度。棉业合作社的设立与运作，对华北棉业优良品种的推广培育，棉花交易多余环节的排除，棉农植棉积极性的提高，以及小农棉作资金的改善融通等方面，均起到了一定成效[②]，建立了基层棉农与政府之间双向沟通的渠道，这一渠道在战时也为日军所利用，成为日军掠夺棉农在基层的据点。至 1940 年年初，华北地区的河北、山东、山西、河南 4 省沦陷区 77 县中，共有合作社 2387 家，其中战时日军设立者 1433 家[③]，这些新旧合作社成了日军棉花收购网络的末梢。

日商纱厂始终参与了华北棉花协会的收购活动，除了委派各级干部对该机构进行管理外，日商纱厂还直接派员参与某些地区的棉花收购。1939 年年末，华北棉花协会在山西地区的棉花收购工作，即由日商纱厂管理下的太原纱厂、榆次纺织厂、新绛纺织厂直接于各县设点收购，避免了诸种中间环节。为避免日商纱厂间因竞争提高棉价，华北棉花协会还特别划定了这 3 家纱厂收购的大致地区范围。[④] 不过，由于这 3 家军管工厂的规模较小，日商纱厂在山西直接收购的棉花数量是极其有限的。

华北棉花协会对华北棉花的收购不甚理想，最重要的原因在于，协会规定的收购价格远低于市价。由于收购价格过低，日伪政权必须以强制手段进行收购，这必然遭到了棉农的强烈抵抗。以天津日商纱厂生产的 20 支中纱为例，1939 年售价约每包 700 元，而协会的原棉收购成本却仅 100 元左右，天津日商纱厂生产的 17 支粗纱，价格较战前已上涨 185%，原料细绒棉花的收购价格却较战前仅上涨 0.8%[⑤]，收购价格与物价涨幅之严重背离，导致棉农蒙受巨大损失。这种低价政策又与日军的封锁外运互为表里，"在此求大于供的状态下，于是棉价高涨，此时日本所期低价吸购国棉之计划上发生了很大的阻碍，因之禁止出口，使所有的棉花，囤积在各区域内任其自信跌价，日本

---

① 浅田乔二等：《1937—1945 年日本在中国沦陷区的经济掠夺》，袁愈佺译，上海：复旦大学出版社，1997年，第 8—9 页。

② 《华北棉花概况》，《大日本纺织联合会月报》1938 年 2 月 15 日，第 544 号。

③ 《民国二十九年度华北棉产改进会事业计划》，《大日本纺织联合会月报》1940 年 5 月 25 日，第 571 号。

④ 王士花：《华北沦陷区棉花的生产与流通》，《清华大学学报》2008 年第 5 期。

⑤ 中央档案馆等编：《华北经济掠夺》，北京：中华书局，2004 年，第 794—795 页。

即能尽其所欲，将低价的棉花收购运往日本"[①]。日伪华北棉花协会的掠夺性收购，使棉农宁可将棉花屯藏或投入手工织布等家内行业也不愿低价卖于日伪，以1939年为例，退出市场的华北棉，预计就达100万担之多。[②] 虽然日军自1938年年末即着力于恢复河北北部、山东内陆（胶济沿线）等棉产区的社会治安，但是华北游击战对棉田的破坏，中共领导的抗日根据地严禁棉花运往沦陷区内[③]，1939年秋天津一带大洪灾对棉花生产的打击，华北棉花协会的收购计划屡屡受挫。据华北日军统计，1939年的华北棉产为132万担，而次年的棉产也仅144万担，1938—1941年日军对华北棉的收购比率呈逐年下降态势，具体如表4-4所示。

表4-4　战时华北棉产量及收购量情况表（1937—1941年）

单位：千担

年份	棉产数量（A）	收购数量（B）	收购比率（B/A）
1938	2709	2676	98.9%
1939	1319	1208	91.6%
1940	1440	1127	78.3%
1941	2994	2209	73.7%

资料来源：浅田乔二等：《1937—1945年日本在中国沦陷区的经济掠夺》，袁愈佺译，上海：复旦大学出版社，1997年，第32页

　　由于华北棉花协会的收购成绩不佳，日军对华北棉实行统制之根本目的——对日出口，趋于恶化。因华北棉产量的急剧减少，对日出口自1939年以后即完全陷入停滞状态，1939年上半期全国对日（包括出口至日占的大连等地）棉花出口仅61 545担，这个量与1938年同期的680 710担相比，尚不及10%，当时棉花对日出口转至上海地区，上海港的出口量即达56 922担[④]，成为国内对日华北棉出口的最大基地。

---

① 《日纱厂所受津花统制苦痛》，《申报》1939年1月3日。

② 《华北棉业政策的转换》，《大日本纺织联合会月报》1939年12月20日，第566号。

③ 　中共冀中抗日根据地规定严禁棉花外流，"禁止运出所有物资，尤其对棉花严加管理，当发现运出者，便以汉奸论处"。参见日本防卫厅战史室编：《华北治安战》（上），天津政协编译组译，天津：天津人民出版社，1982年，第167页。

④ 《1939年上半期全华棉花、棉纱、棉布出口各国表》，在华日本纺织同业会编：《在华纺织事业级》，亚洲历史资料中心开放档案，B06050470100。中国棉的对日出口主要集中在下半年，当年1939年的中国对日棉花出口为1 081 058担，仅占日本原棉进口的10%左右，参见田中义英：《中国的棉花》，《大日本纺织联合会月报》1940年10月25日，第576号。

由于收购困难影响到对日出口，1939 年年末"华北棉花协会"调整了一些收购政策，其中包括：①废除棉花公定价格；②废除华北棉调整费制度；③严格检查配给于日商纱厂的原棉比例；④鼓励棉花商在收购中自觉地遵守低价协定；⑤棉花商具有向兴亚院汇报收购价格和收购量的义务，对棉农的不卖倾向加以抑制；⑥棉花商通过协会向在华纱厂暗示兴亚院所定的价格；⑦考虑到棉花行情对一般物价所造成的影响，最近成立的物价对策委员会对棉价作地方性的适当调整。[①] 以上政策的变更，说明了两点：①华北棉花协会限定的棉价开始允许松动；②日本军政当局对棉花流入日商纱厂的状况加强了监督。这些政策 1940 年大部分得以落实，故 1940—1941 年日军的华北棉花收购量较前一时期确有所增加。由于棉花收购价格的提高，日商纱厂在原料采购上的支出增加，但是华北棉调整费的取消，又一定程度上减轻了日商纱厂采购的负担。总体而言，华北棉花协会收购政策上的改变，对日商纱厂较为有利，因为棉花收购量的增加在一定程度上提高了日军对华北日商纱厂的棉花配额，天津、青岛日商纱厂从中可获取更多的华北棉，因而随着华北棉花协会棉花收购量的增加，从图 3-3 中可以看到，1939 年年末以后生产处于低谷的华北日商纱厂，其生产情况自 1941 年年初亦有所好转。

战时，日商纱厂对日军的华北棉增产统制，亦有所投入。战前，日本各界已意识到日本对华北棉的索取，应建立在华北棉大规模增产的基础之上，故对华北棉的增产计划十分关心。1935 年日本曾与华北地方政府协商，拟对山东等地的棉花增产投入种植技术上的支持。同年，南满洲铁道株式会社下属"兴中株式会社"成立，其业务之一即开发和改良华北棉花。[②] 但战前日本对华北棉增产事业的资金投入并不多，因"事变前日本国内纱厂织消耗的中国棉花不过仅占其全部棉花消耗量的十分之一以下，对于中国棉花增产的具体手段，也不过通过日本棉花栽培协会提供一年 50、60 万日元的资金而已，通过这一渠道提供的资金，不过也就四五年前刚开始"[③]。然而，为了满足战时日本对华北棉的需求，华北日军开始积极考虑华北棉花增产问题。日本棉业机关曾于 1938 年年末对未来华北棉的增产计划作过长期规划，在《华北棉花开发方策》中预测："华北通过第一次计划，至 1941 年为止，河北、山东、山西三省棉产额恢复到事变前的状态，再通过五年计划，以上三省与河

---

① 《华北棉业政策的转换》,《大日本纺织联合会月报》1939 年 12 月 20 日，第 566 号。

② 〔日〕中村隆英：《战时日本对华北经济的支配》，东京：山川出版社，1983 年，第 66 页。

③ 《围绕中国棉花的诸问题》,《大日本纺织联合会月报》1941 年 8 月 25 日，第 586 号。

南省的一部分，将现在的 400 万担增产至 1000 万担。"[①] 为了实现以上计划，1937—1940 年华北日军积极从事华北棉的品种改良、生产奖励、棉花收购、检验、原棉脱籽、轧棉、仓储等诸项业务，设立了林林总总的各种统制机关，这些棉花统制机关及其业务关系如图 4-2 所示。

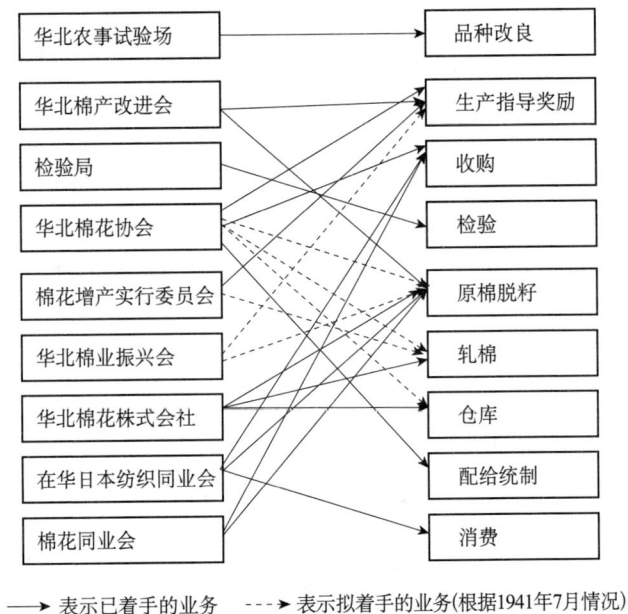

图 4-2　华北日伪棉花统制机关及其业务关系图

资料来源：多谷泰三：《阻碍华北棉花增产事业的诸因素》，《大日本纺织联合会月报》1941 年 9 月 25 日，第 587 号

为了维持诸多日伪增产机构的运转，日商纱厂对日军的华北棉增产统制计划投入相当的财力与人力，日商纱厂或担任以上机构的会员，或拥有股份，间接或直接地参与这些机构的运作。以华北棉业振兴会为例，该机构大部分的财源即通过向日商纱厂方面征收每担棉花 10 日元的捐款来维持，而华北棉产改进会也于 1940 年接受日商纱厂方面 100 万日元的捐款，用于开发华北的凿井工程。[②] 在日伪政权成立的大大小小的棉业统制机关中，日商纱厂委派了大量管

---

① 〔日〕饭岛幡司：《日本纺织史》，大阪：创元社，1949 年，第 413 页。
② 见多谷泰三：《华北棉花增产机关与增产现况（二）》，《大日本纺织联合会月报》1941 年 12 月 25 日，第 590 号；多谷泰三：《华北棉花增产机关与增产现况（三）》，《大日本纺织联合会月报》1942 年 1 月 25 日，第 591 号。

理人员于其中担任干部，指导实际的生产与管理工作。这些协助与投资莫不体现了日商纱厂对华北棉增产的高度关心，日商纱厂的投入当然只有一个目的，即尽可能多地从华北日军手中获得满足其生产所需的棉花。

然而，从图 4-2 可以看到，这些由日商纱厂直接或间接参与管理的棉花统制机关，业务相当庞冗，彼此间互相融资借贷，金融关系错综复杂，从而导致各机关在生产经营与金融管理上十分混乱。大小统制机关为了完成日军规定的指标，彼此间恶性竞争，各怀鬼胎，又造成了生产环节上的诸种浪费与管理的无序，即使棉花协会内部"大洋行对小洋行，棉花商对纱厂，当地纱厂对出口商，日商对华商都有着微妙的对立"[①]。由于统制机关的杂乱无章，华北的棉花产量又极不稳定，继 1941 年华北的棉产有所恢复后，1942 年华北棉产再次下滑，当年日军的实际配额约 180 万担，而华北日商纱厂所获取的份额仅 54 万担，这个数字较 1941 年的份额相差甚远。[②]

总体言之，日商纱厂对华北日军在棉花采购与增产上的统制，影响力不仅隐性而且极有限。除了天津日商纱厂对日军在华北棉的配额统制问题上稍有影响外，上海日商纱厂对于华北日军在华北的棉业统制根本无从置喙。我们可以这样认为，日商纱厂在日军的华北棉统制问题上，基本没有什么实质性的发言权。

第四节　日商纱厂对华中棉的采购与吸收

抗日战争爆发以来，上海日商纱厂因日军在华北实施的棉花运出与配额统制，所能获取的华北棉逐渐减少，直至断绝。淞沪会战之后，上海孤岛局面形成，租界内依然存在自由交易的棉花市场，华中地区各类棉花通过各种渠道流入上海，上海日商纱厂能够从中采购到大量的原棉。1938 年 10 月，广州、武汉沦陷，抗日战争进入相持阶段，国民政府宣布国统区内的棉花严禁运出或转口至沿海口岸，即使西南、华南等地棉产颇丰，当地棉花也几乎无法运至沦陷区内。在这一形势下，上海日商纱厂不得不依赖市场采购，以及

---

① 〔日〕纺织杂志社编：《大陆与纤维工业》，东京：纺织杂志社，1939 年，第 75 页。

② 《17—18 年棉花年度华北棉上市情况调查》，在华日本纺织同业会编：《在华纺织事业缀》，亚洲历史资料中心，B06050464300。

进口外棉来维持生产所需。战事爆发以来，华中棉产区因战事破坏、治安混乱，产量已大幅减少，由表 4-5 可见，1938 年是 1937—1941 年华中棉产量最低的一年。

表4-5   1936—1941年华中地区植棉情况表

单位：千亩，千担

项目		华中地区植棉情况（1936—1941年）							
		江苏	浙江	安徽	江西	湖南	湖北	四川	小计
1936年	棉田面积	10 401	1 718	1 404	227	8 883	736	3 902	27 271
	棉田产量	2 426	853	516	41	2 668	258	573	7 335
1937年	棉田面积	11 823	1 628	1 973	92	7 946	721	2 132	26 315
	棉田产量	2 331	496	515	23	1 517	149	270	5 301
1938年	棉田面积	7 095	700	519	82	7 152	728	2 070	18 346
	棉田产量	1 419	198	165	16	1 430	190	497	3 915
1939年	棉田面积	8 794	796	647	73	4 093	783	2 163	17 349
	棉田产量	1 759	296	223	15	819	230	579	3 921
1940年	棉田面积	8 943	1 309	880	78	4 903	785	2 723	19 621
	棉田产量	1 790	380	204	16	981	196	537	4 104
1941年	棉田面积	6 849	881	735	140	6 295	1553	1 824	18 277
	棉田产量	1 267	119	181	40	1 829	424	318	4 178

注：1936 年为老担、老亩单位，1937 年以后为市担、市亩单位。棉田产量当为籽棉产量

资料来源：朱斯煌：《民国经济史》，上海：银行学会，1948 年，第 325—326 页

1938 年后，华中棉产区大部沦陷于日军之手，华北棉的上市虽较战前困难许多，然而棉花商利用各种走私手段，千方百计地将华中棉产区内棉花运至上海交易，至 1941 年 12 月日军进驻上海租界，华中棉始终源源不断流入上海棉花市场。与天津棉花市场的黯淡相比，上海棉花市场呈现出十分活跃的姿态。

通州棉作为战时上海日商纱厂最主要的采购华中棉品种，其价格之波动与上海日商纱厂的采购积极程度有着密切关系。从图 3-2 可以看到战时各时期通州棉价格变化之情况。1938—1940 年，通州棉的价格走势除受外棉价格涨跌之影响外，只受上海日商纱厂用棉取向上之影响。1939 年以来，上海日商纱厂因外棉使用量增大，其生产基准中心渐从粗纱转向细纱，故对通州棉之需求，也呈渐减趋势，从而导致通州棉的价格上涨幅度要较外棉为小。虽然在上海日商纱厂的生产环节中，通州棉并不居首要地位，然而因 1939 年下

半年华北日商纱厂棉花供给出现短缺，上海日商纱厂不惜以美元结算的方式，对华北输出通州棉。1939 年下半年起，大量上海市场上的通州棉被运往华北。用以维持青岛、天津日商纱厂的生产。

自 1940 年 7 月起，上海日商纱厂逐步实行减产，这抑制了其对各种棉花的需求，当时通州棉行情受其影响极大。1940 年 9 月，棉纱价格与通州棉价格比值开始拉大，市场上出现"纱贵花贱"现象，这并非通州棉大量上市所导致，而是日商纱厂减产后市场上棉纱出现短缺所带来的后果。自 1941 年 3 月起，上海日商纱厂对棉花的收购，主要集中于能够生产细纱高支的外棉，对通州棉的使用大幅减少，市场上"各社大量库存，市中又不断到货，与外棉价格增加趋势相反，华中棉反呈减价态势"①。

1941 年 7 月下旬，美国、英国宣布冻结日本在其国的资产，上海外棉进口渐趋困难。这一形势促使日商纱厂扩大对以通州棉为主的华中棉的囤积，因而棉纱价格与通州棉价格之比例，自 1941 年 7 月始呈缩小趋势，9 月日伪政权当局突然宣布禁止上海各纱厂对通州棉的吸收，市场上通州棉的价格立现暴涨。

若从总体上把握 1938—1941 年沪上华中棉的行情动向，可以看到其价格除个别时期外，均处于缓慢上涨的态势。华中棉价格的上涨，固然与上海地区法币贬值、华中棉田减产、进口外棉价格高涨等因素有关，但也受到在华日资棉纺织企业间恶性收购竞争的影响。1938 年年末日本在伪"满洲国"的纱厂，因日本对华北的棉花统制，导致原料供给出现短缺，故从上海大量采购华中棉运往东北，沪上棉价一度上升②，因此上海日商纱厂一再向日本企划院要求，严禁在伪"满洲国"日资纱厂于沪上采购华中棉。可以看到，日资棉纺织业间对华中棉的争夺与竞争，一定程度上也影响了华中棉价格的起伏波动。

1938—1941 年，上海日商纱厂除从本地交易市场中获取华中棉外，另外可通过日军渠道获取华中棉。战前华中地区棉农手中的棉花，基本通过"集市贩子→花行或轧花厂→花号→中外纱厂"这一流通渠道，聚集于上海日商纱厂手中。战事爆发后，这条战前的自由收购渠道，因受战火影响而遭到破坏，随着日军对华中沦陷区内各种经济统制的不断强化，日军对华中棉的采

---

① 〔日〕上海日本商工会议所编：《上海日本商工会议所年报》(1941 年度)，第 136 页。

② 《第二十三回委员会报告》，1938 年 12 月 29 日，在华日本纺织同业会大阪本部：《在华纺织同业会大阪本部会议录》，Ⅱ—1—67，日本大阪大学附属图书馆藏。

购、运输施以直接统制，上海日商纱厂必须通过与日军进行诸种交易，方可获取日军手中的华中棉。

在华中棉的收购统制上，1938 年 8 月日伪政权成立类似于华北棉花协会之统制机关——华中棉花协会，日商纱厂所有会社均参与该会的筹备与运作，日商纱厂的入会与退会也均需获军方的许可。[①]华中棉花协会利用中日棉花商人至县乡各级合作社收购棉花，收购过程同样受到日军的严密监督与管制。日军对沦陷区内华中棉的收购统制方式也与华北类似，其所设统制机关对华中棉花的收购价格虽比华北略高，但远低于当地市场均价，因而华中棉农往往将棉花屯藏不售。导致华中棉农不愿售卖棉花的另一原因，在于华中棉在上海的行情价格与农村的物价水平产生了巨大的剪刀差，战时棉花收购价格虽受统制，但“乡间棉制品物价并不统制，其追随各生活必需品逐渐大涨，农民益以售棉不利，改为土纺土织，一经加工后，售出土纱土布，利益优厚，遂使民间存花亦难轻易上市”[②]。

由于日军的运输统制，上海日商纱厂在吸收华中棉上，并不较华商纱厂占有优势，反受日军的束缚。1938 年 10 月，华中日军公布《华中方面军占领地域内一般商品出入境取缔规定》，规定自该年 12 月起，棉花不得自由搬出华中沦陷区。在这条规定下，即使日本人棉花商也只能从华中棉业协会获取日军颁发的棉花运出许可证后，方可将沦陷区内的华中棉运往上海等地，而搬出棉花的一部分（最少 10%）必须以军方规定的价格转售于日军。[③]与华北棉花协会的统制目的不同，华中棉花协会的成立，主要是为华中日军尽可能多地获取军用棉创造有利条件。战时的日本并不考虑大量进口华中棉，因为华中棉的进口会消耗日本大量的外汇。相比已纳入日元圈之华北金融环境，日军对华中棉之采购、运输、出口诸环节皆需依赖法币结算，法币作为日本套取他国外汇之金融武器，故而日本尽量避免在对华贸易中流失手中的法币，

---

① 《1939 年夏季调查报告》，神户商业大学编：《海外旅行调查报告》，神户：神户商业大学研究所，1940年，第 422 页。

② 冯叔渊：《战前及现在之上海棉纺织业》，出版地不详，上海图书馆藏本，第 6 页。

③ 上海日商纱厂及日本棉花商先成立所谓行业组合，该行业组合受军方特务机关指导，为其收购军用棉，然该机构功能上与华中棉花协会有所冲突，不久并入后者。《第五十回会议报告》，1938 年 12 月 8 日，在华日本纺织同业会上海支部：《上海会议录》，Ⅱ—1—66，日本大阪大学附属图书馆藏；关于棉花上缴情况，参见《第三十三回会议报告》，1939 年 9 月 18 日，在华日本纺织同业会上海支部：《上海会议录》，日本大阪大学附属图书馆藏。

1941 年以前的日本政府，从未考虑大量进口华中棉。[①]1938 年 11 月，日军为促使尽可能多的棉花上市，从中获取充足的军用棉，一度规定除南京上游及汉口附近外，其余华中沦陷区内的棉花均可自由运至上海，这一规定与日军原实行的运输统制政策存在矛盾。在现实中，上海日商纱厂通过日军许可的运输渠道获得的华中棉数量极少。

日军对华中棉的运出统制，因华中特殊的政治经济形势成效甚低。华中日军虽规定各地棉花机构不得将华中棉私自售于上海华商纱厂，然而"江阴下游尤其是通州方面，华商通过利用外国汽船而采购棉花，故存在（华人棉花商）直接将华中棉运往上海卖于外、华人的实情"[②]。也就是说，日军对华中棉的控制，因英国、美国等国洋行势力的介入，而难以彻底实施，华人棉花商可以利用英国、美国等国商人享有的治外法权与内河航运权，而将沦陷区内的华中棉秘密运入租界而谋取暴利，而上海日商纱厂却因日军的种种运出统制与封锁，反而在获得华中棉上困难重重。[③]除公然利用外商运输之渠道外，运往上海的华中棉多为通州、太仓两地棉花及少量的上海本地南北市棉，故华商利用乡间水路等走私渠道，避开日军封锁线，而将棉花运入上海租界贩卖之情况屡见不鲜。在现实采购中，华商并不按日本限定的统制价格收购，其收购效果远较华北成功。据日商纱厂的调查，当时运至上海的华中棉，大都经华商之手而运入，仅 10% 左右由日本商社运入。[④]虽然华中日军明令日商将华中棉运入租界后，绝不可转卖于华商纱厂与英商纱厂，然而即使是日本商社也存在公然将棉花既卖于日商纱厂又卖于华商纱厂而谋取高利者。[⑤]

日商纱厂利用日军之运出统制，虽可获得一些华中棉，但也遭其价格统

---

① 村山高：《日华事变与中国纺织业》（二），《大日本纺织联合会月报》1939 年 2 月 15 日，第 556 号；《第十三回委员会报告》，1938 年 8 月 15 日，在华日本纺织同业会大阪本部编：《在华纺织同业会大阪本部会议录》，Ⅱ—1—67，日本大阪大学附属图书馆藏。

② 〔日〕兴亚院华中联络部：《以上海为中心的华中棉花情况》，上海：兴亚院华中联络部，1939 年，第 23 页。

③ 〔日〕上海日本商工会议所编：《上海日本商工会议所年报》（1939 年度），第 78 页。

④ 《关于在华中设立棉花统制采购会社》，1940 年 2 月 20 日，在华日本纺织同业会编：《在华纺织同业会通牒缀》，S15—Ⅰ—10，日本大阪大学附属图书馆藏。

⑤ 当时上海物产会社将棉花从江北的启东、海门方面收购后交于兴亚院，其中 15% 的棉花以 40 元价格上缴于军方，50% 卖于上海日商纱厂，45% 卖于租界内的华商纱厂。参见《第三十七回会议报告》，1938 年 9 月 28 日，在华日本纺织同业会上海支部编：《上海会议录》，Ⅱ—1—25，日本大阪大学附属图书馆藏。1939 年华中日军宣布自由开放长江下游地区的采购与货运，至 1941 年日本对进出入上海的货物实行严厉统制之前，华中棉通过中外商贩卖于上海日华纺织者比比皆是。

制之勒索而损失惨重。从同业会上海支部关于采购华中棉事项的诸多报告中可见，日商纱厂方面与华中日军曾多次反复交涉收购棉花的数量与价格问题。例如，1938 年 10 月日军攻陷武汉后，日军便积极谋取汉口租界存棉，持有这些存棉凭票的华商不少避难至上海租界内，上海日商纱厂在日军的指示下，出资收购这些华商手上的棉花凭票。然而日军限定每担收购价仅为 35 元，远远低于当时的市场价格[①]，因而棉花市价与收购价间的差额，就必须由日商纱厂与日本棉花商负担，这一情况多次发生于上海日商纱厂收购南京、九江等地的棉花中。另外，日军经常要求日商纱厂收购当地上市半数以上之棉花，却由日商纱厂承担大部分的货款，例如，1940 年 2 月日军以 500 万元军票预先购入汉口棉 4 万担，其中 2 万担转卖于上海日商纱厂，日军以每担 72 元的价格预先购入后，仍由日商纱厂承担每担 178 元的转让价格（合当时法币价 225 元）。[②] 日军通过在价格上的强制性规定，将收购所需的大部费用转嫁于日商纱厂，实际上即为对日商纱厂的变相掠夺。日商纱厂除了在棉花收购价格上必须满足日军之勒索外，还必须付出高昂的"调整费"。所谓的"调整费"，乃因棉产地与日商纱厂所在都市物价水平相差极大，故产地棉花价格比上海等地的市场价格要低廉得多，日军为避免市场高昂的棉价而使军票（及日币）变相贬值，故在棉花交易中对日商纱厂征以平衡地区棉价差异的特殊税。1939 年 10 月，日军在华中各地推行军票一体化政策，军票作为沦陷区内唯一的支付通货，每当军票价格高腾时，日商纱厂在华中棉的采购问题上即饱受其苦。如 1941 年日商纱厂预计购入华中棉 72 万担，每担即需承担军票 20 元的调整费，结果日商纱厂必须负担的调整费高达 1440 多万元之巨[③]，而当时军票对法币汇率处于高位，日商纱厂还必须因汇兑蒙受另一笔损失。日军以军票结算之形式，施于日商纱厂的诸种勒索，既使军票融入了日商纱厂的经营活动，同时又无形中提高了日军对上海日商纱厂的控制力，其客观上间接推动了日商纱厂产品价格的虚高，助长了上海棉产品行情价格的恶性膨胀。此外，由于日本政府规定日本国内棉纺织业必须以人造棉混纺，尽量避

---

① 《第四十八回会议报告》，1938 年 11 月 29 日，在华日本纺织同业会上海支部编：《上海会议录》，Ⅱ—1—66，日本大阪大学附属图书馆藏。当时通州棉市价在 66 元 / 担左右，参见〔日〕上海日本商工会议所编：《上海日本商工会议所年报》（1938 年度），书末附表。

② 《第五十九回会议报告》，1940 年 2 月 24 日，在华日本纺织同业会编：《在华纺织同业会通牒缀》，S15—Ⅰ—10，日本大阪大学附属图书馆藏。

③ 《第六条、调整费诸问题》，在华日本纺织同业会编：《1941 年度事务成绩报告》，无档案号，日本大阪大学附属图书馆藏。

免使用原棉，故而日军所需火药制造的原料——纯棉棉屑，皆需从上海、青岛、天津等地的日商纱厂处筹取，日军多次向日商纱厂低价收购棉屑，收购价均在时价一半以下，仅此一项，上海日商纱厂每月即损失法币 10 万元以上。①

如上文所述，华中日军对华中棉实行收购统制的伊始，即出现了与华北相似的收购困难问题，面对远较华北复杂的华中政治经济局势，日军不得不随时改变收购策略，以保障棉花源源不断流入其手中。日军一方面以"宣抚"名义，积极利用民间各种社会势力进行收购，例如，华中日军特务部曾利用太仓地区的土匪团耿超等汉奸参与收购当地棉花，也取得过一些实效。②华中日军针对棉花最终流入上海租界的现状，也采取了一些措施，1941 年华中棉的产量虽然不少，但由于日军严格执行限制华中棉搬入租界的"许可证"制度，日商纱厂不得不实施进一步的减产。战时日军往往又以征用军用棉之名义，从日商纱厂手中收购棉花，而收购价格极低。在日商纱厂的强烈反对下，华中日军于 1939 年 7 月制定的《华中棉花对策纲要》，也部分采纳了日商纱厂的意见，宣布"军方购入华中棉的价格，应超过市价或与市价成某一固定比率的价位上进行浮动"③，规定军方从日商纱厂手中购入棉花的价格不可过低。日军还在《华中棉花对策纲要》中与日商纱厂达成若干妥协，如日商纱厂不仅可于江阴以东地区自由购买华中棉，而且购入量原本需上缴军方的比例可从 10% 减至 5%，日军的这些规定通过在棉花收购价格、收购地域上对日商纱厂作出让步，间接地弥补或减少了日商纱厂的损失，以获得日商纱厂对其统制的支持。

面对华中的复杂局势，日本军政当局不断完善其统制机关。1938 年年末，日军加强对南京、上海、杭州三角地带的治安及主要交通线的控制，迫使民间棉花上市。④同年 6 月，日伪政权成立华中棉产改进会，以期利用先进的日本农业技术提高华中棉产。关于华中棉增产的问题，在 1938 年年末日本棉业机关所作的《华中棉花开发方策》中指出："华中方面，将以往江苏、浙

---

① 《第四回会议报告》，1939 年 4 月 19 日，在华日本纺织同业会上海支部：《上海会议录》，Ⅱ—1—66，日本大阪大学附属图书馆藏。

② 《第六十回会议报告》，1939 年 2 月 15 日，在华日本纺织同业会上海支部：《上海会议录》，Ⅱ—1—66，日本大阪大学附属图书馆藏。

③ 《第廿二回会议报告》，1939 年 7 月 25 日，在华日本纺织同业会上海支部：《上海会议录》，Ⅱ—1—66，日本大阪大学附属图书馆藏。

④ 日本防卫厅战史室编：《日本军国主义侵华资料长编》（上），天津市政协编译委员会译，成都：四川人民出版社，1987 年，第 458—459 页。

江、安徽、江西、湖北、湖南的产额 500 万担以 10 年增产至 1000 万担，仅江苏、浙江两地即可达 500 万担数量。"[①]这个增产计划虽然得到华中日军的全力支持，但在华中战事频繁的时局下根本无法实现，最终化为空谈。1940 年 12 月，日伪政权成立华中棉花株式会社，该会社是在华中棉花协会的基础上，由同业会上海支部、上海制棉协会、棉屑协会等日本棉业组织联合组成的一个大型"国策"会社，其目的并非讲求经济效益，而是"在军部及关系当局的指导监督下，对华中棉花实行统一收购和配给"[②]。与华北棉花协会的收购方式相似，日军对华中棉的获取原本依靠中国棉花商深入内地采购，缺乏严密的组织管理体系。1941 年以后，华中棉花会社以日本国策公司的形式，进行有组织有规划的收购活动，这显然比华中棉花协会的形式更为强势有力。

可以看到，上海日商纱厂对日本军政当局在华中沦陷区内的棉花统制，表现出了某种程度上的独立倾向，这一点与华北的情况有所不同。日商纱厂对日军彻底控制的棉花收购工作与棉花生产统制虽不反对，但双方在统制运作的理念上有着本质不同。在统制方式上，华中日军基本是华北日军的翻版，其工作重点集中于低价收购、改良增产、广设机构三个方面。然而华中的农村经济环境与华北却有本质区别，日商纱厂正是意识到这一点，提出与其等待生产技术上和产量上的缓慢提高，不如"为了真正地谋划增产改良，必须先了解农家经济的内容，并充分调查研究农家经济中棉花与其他作物的关系，不仅棉花，也要计划对其他农作物进行栽培指导，同时必须形成一条农民确实可将收获物以高价卖出的途径"[③]。可以看到，日商纱厂对华中棉农生产习惯的掌握和了解之水平，应该说远高于华中日军。在统制理念上，上海日商纱厂在华中棉花收购问题上始终提倡一个原则，即日军必须不断提高收购价格，积极通过商业手段而非武力强制的手段获取棉花。上海日商纱厂认为，日军不必设立过多无用的统制机构，影响统制效率。1940 年 7—8 月，日军曾提出于华中设立"棉花合作社"的意向，同业会上海支部理事堤孝则以为，在当时华中地区物资交流极不顺畅，通货种类繁多而无限制，棉花价格普遍高昂之环境背景下，反复设立此种机构，其"运作发挥将极不利，徒有合作社的美名而使不良之徒牟利，尤令一般民众怨恨"，故设立此机构"为时尚早"，

---

① 〔日〕饭岛幡司：《日本纺织史》，大阪：创元社，1949 年，第 412 页。
② 浅田乔二等著：《1937—1945 年日本在中国沦陷区的经济掠夺》，袁愈佺译，上海：复旦大学出版社，1997 年，第 12—13 页。
③ 《关于在华中设立棉花统制采购会社》，1940 年 2 月 20 日，在华日本纺织同业会编：《在华纺织同业会通牒缀》，S15—Ⅰ—10，日本大阪大学附属图书馆藏。

委婉地向日军表达了反对的态度。[①]

总而言之，因日商纱厂对华中棉业的诸多影响和华中农业经济独特的生产模式，日本政府及日军在华中的统制机关较华北简化。同时，现实中因华商与外商势力的活跃结合，以及日军对租界及第三国关系上之顾虑，其统制策略与手段也不似华北模式僵化，因而日商纱厂对日军的华中棉统制尚持一定的发言权。

第五节　上海外棉进口与日商纱厂的消费

当华北日商纱厂之生产因华北棉统制而陷入低谷时，上海日商纱厂却可通过吸收大量外棉维持高效率的生产。研究上海日商纱厂的用棉情况，应关注外棉在上海市场上的进口动向。

首先，1938—1941 年，因上海"孤岛"棉花自由市场的存在，为外棉源源不断的进口提供了保障。淞沪会战后，上海海关仍由外籍税务司掌管，外人对国民政府颁布的贸易管制与外汇管理条例置若罔闻，各种商品的进出口毫无阻滞，外棉大量涌入租界。[②]1939 年后，全国纱厂所需外棉的大部皆依赖上海进口，上海成为战时全国最大的外棉进口口岸。[③]

除了以上客观条件，还有一些原因促使战时上海外棉进口的激增：①受战争不断扩大及粮食价格高腾之影响，沦陷区内国棉产量持续减少；②国民政府与日军对各大棉产区的棉花输出，施以严厉统制，流入上海市场的各种国棉不敷当地纱厂生产之需要；③上海棉产品因受法币跌落刺激，价格不断升高，中外纱厂获利巨殊，故对外棉需求亦甚殷。总之，在多重因素的作用下，大量外棉涌入上海，维持着沪上中外纱厂之生产。

战前，上海中外纱厂一年消耗棉花 400 万—500 万担，其中 50%—60% 是以华北、华中棉为主的国棉，其余均为外棉，生产基本维持国棉、外棉各占其半的用棉比例。然而战时这种状况发生了根本转变。通过表 4-6 可见

---

① 《关于棉花合作社》，1940 年 8 月 21 日，在华日本纺织同业会编：《在华纺织同业会通牒缀》，S15—Ⅱ—11，日本大阪大学附属图书馆藏。

② 上海社会科学院经济研究所编：《上海对外贸易 1840—1949 年》（下册），上海：上海社会科学出版社，1989 年，第 12 页。

③ 1939 年全国进口外棉 412.9 万担（上海占 93.5%），1940 年全国进口 407.4 万担（上海占 94.2%），1941 年全国进口 271.8 万担（上海占 95%），参见〔日〕上海日本商工会议所编：《上海日本商工会议所年报》（1941 年度），第 25 页。

1938—1941年外棉与国棉到沪与上海中外纱厂的消费情况。

表4-6　1938—1941年上海外棉进口、国棉运入及纱厂消费情况表

单位：担

年份	外棉净进口量	国棉到埠量	总供给量	纱厂全年消耗量
1938	48 732	875 061	923 793	3 160 000
1939	3 730 449	901 054	4 631 503	3 899 600
1940	3 769 459	268 453	4 037 912	3 716 490
1941	2 191 500	535 551	2 727 051	2 595 120

资料来源：朱斯煌：《民国经济史》，上海：银行学会，1948年，第338页

　　由表4-6可见，1938年上海中外棉花的总供给量远不敷中外纱厂需要，但自1939年以后，上海的原棉消费却基本处于供大于求的状态。从1939—1941年的数据中似可推测，外棉在上海中外纱厂的原棉使用率中，至少已占到70%以上。显然，自1939年以后，外棉已成为战时上海中外纱厂维持生产所需原料的主力军。这些外棉究竟怎样为上海的中外纱厂所消耗？有资料显示，"上海纺织若全部运转，一枚纱锭消耗棉花将超过0.2担，每月即需用棉约50万担。若按1940年9月的生产率（70%）推算，大体今后每月消耗约34万6千担，若华商纱厂也进行减产，每月用棉也将达30万担左右"[1]。因而，即使1940年9月以后在上海日商纱厂生产率减少5成的情况下，上海中外纱厂一年所消耗的外棉仍将不少于300万担。由于华商纱厂无法获得日军颁发的棉花搬入许可证[2]，故难以从正常的商业渠道获得国棉，因而不得不通过高昂的价格购买走私的外棉，实际流入上海的外棉数量，应较表4-6统计数据为高。

　　上海日商纱厂的外棉消费情况，与上海棉纺织业整体的趋向并无大的背离，也存在一个明显转变的过程。从表1-7中可以看到，1937年下半期上海日商纱厂共消耗原棉302 466担，仅为1937年上半期的24.7%，外棉在原棉使用比重中仅占9%左右。1937年8月淞沪会战爆发，上海华洋棉花交易基本绝迹，上海日商纱厂虽无法通过正常交易购得原棉，但各企业尚有大量战前的库存棉，生产无碍，因而1938年年初上海日商纱厂对外棉的需求不大。与上海日商纱厂的需求相对应的是，这一时期外棉价格处于较低水平，从

---

[1] 〔日〕上海日本商工会议所编：《上海日本商工会议所年报》（1940年度），第72页。

[2] 中国派遣军南京总军经理部在上海设立分所（统称7号事务所），统制运出入上海的物资，1940年8月其规定："棉花的搬入作为我方占领区域内的产品严控，仅限于日本方面的纺织会社（包含管理工厂）采购。"但实际状况乃是在工部局谅解的情况下，当时上海附近的棉花往往以走私的形式被运入租界，参见〔日〕高村直助：《近代日本棉纺织业与中国》，东京：东京大学出版会，1982年，第263页。

表 3-1 可以看到，当时上海外棉进口的大宗——印度棉（阿克刚牌），价格与通州棉基本相当。这一时期外棉价格低廉的主要原因，在于战前订购外棉的"订货行号"（即进口货批发商）按第一次世界大战期间上海市场曾有进口货物价格飞涨之经验，竭力向进口洋行订购外棉，而当订货抵达上海后，上海已沦为战区，外棉时销大减，价格遂受牵连而不振。[1]

1938 年 3 月"维新政府"在南京成立，在日本的授意下，伪政权宣布自 6 月起降低各类进口品关税的税率，其中外棉进口关税税率较原税率减少 31%[2]，这对外棉的进口极为有利。随着 1938 年下半年各国棉产期的到来，外棉络绎上市，进口印度棉的价格较国棉更为低廉，从而促使上海日商纱厂积极采购外棉。不过，1938 年因战前棉花的大量囤积，沪上各类棉花存量仍达 123 万担[3]，上海日商纱厂对外棉的吸收仍有限。自 1939 年以后，由于华北棉受华北日军的统制而无法南运，日商纱厂对外棉的需求遂出现大增，通过表 1-6 可以看到，1939 年上半期外棉在上海日商纱厂的原棉使用比重中已占 56% 之多。若结合表 4-7 的数据，1940 年上海的外棉进口达到极盛，而国棉的到埠量却极少。

那么上海日商纱厂对不同外棉棉种的吸收情况又如何呢？淞沪会战之后，日方对上海各类外棉的进口情况进行了详细统计，从中可以使我们了解到 1938—1941 年上海各类外棉进口的具体情况，如表 4-7 所示。[4]

表4-7　1938—1941年上海各类外棉进口棉花情况表

单位：万担

年份	美棉	印棉	埃及棉	其他诸国棉	合计
1937	5.6	8.9	8.1	11.1	33.8
1938	6.7	4.9	1.5	2.1	15.2
1939	59.7	222.7	13.6	97	393
1940	125.9	173.3	10.7	73.8	383.7
1941	41.35	107.4	2.85	106.4	258

资料来源：1937 年、1938 年数据参见〔日〕上海日本商工会议所编：《上海日本商工会议所年报》（1940 年度），第 72 页。1939 年、1940 年、1941 年度数据参见〔日〕上海日本商工会议所编《上海日本商工会议所年报》（1941 年度），第 30 页；其中原始数字经过换算，合计进口总数中包括转口至其他各地的外棉量

---

① 上海社会科学院经济研究所编：《上海对外贸易 1840—1949 年》（下册），上海：上海社会科学院出版社，1989 年，第 21 页。

② 《中国棉花、棉纱布进口税新旧比较表》，《大日本纺织联合会月报》1938 年 6 月 15 日，第 548 号。

③ 《中国战时棉业之调整》，《申报》1938 年 10 月 24 日。

④ 1937 年、1938 年数据见〔日〕上海日本商工会议所编：《上海日本商工会议所年报》（1940 年度），第 72 页。1939 年、1940 年、1941 年的数据见〔日〕上海日本商工会议所编《上海日本商工会议所年报》（1941 年度），第 30 页。其中原始数字经过换算。

从表 4-7 可见，1939—1941 年上海进口之各类外棉中，以印度棉最多，美棉次之。战时上海日商纱厂对印度棉的需求极旺，1939 年上海进口的 386 万余担外棉中，印度棉达 222.7 万担，占总量的 57.6% 之多。若根据上海日商纱厂 1939 年上半年消费约 434 569 担印度棉，则可推算其全年消费当在 100 万担以上，似可说明当年上海进口将近一半的印度棉，实为上海日商纱厂所吸收。印度棉大量进口的原因，主要在于其棉质与国棉相仿，能用于替代国棉纺出粗中级纱，而印度棉的价格一般较国棉略低，当国棉输入渠道不畅时，沪上中外纱厂对印度棉的大量需求是极正常的现象。1939 年上海日商纱厂的混棉率中华棉仅占 10%，而印度棉占 90% 之多。[1] 然而，印度棉进口量自 1939 年达到顶峰后，却逐年呈现递减趋势，这主要又是受国际形势之影响。1939 年 6 月以后，欧洲战云密布，大量英属商船停航，印度、埃及等地棉花对华出口减少，沪上印度棉价格反超国棉，中外纱厂购买印度棉的热情有所减退。1940 年 9 月，德国、意大利、日本缔结三国同盟条约，日本与英国关系迅速恶化，印度棉运华联益会宣布运往中国之船载吨位，将减少至原吨位的 60% 以下，这一宣布对日本棉花进口商的商业活动打击甚大。[2]1941 年 5 月，由于日本国内战略物资匮乏，日本政府规定印度棉等重要物资应优先对日进口，日商运至上海的印度棉船载量再度受到削减，沪上印度棉进口量大幅减少。随着英国控制下的印度棉、埃及棉进口渠道的不畅，当时上海日商纱厂只能期待不受货船载量限制的美国棉花，1940 年后日美关系的走向成为决定上海日商纱厂能否获取充足美棉的关键因素。

现实中上海进口美棉的情况极为复杂。美棉因棉质较好，常被用于纺织中高支细纱，历来为各类进口外棉中价格较昂贵者。1939 年后，美国政府实行棉花出口补贴政策，积极鼓励国内棉花出口，因此沪上美棉价格略有下滑，上海日商纱厂一度扩大了对美棉的采购。1940 年上海进口美棉达 125.9 万余担，占进口总量的 32.8%，在数量上仅次于印度棉。1940 年 1 月美国单方面宣布中止《日美通商条约》，因当时上海棉花进口业务的 50% 由日商垄断[3]，

---

[1] 1938 年年末—1939 年年初，上海日商纱厂混棉率中外棉使用量最高，达 90%，其中主要为印度棉。而同时期青岛、天津日商纱厂，混棉率中外棉使用仅为 20%，其余 80% 为华棉。参见〔日〕东亚研究所：《日本对华投资》，东京：东亚研究所，1942 年，第 248 页。

[2] 当时进口的印度棉由印度至上海的海轮运输，为日本棉花商所垄断。日商洋行对海运舱位及船期的获取，以及在享受运费折扣方面，都比其他国籍的印度棉进口商具有优势。上海社会科学院经济研究所编：《上海对外贸易 1840—1949 年》（下册），上海：上海社会科学院出版社，1989 年，第 63 页。

[3] 上海社会科学院经济研究所编：《上海对外贸易 1840—1949 年》（下册），上海：上海社会科学院出版社，1989 年，第 63 页。

《日美通商条约》的废止使日本洋行、日本棉花商控制下的美棉进口贸易受到巨大冲击。1940 年夏季以后，随着美国在对日立场上更趋强硬，上海美棉进口量急剧减少。可以看到，上海日商纱厂对美棉、印度棉的采购困难，主要是受日本、美国、英国关系恶化的国际大局势的影响。

自 1940 年以后，国际局势的日益恶化，使上海日商纱厂对上海外棉进口地位的稳定性深感忧虑，上海日商纱厂不竭余力地吸收外棉以为生产做储备。即使在大减产的状态下，上海日商纱厂在 1940 年 9—12 月仍一举买进了 54 万担的各类外棉，成为沪上外棉有力的采购方。1941 年 7 月初，沪上洋行原先预订的美棉、印度棉陆续到沪，上海外棉交易反趋活跃态势，成为太平洋战争爆发前夜上海棉花市场上昙花一现的景象。1940 年 7 月下旬以后，美国、英国先后宣布冻结日本在其国资产，荷兰、印度随之宣布限制对日本、伪"满洲国"、中国的出口，各国海运处于临战状态，日本商船大部分待命于各港口，沪上外棉进口由此绝迹。1941 年 12 月 8 日，日本对美国和英国宣战，太平洋战争爆发，日军进占上海租界时，租界内英、华各纱厂存有原棉 60 万担，日商纱厂另库存 100 万担原棉，沪上全部存棉达 160 万担之多。[1] 通过对表 4-6 数据的推算，这些足够维持上海棉纺织业至少半年生产所需的存棉，毫无疑问大部分皆为中外纱厂于太平洋战争爆发之前所积累的外棉。

第六节　通货变动对日商纱厂外棉采购的影响

1938—1941 年，除国际形势外，法币对英镑、美元汇率的变动，也对上海日商纱厂的外棉采购决策产生了重要影响。1938 年 3 月下旬，国民政府为安定商业计，实施外汇统制政策，沪上外汇交易受到限制，中外棉价因汇兑紧缩而全面上扬。此后，法币对英镑的汇价长期于 1 法币对 8 便士间浮动，外棉价格基本处于一个平稳态势。1939 年 6 月，重庆国民政府公布第二次存款限制提现令及外汇交易禁止令，法币对外汇率暴跌，棉市好景不再，外棉价格随之出现起伏不定、突涨猛跌的态势。

从第五章图 5-1 可见，1938—1941 年法币汇率整体处于下跌趋势，然而下跌幅度时缓时急，偶有回升。推究法币汇率与沪上外棉行情之联系，大致

---

[1] 《棉纱布情报》,《大日本纺织联合会月报》1942 年 1 月 25 日，第 591 号。

存在如下现象：每当法币汇率跌落时，外棉价格则会高涨；每当法币汇率有所回升时，外棉价格则趋于稳定。现实中法币汇率的下跌未必对上海日商纱厂不利，因为法币贬值也会带动上海物价水平的上升，提高上海日商纱厂产品价格。在大多数情况下，棉产品价格的上涨幅度要超过棉花价格上涨的幅度，从而不仅抵消了法币贬值所带来的外棉价格上升等不利因素，还使上海日商纱厂可从产品销售中谋取巨大利润。

战时法币贬值，对上海日商纱厂主要造成了两方面的影响：一方面，法币的短期贬值对日商纱厂是有利的，因为其产品价格随着货币贬值而大幅上涨，日商纱厂从中获取的利润相应增加，尤其是1939年6—7月重庆国民政府公布外币交易禁止令，导致法币暴跌，从而带动棉纱价格暴涨，日商纱厂从中大获其利。1939年下半期日商纱厂的业绩特别优异，当年大多数日商纱厂所获纯利率均在10%以上。[1]1939年9月欧洲战争爆发后，法币跌势有所抑止，外棉价格的涨幅开始减缓，上海中外纱厂对外棉的采购又呈活跃状态，此时棉产品的价格也维持在高位水平。1939年下半年—1940年上半年，上海日商纱厂能够保持几乎100%的生产率，即在如此背景下产生。此外，法币汇率的下跌，也有利于日商纱厂产品的出口，从而为1940年后上海日商纱厂向南洋方面扩大出口提供了契机。

另外，法币的长期贬值对日商纱厂则不利，主要体现于以下几点：其一，在外棉吸收上，法币长期贬值将导致外棉价格虚高，"外棉储备会变得困难，因此某种程度上也必须考虑减产，若法币长期混乱下去，对于生产的打击也会不小。由于存在产品与棉花的交换制度，预计从上海接受原棉融通的青岛、天津日商纱厂受到的打击则会更为严重"[2]。事实上，法币的一再贬值，导致外棉价格暴涨，成为间接造成华北日商纱厂1939年后大幅减产的重要原因。其二，法币汇率若出现长期性下跌，将导致上海日商纱厂的国内市场（主要指华中、华南市场）萎缩。1939年6月以后，法币的长期跌落，让日本军政当局感到不安，当时日本外相野村吉三郎在阿部信行内阁阁议中称："因法币跌落导致外国进口品异常缺乏，而物价腾贵正使中国民众生活急剧恶化。"[3]法币下跌问题，给日本在华中的经济统制带来诸多负面影响，这些影响最终削弱

---

[1] 1939年日华纺红利为8%，东华纺为10%，同兴纺为10%，大康为12%，裕丰为15%，内外棉为12%等。参见〔日〕上海日本商工会议所编：《上海日本商工会议所年报》（1939年度），书末附上海在华纺诸营业报告。

[2] 《在华纺的静观》，《大阪每日新闻》1939年6月10日。

[3] 〔日〕臼井胜美：《日中战争》，东京：中央公社论，1967年，第103页。

了中国低层民众的购买力，影响了上海日商纱厂产品在内地市场的倾销。其三，面对法币随时可能出现的进一步贬值，上海日商纱厂与外棉进口商间的交易也会蒙受负面影响。战时外棉进口商与日商纱厂的棉花交易，采取与战前完全不同的结算方式，战前的支付方式，一般日商纱厂可在印度棉交货后的 60 天内，美棉、巴西棉、埃及棉则在 30 天内向棉花进口商结算货款；然而在战时环境下，棉花进口商往往在棉花交接时要求日商纱厂立即结算货款。①棉花进口商唯恐法币骤跌蒙受意外的损失，因而在货款收讫上十分谨慎。交易形式上的变化，迫使上海日商纱厂必须手持大量法币，以备棉款交讫上的周转，客观上促使法币大量汇集于上海孤岛，招致各种投机交易其间丛生。

1939 年以来，日本在华流通的日元、军票及各种伪政权发行的货币，莫不随法币汇率变动而涨跌起伏，法币汇率的变动对上海各项实业的影响极大。法币汇率之变动，同样影响到日商纱厂的通货汇兑，1940 年 9 月以后，华中日军要求上海日商纱厂于内地销售其棉产品时，必须以军票结算，迫使日商纱厂在采购外棉时将军票售出，以换回法币。当时军票与法币之兑换，不仅在手续上极烦琐，而且必须获得日本大藏省驻上海联络部颁发的军票卖出许可证方可进行。为了保证外棉及时采购与储备，上海日商纱厂不仅疲于应对多种通货间之兑换，而且还必须承担法币与日元、军票间兑换而产生的诸种损失。

日本军政当局对战时上海日商纱厂采购外棉的动向极为关注，因为上海日商纱厂在采购外棉的过程中，必然产生一个无法回避的问题：若上海日商纱厂大量购进外棉，则必将消耗日商手上大量的外汇，导致流入日本政府的外汇减少，间接影响到日本对第三国军需物资的采购。日本军政当局原则上对上海日商纱厂采购外棉的活动持否定态度，1940 年后日本驻上海大藏省财务官特别下令，限制上海日商纱厂将棉花运往华北，即存上海日商纱厂手中的法币从中流失之虞。②然而，现实中日本军政当局又对日商纱厂大量采购外棉的活动采取默许态度，日本军政当局要求上海日商纱厂原则上应尽量"避免使用外棉，竭力消耗国棉，尤其是中国内地的国棉"③，日商纱厂吸收外棉以消耗法币，极大程度上也消耗了国民政府在外的流动资金，削弱了国民政府

---

① 〔日〕兴亚院华中联络部：《以上海为中心的华中棉花情况》，上海：兴亚院华中联络部，1939 年，第 23 页。
② 〔日〕纺织杂志社编：《大陆与纤维工业》，东京：纺织杂志社，1939 年，第 161 页。
③ 《第二十九回委员会报告》，1939 年 3 月 27 日，在华日本纺织同业会大阪本部编：《在华纺织同业会大阪本部会议录》，Ⅱ—1—67，日本大阪大学附属图书馆藏。

的法币储备。1939 年 1 月—1940 年 7 月的 19 个月，上海累计进口各类外棉达 680 万担左右，而上海日商纱厂消耗了其中的约 80%，若以当时外棉平均价格每担 200 元计，则上海日商纱厂仅就外棉采购进口一项上即消耗国民政府在沦陷区内约 10 亿元法币的庞大资金。鉴于日本军政当局对上海日商纱厂吸收外棉问题上的微妙立场，同业会要求日商纱厂"各社应通过自制，适度地安排（外棉）购买量，妥善应对，以避免突然刺激当局"[①]。同业会的意见，使日商纱厂在外棉采购问题上尽可能避免引起日本当局的顾忌，故而日商纱厂在外棉采购上始终采取低调、慎重的姿态。

第七节 战时原棉问题与日商纱厂的应对

1938—1941 年，日商纱厂在生产经营上面临的最大问题，即如何通过各种渠道获取足够的原棉，以维持生产所需。如上文所述，日商纱厂获取原棉主要有两大途径：①从日军的棉花配额统制中获取小部分华北棉、华中棉；②从上海棉花市场中购得大部分华中棉、外棉。为了从这两条途径获取原棉，日商纱厂左右周旋，可谓费尽心机。

1940 年前，面对日军控制华北、华中大部棉产区的现状，日商纱厂对日军的棉花统制政策，基本采取以下 3 条对策。

（1）承认华北棉花日军统制只要方法得当，即可收到相当效果。

（2）华中棉花统制因存在汇兑上与第三国人的关系，其实施故极为困难。俟政府方针决定，日商纱厂再协助之。

（3）仅当华北棉难以满足日本国内军需，而需以华中棉供给时，日商纱厂将从国策的角度考虑，作出牺牲。[②]

可以看到，日商纱厂将日军的棉花统制政策视为日本侵华战略的国策。日商纱厂不仅对日军的统制有所期待，而且甘愿在利益分配上作出让步。其采取这一态度的原因，在于 1940 年之前上海自由棉花市场的存在，而并无原

[①] 《第二十六回委员会报告》，1939 年 2 月 7 日，在华日本纺织同业会大阪本部编：《在华纺织同业会大阪本部会议录》，Ⅱ—1—67，日本大阪大学附属图书馆藏。

[②] 《第十四回委员会报告》，1938 年 8 月 23 日，在华日本纺织同业会大阪本部编：《在华纺织同业会大阪本部会议录》，Ⅱ—1—67，日本大阪大学附属图书馆藏。

棉短缺之虑。事实上，上海日商纱厂即使不通过日本的棉花统制机关，也可利用客帮、洋行渠道获取足额的棉花。客观来说，以上海日商纱厂为主体的日商纱厂集团，对日军的配额统制的依赖是有限的。

然而，1940 年以后，上海的自由棉花市场日趋式微，日军对华中棉花运出的统制却不断加强。自 1940 年 8 月起，日军严格控制棉花流入或流出华中沦陷区，并规定：日商纱厂不得采购沦陷区外生产的棉花（除海外进口外）；沦陷区内采购的棉花，也不得转卖于日商纱厂以外的企业；且日商纱厂每月需报告欲采购所有棉花的种类、数量、价格、采购方、转卖方及消费状况。[①]原棉流入日商纱厂的渠道已完全置于日军的监视之下，上海日商纱厂在原棉的吸收上，彻底被束缚于日军的统制之中。

战时日军不断强化的原棉统制政策，对日商纱厂的生产活动产生了一系列影响。首先，体现于华北日商纱厂的生产率变动上。华北日商纱厂虽在 1938 年的华北日军棉花配额统制中获取了足额的华北棉，然而接踵而来的华北棉减产导致原棉吸收单一化的华北日商纱厂在 1939 年年初出现了生产危机。通过图 3-3 可以看到，在 1939—1941 年，青岛、天津日商纱厂的生产率与上海日商纱厂几近 100% 的生产率相比，大都未超过 50%—60%。然而，华北日军对当地棉花的配额统制，也存在着对当地日商纱厂的地缘性照顾。随着 1941 年后华北棉产的恢复，华北日军对华北日商纱厂的配额有所提高，华北日商纱厂的生产率反而超过同期的上海日商纱厂。其次，日军原棉统制的影响，也体现在上海日商纱厂的原棉吸收取向上。自 1939 年起，日军对华北棉的配额统制，已将上海日商纱厂彻底排除于其计划之外。通过表 1-7 可见，上海日商纱厂 1938—1939 年内部原棉消耗的情况，1938 年下半期与 1939 年上半期上海日商纱厂在原棉消耗数量上均超过 1937 年上半期，而外棉消耗量占其原棉总消耗量的比例也呈增加态势。因华北棉的输出受到当地日军的严格统制，1939 年上半期上海日商纱厂对国棉的消耗，较 1938 年下半期大幅减少，而外棉的消耗量却大幅增加，这说明上海日商纱厂在 1939 年上半期于用棉取向上出现重大转变：外棉取代国棉成为上海日商纱厂原棉消费的主体。若再以上海日商纱厂 1939 年 6 月当月原棉的消耗情况为例，各厂共消耗华中棉 69 350 担，华北棉 76 629 担，外棉 93 401 担，合计 239 380 担。当月上海日商纱厂在原棉消费上对外棉的依存度虽仅为 39%，然当月其存棉情况，华中棉为 80 020 担，华北棉为 87 504 担，

---

① 《今后当地经济应如何再编成——重庆经济封锁和军票经济圈的建立》，1940 年 9 月 2 日，《上海日商纱厂与军票关系杂件》，大阪棉业会馆藏未刊战时华纺档案。

外棉为 301 286 担，合计 468 810 担，外棉占原棉总存量的 64%[①]，这些数据说明当时上海日商纱厂对外棉的依赖程度事实上已远超过国棉。尽管 1940 年华中棉产有所恢复，上海日商纱厂对外棉的依存度却进一步扩大，平均达到 73.5%，即使 1941 年外棉进口已出现短缺，各厂对外棉的依存度也达到 57.9%。[②]显然，外棉作为战时上海日商纱厂原棉消费主体的地位并未改变。

最后，还需说明的是，日军的棉花统制对上海日商纱厂的生产取向也造成了一定影响。由于美棉利于纺出细纱，上海日商纱厂大量吸收美棉之结果，是其生产基准必然从粗、中纱逐步转向细纱。1938 年下半期，日商纱厂"以生产 23—32 支原料居多"，"仍系 32 支占大多数"，显然已较战争前支数有所提高。[③]1940 年年初，随着法币贬值，棉产品价格飞涨，上海华商纱厂针对国统区内尤其是西南内地的广大市场，而将生产主力集中于粗中纱领域。与其相反，外棉尤其是美棉吸收较多的是上海日商纱厂，在粗中纱的生产上却呈现出了减少趋势，32 支以上细纱领域的生产开始兴起。由于日商纱厂拥有较华商纱厂更为先进的生产设备，细纱生产本为其所长，故转型极易，这部分上海日商纱厂生产的高级棉纱主要供南洋、中国香港等地出口所需。1940 年夏国际局势突变，外棉进口日趋困难，日商纱厂再次增加了对国棉（华中棉）的吸收，从而恢复了以低支粗纱为中心的生产策略，从表 3-7 来看，1940 年 7、8 月间，上海日商纱厂生产棉纱的平均纱支较 6 月有所下降，当是这一生产趋向的体现。1940—1941 年，上海日商纱厂考虑到外棉进口日益困难的现状，不得不仿效华商纱厂采取以 20—42 支中等纱为生产目标的战略。[④]这就意味着因原棉吸收变动而导致的上海日商纱厂在生产取向上的改变，加剧了其与华商纱厂在中等棉纱市场领域的竞争。

第八节　本 章 小 结

1936 年之前，由于全国棉花产量的不振，国民政府积极推行棉花增产计

---

① 《1939 年 6 月上海在华纺各棉种消耗量》、《各棉种 6 月末库存量》，在华日本纺织同业会编：《在华纺织事业缀》，亚洲历史资料中心，B06050470100。

② 〔日〕高村直助：《近代日本棉纺织业与中国》，东京：东京大学出版会，1982 年，第 264 页。

③ 《棉花厂需日渐起色》、《棉花暴腾之由来》，《申报》1938 年 11 月 8 日、1938 年 11 月 13 日。

④ 〔日〕上海日本商工会议所编：《上海日本商工会议所年报》（1940 年度），第 73 页。

划，至 1936 年时，全国棉产有所改善。1937 年抗日战争爆发，国民政府战前的良性统制为日军的战时恶性统制所替代，日军在华北、华中实行的各种棉花统制计划，其目的终不过为其战争机器服务。伴随着日军对华北棉统制的严厉化，华北棉不复大量运出华北；而上海因租界的存在，华中棉得以不断上市，外棉也得以不断持续进口，上海日商纱厂从中获取了足额棉花，迎来了 1939—1940 年的生产高潮。

日军对华北的棉花统制，根本无法解决日商纱厂对华北棉的需求。华北日商纱厂对华北棉的高度依赖，使其受统制的影响极大，其生产所受束缚程度也远超上海日商纱厂。可以这样说，正因日军对华北棉的统制，华北日商纱厂的主体性基本丧失，其只能唯日军之命是从。而在华中，由于当地特殊的政治经济环境，日商纱厂在原棉问题上仍具一定的灵活性，故对日军在当地的棉业统制仍保有一定的发言权。这一差异，是由于上海日商纱厂发展的历史远远超过华北日商纱厂，上海日商纱厂对地缘棉花生产情况的了解与把握，远胜过华北日商纱厂的缘故。

1940 年 8 月以后，上海日商纱厂的生产受外棉进口减少及日军封锁的影响，趋于萎缩不振，上海日商纱厂最终陷入大幅减产的风潮无法自拔。不过，仍需说明的是，虽然原棉问题是华北日商纱厂生产经营走向衰落的重要原因，但并非日商纱厂集团整体由盛转衰的根本原因。因为即使在太平洋战争爆发的前夜，上海日商纱厂的内部仍存有大量的原棉，以上海日商纱厂为主体的日商纱厂集团走向衰落的根本原因，另有他者。

第五章

上海日商纱厂与日本在华中的军票工作

战时日本对华货币政策的基本特点，在于按日本对不同区域的影响力，制造依附于日币的不同货币体系。1937年抗日战争全面爆发以来，鉴于华中为法币之发祥地，也是英美商业利益集中之所在，日本采取与华北不同的货币战形式，以军票作为经济武器，秘密推展军票工作。[1]以往学界关于军票史的研究，侧重从宏观层面揭露军票在日本军政当局操控下对华中沦陷区金融体系的侵害，而对"无根"的军票何以在华中沦陷区内广泛流通的深层原因，似未展开充分研究。[2]推考这一研究现状生成的原因，在于研究者受到日本官方编撰资料的一定影响。然而军票工作作为日本军政当局在华推行的重要货币政策，同时又是需要在华日商密切配合的庞大经济工程，我们很难想象军票能够脱离日本在华企业，在民间大量流通。1938年10月，战争进入相持阶

---

[1] 所谓的"军票工作"，按战时日本军政当局的定义，乃通过维持价值、扩大流通来实现并发挥军票货币功能的一系列政策或措施。参见〔日〕清水善俊：《支那事变军票史》，《日本金融史资料·昭和篇》第29卷，东京：大藏省印刷局，1971年，第29页。

[2] 关于日本军政当局发行军票的基本史实及对华的危害性，参见陈建智：《抗日战争时期国民政府对日伪的货币金融战》，《近代史研究》1987年第2期；林美莉：《抗战时期的货币战争》，台湾师范大学历史研究所，1996年；曹大臣：《论日本侵华时期的军票政策》，《江海学刊》2001年第6期；陈正卿：《日伪对华中沦陷区金融的掠夺与统制》，黄美真主编：《日伪对华中沦陷区经济的掠夺与统制》，北京：社会科学文献出版社，2005年；〔日〕桑野仁：《战时通货工作史论》，东京：法政大学出版局，1965年；〔日〕高村直助：《近代日本棉纺织业与中国》，东京：东京大学出版会，1982年；〔日〕岩武照彦：《近代中国货币统一史——十五年战争期的通货斗争》，东京：みすず书房，1990年；〔日〕小林英夫：《日本军政下的亚洲——"大东亚共荣圈"与军票》，东京：岩波书店，1993年；柴田善雅：《军票和华中通货工作》，〔日〕中村政则等编：《战时华中物资动员与军票》，东京：多贺出版，1994年；〔日〕柴田善雅：《占领地通货金融政策的展开》，东京：日本经济评论社，1999年。

段后，如何动员和利用日本在华企业的经济资源与生产经营体系，维持军票价值体系，成为日本军政当局密谋的重要问题。其中，上海日商纱厂实力雄厚、规模庞大①，自然受到日本军政当局的瞩目。虽然有学者在研究战时上海日商纱厂生产活动的过程中，发现其与日本在华中的军票存在诸种联系，但由于相关一手资料阙如，未能深入分析其中的复杂关系，进而探讨军票工作的本质。②日本大阪大学及大阪棉业会馆所藏在华日本纺织同业会未刊档案资料，揭露了诸多战时日本在华棉纺织业不为人知的活动，对于揭示上海日商纱厂于军票工作中扮演的角色，具有重要史料价值。③

同业会，系日商纱厂集团为应对 1925 年"五卅运动"中的劳资风暴而成立的行业同盟协会，其本部设于大阪，下辖上海、天津、青岛等支部。同业会的设立，不仅使日商纱厂之间形成一致的对外话语口径④，而且导致其内部生产经营"卡特尔化"。西方经济学者认为，产业"卡特尔化"的最大特点，在于企业通过协调产量，控制生产率来实现集团利益的最大化。⑤军票对于战时上海日商纱厂的生产经营活动造成了怎样的影响？纱厂又是如何应对的？从而又导致了怎样的后果？这些问题的答案，似乎也可从同业会档案中去寻觅。

纵观以往学者研究军票工作利用的史料，大致可分为两类：一为由原日本政府官员编写的资料，以相马敏夫的《华中通货工作之回顾》为典型；二为由日本军方授意经济学者编写的资料，以清水善俊的《中国事变军票史》为代表。无疑，因为史料编撰者利害各异、立场有别，史料中也会出现"选择性书写"的问题。代表日商纱厂立场的同业会档案的引入，不仅可从企业的视角了解军票工作开展的实态，而且通过三种史料的比较，得以一窥日本在华棉纺织业与日本政府、军方之间的利益关系。

---

① 日本在华棉纺织业初起于 20 世纪初叶，至抗日战争全面爆发之前，形成上海、天津、青岛三大据点，据统计，至 1937 年 6 月末上海日商纱厂按设备折算的投资额约占日商纱厂整体投资额的 63.2%，是日本在华棉纺织业中最重要的生产力量。淞沪会战期间，上海日商纱厂虽蒙受战火折损，基本生产规模仍得以保存。参见〔日〕东亚研究所：《日本的对华投资》，东京：东亚研究所，1942 年，第 231 页。

② 高村直助等日本学者主要利用清水善俊编写的《支那事变军票史》中的相关史料，对于上海日商纱厂参与军票工作的史实略有述及。

③ 2008 年笔者对大阪棉业会馆新出的一批日商纱厂及在华日本纺织同业会内部档案进行了复制、整理工作。其中一宗题为《重庆经济封锁卜军票经济圈ノ确立、上海操短问题、〇〇少佐问题、埃及棉问题、在华纺绩协力具体案》的档案，对本书具有重要史料价值。文中简称为《上海日商纱厂与军票关系杂件》。

④ 参见〔日〕在华日本纺织同业会编：《船津辰一郎》，东京：东方研究会，1958 年，第 175 页。

⑤ 参见鲁道夫·希法亭：《金融资本》，李琼译，北京：华夏出版社，2013 年，第 254 页。

1941 年太平洋战争爆发后，随着汪伪"中储券"的大量发行，军票逐渐为日本军政当局所扬弃，军票工作走向了末途。本章着力于分析抗日战争前期，也即太平洋战争爆发之前日本在华中沦陷区内推行军票政策的得失，并以之为范例，思考现代战争中货币战的形态与本质。

第一节　上海日商纱厂与军票工作之结合

1937 年日本发动全面侵华战争，对华货币战的序幕亦逐渐拉开。所谓"货币战"，按日本军政当局之定义，即"为维持日系货币价值与打倒敌性货币法币而进行的经济作战"。在华北，日本的金融布局早在 1935 年秋"华北事变"时即已展开，战事爆发不久后的 1938 年 2 月，日伪政权设立伪"联合准备银行"，发行与日元等值联系的伪券"联银券"，将之作为彻底驱逐华北沦陷区内法币流通的利器。而在华中沦陷区，自淞沪会战以来，大量日币伴随日军侵略的步伐流入上海、江浙一带。这些日币与日本国内日币在价值上出现差距，对日本的国际收支平衡产生了不利影响。[1] 日军企图将此货币危机转嫁于华，1937 年 11 月在华中发行军用手票（简称"军票"）。[2] 自日俄战争以来，日本具有多次在敌国领土上发行军票的经验。与以往不同的是，在侵华战争中，军票不仅作为现地日军征调各种物资的工具，而且成为日本在华中开展货币战的经济武器。

军票作为日军战时出台的应急措施，日本政府并未对之投入任何担保，其名义上虽与日币等值，但信用远不及日币，不得与日币随意兑换。军票发行初期只能在日军与市面间不断循环，流通量也仅数百万元左右。鉴于华中自战前即为国民政府金融、经济、贸易重心之所在，法币在华中的势力远较在华北的强大，日本军政当局认为，"比起掌握货币制度，先决问题在于掌握物资，作为外币获得的手段而考虑利用法币。当然这是特以华中为法币牢不可拔之地盘为前提的"[3]。法币作为能够采购各种物资的贸易货币，日本对华中

---

① 〔日〕日本学术振兴会编：《中国的货币与贸易》，东京：有斐阁，1942 年，第 29、35 页。

② 参见《沪分处为复调查日推行军用票情形代电》，1940 年 2 月 9 日，重庆市档案馆、重庆市人民银行金融研究所编：《四联总处史料》（上），第 417 页；〔日〕清水善俊：《支那事变军票史》，《日本金融史料·昭和篇》第 29 卷，东京：大藏省印刷局，1991 年，第 3 页。

③ 〔日〕东亚研究所编：《支那占领地经济的发展》，东京：东亚研究所，1944 年，第 500 页。

沦陷区内日系货币（日币、军票等）与法币并存流通的局面持默认态度。

自 1935 年国民政府推行币制改革以来，法币也是上海日商纱厂经济生活最基本的货币，维系着纱厂的各种生产活动。淞沪会战后，上海日商纱厂陆续复工。与"战时体制"下日本国内棉纺织业因原棉不足而大幅减产的萧条局面不同[①]，上海日商纱厂依托"孤岛"开放的外汇市场与自由贸易环境，得以将手中法币换取外汇，采购生产所需的大量外棉，维持着旺盛的生产态势。从图 3-10 战时上海日商纱厂生产率走势图可以看到，1938 年 10 月—1940 年 5 月，除个别月份外，上海日商纱厂一直保持着极高的生产率，出现了所谓的"黄金时代"。[②]日本军政当局密切关注上海日商纱厂这一生产动向，但未加阻止。据一日商纱厂业主回忆当时的状况：

> 纱厂在华棉无法上市的情况下不得不使用外棉，担惊受怕地维持着生产，唯恐哪天突然被勒令停业。然而，因产品可以获取外币，我们得到放手生产的指令，从而进入了真正大生产的阶段，各家纱厂莫不如此。[③]

相对于日币或军票，法币是有价值的"外币"，日本政府对日商纱厂的态度，实则体现了日本在战初对法币尚持利用的立场。

1938 年 10 月以后，抗日战争进入相持阶段，随着军票发行量的增加，维持军票价值的工作逐渐受到日本军政当局的重视。12 月日本军政当局对上海金融市场采取迂回战术，宣布以军票统一除上海外的华中沦陷区内所有日系货币。此时军票已随战事扩大流布于华中各地，日军所至，强制以军票支付各项货款，一些与日军存在业务往来的日商企业开始以军票进行商业交易，军票开始渗入华中日本产业的金融体系之中。为达到以战养战目的，充分利用华中日本产业的物资资源维持军票价值，并进一步扩大军票在华中各级市场的流通，成为日本军政当局尤为关心的问题。

1938 年 12 月—1939 年 5 月，日军几度以通告形式鼓励华中日商以军票进行物资交易[④]，上海日商纱厂却委婉回复："目前尚无使用军票之良

---

① 由于战时日本国内棉纺织业生产的产品并非"军需物资"，日本军政当局为避免原棉进口消耗外汇，对其实行进出口联系制，严格限制生产规模。参见〔日〕饭岛幡司：《日本纺织史》，大阪：创元社，1949 年，第 340 页。

② 参见王子建：《孤岛时期的民族棉纺工业》，中国近代经济史丛书编委会编：《中国近代经济史研究资料》（10），第 14 页；〔日〕高村直助：《近代日本棉纺织业与中国》，东京：东京大学出版会，1982 年，第 256—259 页。

③ 名和统一：《关于最近的中国纺织业（二）》，《大日本纺织联合会月报》1940 年 8 月 25 日，第 574 号。

④ 参见〔日〕今村忠男：《军票论》，东京：东京商工行政社，1941 年，第 143 页。

法。"①1939 年年初以来，上海日商纱厂流向汉口的棉产品主要供当地日军采购军用，日军虽强制销售棉产品的日商洋行接受军票货款，而洋行往往将获取的军票想方设法换成日币或法币后，再与日商纱厂结算，因而流入纱厂的军票极为有限。就使用情况来看，1939 年 1—5 月，上海日商纱厂以日系货币结算的物资采购额达 1728.7 万日元，而其中军票不过 91.9 万日元，仅占约5.3%。②5 月末，上海日商纱厂内部实际保有的军票仅 36.3 万日元左右。③ 在上海，除与日军个别直接交易以军票进行外，日商纱厂与华商客帮的产品交易、劳工工资的支付，皆需法币结算。④在日本军方的一再施压下，上海日商纱厂虽作出部分让步，各家纱厂同意按纱锭枚数比例从洋行处收取一定数额的军票，但对于吸收军票的态度并不积极。

与此同时，为了保障全线投产，上海日商纱厂将大量法币投入外棉采购。1939 年 3 月，重庆国民政府与英国政府共同成立 1000 万英镑的外汇平准基金，以求法币对外汇率的稳定。据调查，4 月上海棉花进口额骤升至 20 万—30 万英镑，其中 75% 的外棉由日商纱厂购入。⑤日商纱厂的行为导致国民政府手中的外汇大量外流，3 个月后中英平准基金即告枯竭。然而，更严重的后果还在于，"以基金购买的进口物资既在上海流通，敌伪也就可就地收购获益。如1939 年用大量外汇进口的棉花，相当大的部分流入到上海日商纱厂手中，这显然对抗战有害无利"⑥。从同业会档案中可见，自 1939 年 4 月以来，上海日商纱厂采购外棉的时间、数量、用途，都是在大藏省财务官驻上海事务所书记官相马敏夫的监视与默许下进行的。⑦

1939 年 5 月，上海金融界发生了两件大事：其一，日伪成立"华兴商业银行"，发行与法币等值的"华兴券"；其二，沪上汇市日币价格出现暴跌。

---

① 《第六十五回会议报告》，1939 年 3 月 2 日，在华日本纺织同业会上海支部：《上海会议录》，Ⅱ—1—66，日本大阪大学附属图书馆藏。

② 参见《第十四回会议报告》，1939 年 6 月 7 日，在华日本纺织同业会上海支部：《上海会议录》，Ⅱ—1—66，日本大阪大学附属图书馆藏。

③ 参见《第十五回会议报告》，1939 年 6 月 14 日，在华日本纺织同业会上海支部：《上海会议录》，Ⅱ—1—66，日本大阪大学附属图书馆藏。

④ 参见东亚研究所编：《中国占领地经济的发展》，东京：东亚研究所，1943 年，第 236 页。

⑤ 〔日〕野村宣：《法币的破灭》，东京：朝日新闻社，1942 年，第 10 页。

⑥ 中国银行行史编辑委员会编：《中国银行行史（1912—1949 年）》，北京：中国金融出版社，1995 年，第535 页。

⑦ 《第六回会议报告》，1939 年 4 月 26 日，在华日本纺织同业会上海支部：《上海会议录》，Ⅱ—1—66，日本大阪大学附属图书馆藏；在同业会档案中，相马敏夫的官衔被简称为"财务官"。为行文方便，本书也以此称谓。

"华兴券"的出台，体现了日伪窃取法币贸易通货机能的意图，间接证明了法币仍具有强大的生命力[1]；而后者，从1939—1941年上海汇市法币兑日元（军票）平均汇率行情走势（图5-1）可知，自1939年年初开始法币兑日币行情不断高涨，日币价格不断跌落，说明了日元集团内部货币价值体系的紊乱。[2]

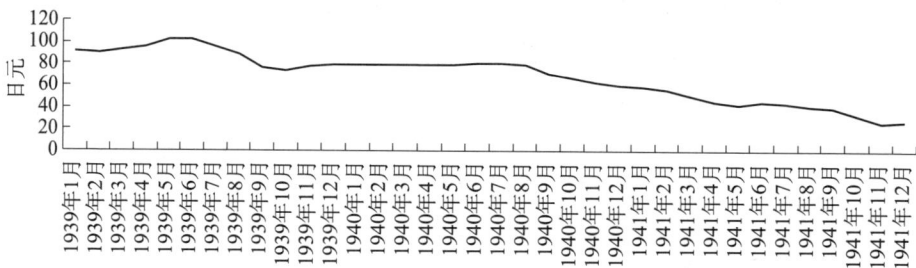

图5-1　1939—1941年上海汇市法币兑日币（军票）平均汇率行情走势图

资料来源：《上海军票日元市场推移表》，1939年12月前为法币100元兑日币金额数，此后为法币100元兑军票金额数，〔日〕清水善俊：《支那事变军票史》，见：《日本金融史资料·昭和篇》第29卷，东京：大藏省印刷局，1971年，第361—362页说明

在中国人看来，这两件事均反映了"日方苦闷的加重"[3]，沪上《申报》分析道：

> （本次日币暴跌原因）根本上是在日本的国力问题。换言之，是在日元购买力问题。我们知道，日本自从发动对华战争后，其所消耗的军费，已达百万万元之巨。军事费的消耗，事实上就是物力的消耗，也就是国力的消耗。……目前日元不断的跌价，已可看出日本已在走向总崩溃的路。[4]

这篇文章将日币暴跌的根本原因归于日本的国力问题，认为这揭示了日本国力因对华战争的大量消耗而削弱，日本将最终走向总崩溃的结局，这引起财务官相马敏夫的高度警觉。[5]

---

[1]　参见纯真：《二年来的中日货币战》，《战时日本》1939年第6期。

[2]　日币价格下跌，主要系华北、华中沦陷区内日系货币存在价值差距所致。参见相马敏夫：《华中通货工作的回顾》，〔日〕多田井喜生编：《占领地通货工作》（《续·现代史资料11》），东京：みすず书房，1983年，第285页。

[3]　国民出版社编：《中日货币战》，金华：国民出版社，1939年，第27页。

[4]　史亦闻：《最近上海日元跌价原因的分析》，《申报》（沪版）1939年5月22日。

[5]　大藏省驻上海财务官相马敏夫在回忆录中特意记载了《申报》5月22日关于日币贬值之评论，可见对他触动颇深。参见相马敏夫：《华中通货工作的回顾》，〔日〕多田井喜生编：《占领地通货工作》，东京：原书房，1983年，第284页。

日本军政当局立即采取一系列维持日币价值稳定的措施，如要求日商企业尽量使用日币，鼓励他们向日本国内汇款等。为抑止日币急剧下跌的疲势，厉行物资流通统制的日军甚至允许"在华纱厂可将购入的外棉运往华北，而把当地等额的棉产品运来华中"[①]。日币贬值风暴带动军票行情下落，一般军票较日币更低 2—3 元。汇市不利于日系货币的变动，最终迫使日本军政当局决定以非正常市场货币交易的方式[②]，在控制日币跌势的同时，竭力提高军票价值，使两者价值不断接近，最终以军票替代日币与法币挂钩，彻底保证日币的安全与稳定。

"日币价值维持工作"与军票工作形成联系后，日本军政当局开始考虑日商纱厂与军票工作结合的问题。有日本学者指出，军票价值的维持，是通过"物资"与"货币"两种资源来实现的。[③]军票发行之初，日军虽屡次强令日商纱厂通过"物资资源"（棉产品）的军票交易，谋求对军票价值的保证，但由于纱厂态度消极，进展缓慢，效果甚微。以 1939 年 5—6 月上海汇市日币暴跌为发端，国人对法币的信心剧增，"新的纸币已得人民的信任，因此中国政府可以采取在日军占领地带仍有效的直接政策。它的主要目标是使中国货币的价值，超过日元或是日本在沦陷区强逼发行的新币制"[④]，而"货币为经济之枢纽，货币基础稳固者，即为经济力量充实之明证"[⑤]。正因为看到这点，日本军政当局决心动员各种在华经济力量展开军票对法币的汇率战，以摧垮中国人对抗战的信心。上海日商纱厂在消耗中英平准基金过程中所展现出对货币的强大集聚能力，成为日本军政当局觊觎的对象。

第二节 "伊资金"的启动

作为应对日币暴跌之策，日本军政当局决定自 1939 年 6 月起，设立一系

---

① 相马敏夫：《华中通货工作的回顾》，〔日〕多田井喜生编：《占领地通货工作》，东京：原书房，1983 年，第 286 页。

② 关于日本军政当局调控汇市的具体策略，参见宫下忠雄：《支那战时通货问题一斑》，东京：日本评论社，1943 年，第 247 页。

③ 参见〔日〕小林英夫：《日本军政下的亚洲——"大东亚共荣圈"与军票》，东京：岩波书店，1993 年，第 51 页。

④ 国民出版社编：《中日货币战》，金华：国民出版社，1939 年，第 40 页。

⑤ 马寅初：《战时常识介绍：中日之货币战》，《进修》1939 年第 11 期。

列秘密"资金"账户。这些"资金"账户从各种渠道吸聚货币资源，专供日本军政当局用于操控汇市，维持军票价值。举其要者，有1939年6月大藏省财务官驻上海事务所劫留上海海关税设立的"乙资金"；1940年1月日军以临时军费拨款为基础设立的"吕资金"；1940年7月日军在"乙资金"利润基础上设立的"丙资金"；1941年7月日军利用手中军票与法币设立的"军票价值平衡资金"。而与上海日商纱厂利益关系密切者，有1939年6月设立的"伊资金"、1940年10月设立的"K资金"与同年12月设立的"C资金"，这三者中，对日本军政当局而言最重要者，又属"伊资金"。

1939年6月初，日本军方通过与财务官相马敏夫协商，由其出面令上海日商纱厂自当月起按月向横滨正金银行一秘密账户提供300万元法币资金，日本军方给予纱厂相应时价的军票存款，以作补偿。这一账户，即所谓的"伊资金"。日本政府向上海日商纱厂明确说明"伊资金"运作的诸项机制，特别强调"在操作以上存款之际，各家纱厂绝不可卖出日币购入法币"，"当军票存款用于向日本国内汇款，或买入日本国债，或转为定期存款等情况时，就可支取，但绝不可用于诸如对军票价值维持产生不利影响的支付用途"。经日商纱厂内部商议，这笔资金由各厂按纱锭枚数比例分配应缴数额，其中内外棉纱厂生产规模最为庞大，承担金额最多，达70万元；而东华纱厂规模最小，承担额最少，仅7万元。[①]

作为利益交换，日本政府向纱厂方面表示：①作为基本原则，上海纱厂今后每月实施的法币存款以其利润充当，若利润减少而在本案难以实施的情况下，本案可再协商；②本案在实施过程中，若一时遇到如金融梗塞等情况，纱厂可从银行获得短期资金融通之援助；③本案实施时，军方原先要求纱厂的合作事项全部撤回；④本案实施时，政府援助纱厂排除其在获取原棉投产、产品交易上的阻碍；⑤关于本案实行与纱厂之间的斡旋，由大藏省驻上海财务官担任之。[②]以上诸条，以第2、4两条对于日商纱厂最具诱惑力，日本政府以第2条打消纱厂对法币短缺的顾虑；第4条则明确表明，日本政府默许

---

① 〔日〕清水善俊：《支那事变军票史》，《日本金融史资料·昭和篇》第29卷，东京：大藏省印刷局，1971年，第71—72、78、82、89—91页。此后情况稍有变动，1940年12月，因振华纱厂加入同业会上海支部，内外棉纱厂的责任额减至法币68万元，仍为最多；而振华纱厂最少，仅法币2万元。参见《第五十二回会议报告》，1940年12月4日，在华日本纺织同业会大阪本部：《在华纺织同业会通牒缀（上海）》，S15—Ⅳ—13，日本大阪大学附属图书馆藏。

② 参见〔日〕清水善俊：《支那事变军票史》，《日本金融史资料·昭和篇》第29卷，东京：大藏省印刷局，1971年，第90页。

纱厂通过法币采购原棉等行为，将继续为上海日商纱厂的全线投产提供基本保障。

在"伊资金"启动之初，日本军政当局即意识到，日军若为采购法币物资通过正常汇市交易卖出军票，换取法币，势必导致军票价值下跌，而使"伊资金"在内的一切军票价值维持工作变得毫无意义，故特别规定："关于日军及军关系企业所必需的法币调度，绝不可通过市场自由兑换，而应利用本资金（'伊资金'）来实现"[①]，因而"伊资金"又具有为日军调集物资采购所需法币的功能。

然而，"伊资金"设立后，上海日商纱厂的缴款极不顺利。1939年夏，沪上棉产品行情高涨，上海日商纱厂保持旺盛的生产势头，纱厂从棉产品交易中获得巨大利润。日商纱厂一般会将利润大半汇往日本国内，每月从中提取300万法币金额，并不会对其经营活动造成特别影响。[②]然而，如上所述，当时大量法币流出纱厂用于套取外棉，而1939年6月23日，恰在日商纱厂需将规定金额的法币首次存入"伊资金"之际，重庆国民政府突令上海中央银行、中国银行、交通银行、农民银行四行实行法币存款限制提现政策[③]，诸多商业交易陷入停顿，上海中外棉纺织业首当其冲。从同业会档案可见，日商纱厂面临严重的法币短缺危机，不得不通过财务官相马敏夫与"华兴商业银行"协商获取融资，以解燃眉之急。[④]

日本军政当局掌握一定量的法币后，上海汇市战场上军票对法币的汇率战即告打响。1939年7月初，法币对军票汇率仍居100元以上，汇市"法币贵、军票贱"的格局并未改变。[⑤]日商纱厂在自身法币短缺的情况下，仍按日本军政当局要求向"伊资金"账户存入规定数额的法币。7月中旬，因中英平准基金所供英镑告罄，国民政府不得不放弃对黑市法币汇价的维持，上海汇市进入放任状态，法币行情出现狂跌。[⑥]1939年11月，日本政府规定，自12

① 〔日〕清水善俊：《支那事变军票史》，《日本金融史资料·昭和篇》第29卷，东京：大藏省印刷局，1971年，第89页。

② 参见〔日〕高村直助：《近代日本棉纺织业与中国》，东京：东京大学出版会，1982年，第261页。

③ 参见《上海市银行同业公会密件》，1939年6月22日，《上海市银行商业同业公会1939年1月—12月通函》，S173—1—443，上海档案馆藏。

④ 参见《第二十一回会议报告》，1939年7月17日，在华日本纺织同业会上海支部：《上海会议录》，Ⅱ—1—66，日本大阪大学附属图书馆藏。

⑤ 参见相马敏夫：《华中通货工作的回顾》，〔日〕多田井喜生编：《占领地通货工作》，东京：原书房，1983年，第289—290页。

⑥ 关于1939年3月8日成立以来，中英平准基金对法币汇市维持及最后失败的过程，参见林美莉：《抗战时期的货币战争》，台北：台湾师范大学历史研究所，1996年，第48页。

月 1 日起禁止日币在上海地区流通，华中沦陷区内将推行军票"一元化"政策。[①]由此日币退出汇市，军票成为华中沦陷区内唯一的日系货币，法币兑军票汇率于 75—78 元展开拉锯战。1940 年 3 月末，法币兑军票汇率回升至 80 元关口。值此关键时刻，日本军政当局即向日商纱厂提出于 6 月缴纳法币 700 万元、7 月缴纳 900 万元的特殊要求。虽然数额远超之前规定的责任额，纱厂方面仍予以满足。由于纱厂配合，日本军政当局及时将大量法币投入汇市，6—7 月军票跌势得以抑制，至 8 月，法币对军票汇率跌至 75 元以下，此后行情彻底转向有利于军票的一面。[②]

鉴于军票于汇市不断"告捷"，1939 年 11 月以后，上海日商纱厂几度希望同业会与军方交涉暂停"伊资金"，并强调"只要在（资金）充裕的情况下，就考虑再次缴资，并保证一定以法币形式缴还"[③]，然而，考虑到"伊资金"与军方利益攸关，为避免引起军方猜忌，同业会大阪总部否决了上海方面的这一意向。

1941 年 1 月以后，"伊资金"的作用对于日本军政当局而言已不仅在于维持军票价值，而是为 1939 年 8 月成立的"中支那军票交换用物资配给组合"（即"军配组合"）提供必要的法币周转资金。[④]1942 年以后，汪伪政权大量发行"中储券"，日本军政当局原则上同意日商纱厂以之代替法币上缴"伊资金"，暗中平衡"中储券"与军票的兑换汇率，为"中储券"与军票比值最终固定于 100 : 18 做准备。1943 年年初，当"中储券"在华中沦陷区内基本取代军票时，"伊资金"对于日本军政当局而言再无存在的必要，遂于 3 月关闭。

据同业会档案，至 1940 年 12 月末，上海日商纱厂共存入"伊资金"法币 6407.4 万元（含息），转成军票存款累计达 4713.7 万元，约占同期军票在华中的流通总额 10 132.3 万元的 47%。[⑤]这笔庞大的军票，陆续以国债、存款、

① 参见〔日〕清水善俊：《支那事变军票史》，《日本金融史资料·昭和篇》第 29 卷，东京：大藏省印刷局，1971 年，第 148 页。

② 参见〔日〕今村忠男：《军票论》，东京：东京商工行政社，1941 年，第 125 页。

③ 《关于纺织减产——十七日上海支部来电（急电暗号）》，1940 年 9 月 17 日，《上海日商纱厂与军票关系杂件》，大阪棉业会馆藏未刊战时在华档案。

④ 柴田善雅根据日本一桥大学所藏军配组合档案《伊交换承认请求书控（昭和十五年）》《伊交换承认请求书控（昭和十六年）》发现，1940 年 1 月—1941 年 12 月军配组合所调集的法币资金主要来自"伊资金"，其中 1941 年度达到法币 2962.1 万元。这些法币主要用于日本军方对伪满棉花的出口、大豆等物资的采购与进口、支付统税与进口税等。参见〔日〕中村政则等编：《战时华中的物资动员与军票》，东京：多贺出版，1944 年，第 106—107 页。

⑤ 参见《伊资金计算日报》，1940 年 12 月 28 日，在华日本纺织同业会大阪本部：《在华方盒子同业会通牒缀（上海）》，S15—Ⅳ—13；参见清水善俊：《支那事变军票史》，《日本金融史资料·昭和篇》第 29 卷，东京：大藏省印刷局，1971 年，第 348 页。

捐款等形式回流至日本军政当局手中，一部分以工资、货款等形式流入沦陷区内。若仅从关涉金额数目的庞大程度来看，日本军方称"（该资金）对 1940 年秋为止军票渡过困难时代给予了极大贡献，乃是应在军票史上大书特书之事"，显然对"伊资金"的实际效果相当满意。

第三节 "K 资金"的设立

1939 年 12 月日本政府推行的华中军票"一元化"政策，使军票的功能已不局限于现地日军军费征发，而逐渐成为在华日本人进行各种经济活动的基本货币。[1] 至 1940 年 2 月时，"沪上军票每日的成交数额自一百数十万元至二百万元左右。四川路一带之钱庄，大都兼营军票买卖，其进出数量最巨者，每日均在一二十万元以上。至用军用票买进之货物，则为糖、海味、棉布、棉纱，以及运输公司及报关行业者亦流通使用，以为解交日商货款，至水路运费暨火车轮船客票，均需军用票购买"。[2] 显然，军票在一定区域内已具备商业货币功能。

随着功能的增强，军票逐步融入日商纱厂产品交易之中。在华中军票"一元化"政策实施前夕，日本军政当局即要求纱厂"对于流向汉口等内地的棉产品以军票结算，且在其他产品及棉花的货款中使用二成的军票"[3]。由于军票自身购买力提高，正如财务官相马敏夫所指出的，即使日商纱厂反对将产品全部以军票交易，但"如今也需出于成本考虑，渐至实现以军票交易的层面，若这一层面达到相当程度，以军票进行产品交易当然无任何异议"[4]；同时纱厂也不得不逐步增加产品的军票交易数额以满足日军的要求。[5] 以 1940 年

---

[1] 清水善俊：《支那事变军票史》，《日本金融史资料·昭和篇》第 29 卷，东京：大藏省印刷局，1971 年，第 89、156 页。

[2] 《敌在沪粤推行军票扰乱金融情形》，1940 年 2 月 16 日，秦孝仪主编：《中华民国重要史料初编——第六编：傀儡组织（四）》，台北："中国国民党中央委员会党史委员会"，1981 年，第 1129—1130 页。

[3] 《第四十回会议报告》，1939 年 11 月 1 日，在华日本纺织同业会上海支部：《上海会议录》，Ⅱ—1—66，日本大阪大学附属图书馆藏。

[4] 相马敏夫：《华中通货工作的回顾》，〔日〕多田井喜生编：《占领地通货工作》，《续·现代史资料》(11)，东京：原书房，1983 年，第 292 页。

[5] 《第六十四回会议报告》，1940 年 3 月 18 日，在华日本纺织同业会大阪本部：《在华纺织同业会通牒缀（上海）》，S15—Ⅰ—10，日本大阪大学附属图书馆藏。

为例，可以分析上海日商纱厂产品军票销售额的变动情况，如表 5-1 所示。

表5-1　1940年上海日商纱厂棉产品军票销售数额情况表

单位：千元

月份	数量	月份	数量
1月	1 786	7月	4 267
2月	1 184	8月	4 276
3月	3 290	9月	9 082
4月	6 510	10月	8 628
5月	5 202	11月	11 488
6月	5 526	12月	16 592
1940年全年合计：77 831			

资料来源：〔日〕清水善俊：《支那事变军票史》，《日本金融史资料·昭和篇》第 29 卷，东京：大藏省印刷局，1971 年，第 184 页

由表 5-1 可知，1940 年 1 月日商纱厂产品的军票销售收入仅为 178.6 万元，至 12 月已达 1659.2 万元，增长近 10 倍。1939 年 1 月—1940 年 7 月，据同业会估算，上海日商纱厂累计消费了上海进口外棉总量的 80%，达 544 万担（平均 200 元 / 担），支出法币超过 10.8 亿元。同业会自称："如以支付给中国人工资 1820 余万为'罪'，而视协助打倒蒋介石政权，消耗其在外法币 10 亿余元为'功'的话，其'功'当然具有重要意义。"[1]可以看到，日商纱厂对于外棉采购，并非仅仅视之为经济活动，而是一种政治表态。令纱厂担忧的是，随着产品军票交易量的急剧增加，流入纱厂的法币相应减少，势必对其外棉采购造成不利影响，引起政治层面的连锁反应。

1940 年 9 月军票在汇市确立对法币的优势地位后，若军票继续与法币挂钩，日本军政当局势必面临一个新问题：军票升值过于剧烈导致法币过度贬值。一方面，军票价值高涨导致从日本进口的各种产品价格飙升，制约了日本产品销路的扩张，引起日商的不满[2]；另一方面，法币价值过于低落引起沦陷区内物价腾贵，不仅对日军套购租界内的各种物资造成不便，也会波及维持低物价政策的日本国内经济体系。[3]日本军政当局考虑利用日商纱厂内部的军票资源设立一新"资金"账户，它与"伊资金"的运作原理正好相反，即由该账户适度向

---

[1]　参见《关于在华纺的立场》，据内容可知在 1940 年 10 月，《上海日商纱厂与军票关系杂件》，棉业会馆藏未刊战时在华纺档案。

[2]　参见〔日〕杉村广藏：《支那·上海经济诸相》，东京：岩波书店，1942 年，第 5、31 页。

[3]　参见〔日〕宫下忠雄：《支那战时通货问题一斑》，东京：日本评论社，1943 年，第 248 页。

市场抛出军票来抑制其过度升值，间接提升法币价值，以使法币不至过度跌落而成无甚价值的废纸。这一新设"资金"账户，即为"K资金"。

显然，"K资金"设立的最主要目的在于平衡军票兑换法币的价值，并非对纱厂的特殊"照顾"。然而日本军政当局为避免"纱厂为筹集采购原棉的法币资金而利用市场渠道，从而对军票工作造成恶劣影响"而采取的这一措施[①]，也使上海日商纱厂间接从中获得一笔法币"专项资金"。1940年8月，为控制原棉流入纱厂的数量，日本军方制定《棉花搬运出入许可处理要领》，规定上海日商纱厂"绝不可采购占领地外的棉花（海外进口者除外）"，且"每月必须汇报所有采购棉花的种类、数量、价格、来源、转卖对象及消费状况"[②]。"K资金"与《棉花搬运出入许可处理要领》的结合，使日本军政当局通过信息与货币两种渠道，掌握纱厂对原棉的采购数量，控制纱厂的生产命脉。

"K资金"流入纱厂的法币数量，主要来自军票与"丙资金"、"吕资金"、"乙资金"、"军票价值平衡资金"等其他秘密资金的互换。当军票行情不断高涨时，各"资金"均出现法币过剩而军票反渐不足的现象，"K资金"的运作恰为它们起到回拢军票的作用。1940年10月，上海日商纱厂首次存入"K资金"军票193万元[③]，至1941年月春每月升至700万元，此后各月上缴数额在数百万元不等，完全视日本军政当局的时局需要而定。据日本学者大竹慎一推算，1940年9月—1941年3月，日本当局向市场放出约3000万军票[④]，这些军票的来源极有可能即是"K资金"。

1941年后，上海日商纱厂流入华中沦陷区内的绝大部分产品均以军票结算，军票源源不断地流入各纱厂内，"K资金"在运作过程中从未遇到军票短缺问题。12月太平洋战争爆发，上海外棉进口渠道基本断绝，日商纱厂对法币的需求降至开战以来最低点。1942年3月日本军政当局出台《华中通货暂定处理纲要》，将法币视为"敌性货币"，决定将之彻底打倒，华中沦陷区内实行"中储券"本位制。[⑤]军票自身也渐为"中储券"取代，至6月"K资金"

---

① 〔日〕清水善俊：《支那事变军票史》，《日本金融史资料·昭和篇》第29卷，东京：大藏省印刷局，1971年，第98—99页。

② 《棉花搬运出入许可处理要领》，1940年8月24日，《上海日商纱厂与军票关系杂件》，棉业会馆藏未刊战时华纺档案。

③ 参见《第四十七回会议报告》，1940年11月12日，在华日本纺织同业会大阪本部：《在华纺织同业会通牒缀（上海）》，S15—Ⅳ—13，日本大阪大学附属图书馆藏。

④ 参见〔日〕大竹慎一：《日中通货战史——旧殖民地通货金融研究》，东京：フォレスト出版社，2000年，第53—55页。

⑤ 〔日〕桑野仁：《战时通货工作史论》，东京：法政大学出版局，1965年，第173页。

基本停止运作。

"K资金"自设立至停止，始终为军票工作中的重要一环，它与"伊资金"相互配合，为军票在华中的流通提供了极大便利。日本军政当局利用几种货币间的循环，稳定军票价值而不使之居于过高位，打击法币而不使之暴跌。据统计，"K资金"自设立以来，上海日商纱厂共投入约8200万元军票，就其"价值"，日本军政当局认为，该资金的设立"打消了纱厂对于采购原棉所需法币的不安，有利于其将产品以军票交易形式来援助军票工作的开展，同时也为丙、吕等军票价值维持资金提供一强大军票来源，对于军票价值维持对策可谓毫无遗憾。（该资金）从两面给予了军票工作巨大贡献"。

第四节 "C资金"的出台

"伊资金"启动后，大量军票流入日商纱厂内部。随着军票的升值，纱厂与日本军方在利益上的矛盾逐渐显现。1940年7月，中国派遣军总司令官西尾寿造向日本当局提议通过法令强制包括上海日商纱厂在内在华日企向日军提供更多法币，称"若仅从高层指导而非法令强制的方式，大概已难有更大期待"[1]。1940年9月法币100元仅可兑换军票68元左右，军票价值高涨，日军中流传日商纱厂利用"伊资金"大获其利的传闻，称军方有意对日商纱厂课以严厉的特殊税作为惩罚。[2]

当纱厂与军方的关系变得棘手时，作为日本政府在华代表——大藏省财务官的居中斡旋就极为重要。相马敏夫主动"询问纱厂方面能否再提供一笔含有税金意义的法币资金"，结果纱厂方面爽快地答应了这一要求。[3]

日商纱厂出乎意料的合作态度，令相马敏夫印象深刻。1940年秋以来，国际形势变幻莫测，9月德国、意大利、日本三国签订同盟条约，日本与英国、美国的关系骤然紧张；上海汇市波谲云诡，军票虽在价值维持上取得优

---

① 〔日〕清水善俊：《支那事变军票史》，《日本金融史资料·昭和篇》第29卷，东京：大藏省印刷局，1971年，第98—99、188页。

② 《关于和军当局的会谈（报告）》，1940年9月24日，《上海日商纱厂与军票关系杂件》，棉业会馆藏未刊战时在华档案。

③ 相马敏夫：《华中通货工作的回顾》，〔日〕多田井喜生编：《占领地通货工作》，《续·现代史资料》(11)，东京：原书房，1983年，第300页。

势，但是相马敏夫深感仅依靠"伊资金"的运作，或将难以应对非常之变。他与日商纱厂的接洽正值纱厂深受军方指责之际，因而受到纱厂的欢迎。

关于"C资金"的出台过程，虽然日本军政当局撰写的史料极为简略，然而同业会档案却相当详细地记载了其内情。当时同业会内部秘密拟出三套协助大藏省财务官的方案，具体内容及所附理由如下。

（1）第一方案。以月额军票150万元作为税款，按各纱厂纱锭枚数比例分担，这笔税款作为捐款也好，用于购入国债也罢，都由各纱厂自由决定，但可从税款负担额中扣除。

理由：在外纱厂利用低汇率汇款而获取利益，受到日本国民当此非常时期不缴税而获利的指责，无论如何也应对此作一正面回应。

（2）第二方案。强化同业会对各纱厂资金的管理，将多余资金全部供日本使用。

理由：在日本国内企业"只要今后利润存在多余，即全部用来购买国债"的趋势下，日本在华棉纺织业也必须要有与之保持一致的觉悟；对在外纱厂而言，这也是安全之举。

（3）第三方案。设立与"伊资金"并行的另一用途"某资金"。①每月缴入一定金额（法币）。②本资金的使用完全交由财政官处置。③以国债形式接受返还。④当纱厂遇到金融堵塞而需借入资金时，在财务官认为无妨的范围内，从该"资金"中获取借款，以及在获得财务官许可的情况下，以本资金为担保从银行处借入资金。⑤本资金在一连续时间段内运作，仅限与同业会上海支部相关。

理由："伊资金"已完全为军方支配，财务官在金融工作上并不能使用。新"资金"将初步设为财务官专用金融工作资金。①

有意思的是，从现存有关同业会内部会议档案中可见，当时各家纱厂对这三套方案意见不一。内外棉纱厂更倾向于第二方案；大康、同兴、日华、上海、东华、裕丰等纱厂赞成第三方案；公大、丰田纱厂则对各方案持保留态度。结果表明，大多数的日商纱厂赞成第三方案，即设立一新"资金"账户，专供财务官使用。这一方案不久便成为日商纱厂协助相马敏夫计划的核心，也即"C资金"的雏形。

若考察各方案所附理由，似可从中了解当时日商的复杂心态。事实上，

---

① 《会议代表者关于在华纺协助具体方案之件》，1940年11月2日，《上海日商纱厂与军票关系杂件》，棉业会馆藏未刊战时在华纺档案。

第一方案、第二方案在现实中能否成立或实施均成问题。在第一方案中，日商纱厂希望通过每月缴纳固定税款，缓和来自日本国内的批评之声。然而日商纱厂作为跨国企业，在税金缴纳形式上原本无法与日本国内税法接轨，缴税在程序上难以操作。在第二方案中，日商纱厂将一切生产剩余利润上缴日本当局，虽然表明了对日本战时经济统制政策的全力支持态度，然而自身承受损失极大，必然遭到大部分日商纱厂的反对。第三方案，日商纱厂以新"资金"而非税款名义资助大藏省财务官，内容上虽与第一方案无本质差异，但该方案以财务官的意图为中心，另有一层博取其好感的用意。

日商纱厂内部也曾考虑直接向军方妥协，拟订第四套方案，后因相马敏夫方案（第三方案）的出台而放弃。[1]若将纱厂对军方方案与对相马敏夫方案的态度作一比较，即可发现纱厂就对军方还是政府让步，似有一番揣摩。两者的细微差别在于，军方方案，将以军票上缴；而相马敏夫方案，则以法币上缴。在1940年10月汇市法币兑军票汇率仅为60元左右，其价值远低于军票的情况下，军票缴纳当然对纱厂更不利。虽然任何方案都意味着日商纱厂将蒙受巨大的经济损失，然而日商纱厂集团内部通过反复权衡，巧妙地将"投资"的砝码押置于日本政府系统下的大藏省财政官手中。

在相马敏夫与日商纱厂、军方反复协商后，名为"C资金"的秘密账户出笼，上海日商纱厂自愿提供1000万元法币作为军票价值维持工作的储备金。这笔资金由日商纱厂自1940年12月起分5个月存入横滨正金银行。日商纱厂商定，期满之后这笔资金除部分购买日本国债及财务清理外，其余皆归财务官自由支配使用。[2]

"C资金"的功能主要在于辅助"伊资金"。至1941年2月，法币大幅贬值，沪上金融投机日趋严重，日商纱厂在向日本军政当局作出"一旦日后需

---

[1] 据同业会档案，在1940年10月，面对日本军方的压力，同业会另拟过四套提交军方的解决方案：①对于今后缴纳的"伊资金"，如大康、内外棉纱厂等在日本国内缴税的公司以"伊资金"收入一半购买国债；并未直接缴税的公司将"伊资金"收入1/4购入国债，另1/4作为捐款。②捐款一途：通过现地（上海）当局机关，将军票1000万元作为捐款。每月支付100万元，10个月付清。③以"伊资金"收入购买国债，如每月定额购入100万元等，余额则按各公司考虑，适当充作捐款。④"伊资金"收入一半用来购买国债。参见《关于再次和〇〇少佐的会谈》，1940年10月6日，《上海日商纱厂与军票关系杂件》，棉业会馆藏未刊战时在华纺档案。

[2] 《关于吕资金案（即"C资金"——笔者注）》，1940年12月7日，《上海日商纱厂与军票关系杂件》，棉业会馆藏未刊战时在华纺档案。需注意的是，日商纱厂内部将该资金称为"吕资金"，显然是根据旧日文假名排序法"伊（イ）"、"吕（ロ）"、"波（ハ）"的顺序而推定的，但事实上日本军政当局在1940年1月便设立名为"吕资金"的秘密账户，日商纱厂对此并不知情。

要，无论何时都可再次提供一千万"的承诺后，从财务官处取回已存入"C资金"的 600 万元法币。鉴于军票价值稳定工作已告成功，相马敏夫亦同意将此笔资金返还纱厂，"C资金"仅维持 3 个月即告中止。

"C资金"名义上虽归大藏省系统支配，然而一经启动，法币资金也最终流入日军手中，军方仍是"C资金"的最终受益者。对于"C资金"的"价值"，同业会某官员自陈当时的心态，可为最佳写照：

> 通过"伊资金"协助军票工作，诚然是件好事。军部的意思是使这笔金额不断增加，然而以每月 300 万元的巨款稳定融通，实际已非常困难。这点军人们不能理解，还不时说要增至 500 万元，甚至 1000 万元的要求……这阵子提出的 1000 万元特别"伊资金"融通方案，本身就是考虑了一部分军人的意向，并且有无论如何希望缓和与他们之间紧张气氛的用意。①

从本质上说，"C资金"不过是上海日商纱厂谋求对军方妥协的一种方式。它的出台是日本侵略集团内部利益博弈的产物，暴露出日商纱厂与日本军方的矛盾：在军方眼中，纱厂始终是为自身谋取暴利、不顾国家利益的资本集团；而在纱厂眼中，军方则是不择手段掠夺其生产利润的无餍敲诈者。两者关系紧张的背后，不仅存在日本民间资本家与日本军阀在利益层面的紧张冲突，而且还有两者观念上——自由资本主义与经济统制主义的本质对立。②

"C资金"的中止并不意味着日本军方对日商纱厂的索求得到满足，日军另以节约军费为由命令上海日商纱厂等华中日本商团提供至少超过 10% 的利润作为国防捐款，并要求日商纱厂以购买战争国债的方式，为当地日军提供临时军费。③这些要求导致上海日商纱厂自抗日战争爆发以来获取的利润大量流入日军手中。

---

① 《关于影山少佐问题》，1940 年 10 月 17 日，《上海日商纱厂与军票关系杂件》，棉业会馆藏未刊战时在华纺档案。

② 推究日本军方与上海日商纱厂对立的意识形态根源，正如日本经济史学家中村隆英指出的，战争伊始，日本国内经济就受到冲击而面临难局，"对资本主义进行批判和有统制与计划化志向的，原本即不限于社会主义者，即使在军部乃至官僚中，主张计划经济、统制经济者也大有人在"。参见〔日〕中村隆英：《昭和经济史》，东京：岩波书店，1986 年，第 104—105 页。

③ 〔日〕清水善俊：《支那事变军票史》，《日本金融史资料·昭和篇》第 29 卷，东京：大藏省印刷局，1971 年，第 198、202 页。

第五节　日军"军票经济圈"的推行与
日商纱厂的困境

　　1940年秋，抗日战争已进入第4个年头。日本在对华战争的泥沼中越陷越深，国内经济状况日益恶化。[①] 而在华中沦陷区，自1939年12月军票取代日币成为唯一的日系货币以后，在"伊资金"等秘密账户与"军配组合"的操作下，军票流通区域不断扩大，价值大大增强。1940年5月，日本对流入西南国统区的物资渠道展开封锁战，日本经济界注意到军票工作的新动向，"最近军票维持政策将逐渐倾力于对消费层面的引导与对生产层面的扩大，因而必须对当地企业及营业部门进行再调整。确立现地战争经济体制乃当下必然之要求"[②]。1940年秋，日本军方认为在华中沦陷区推行所谓"军票经济圈"的时机已经到来。关于日军"军票经济圈"的推行，虽然在重庆国民政府金融情报部门的报告有所记载[③]，但未见于日本军政当局所撰写的各种史料之中。新近发现的同业会档案不仅将之坐实，而且详细记载了它的来龙去脉及与日本在华企业间的关系，大大丰富了我们对军票工作的认识。

　　"军票经济圈"的确立，其根本目的在于打击和排斥法币在华中沦陷区内的流通，限制或隔绝沦陷区内各种"援蒋利敌"物资流入国统区内。[④] 对日本而言，"军票经济圈"的推行，是军票工作步入"更高阶段"的产物，是军票在华中沦陷区物资市场上对法币优势地位的挑战，是日本军政当局通过物资战来削弱国民政府抗战力的重要战略措施。由于物资交易过程也是货币流通的过程，物资战与汇率战一样，本质上都是货币战的表现形式。[⑤]

　　1937年战事爆发后，各种生产或进口物资得以通过上海公共租界这一渠道运往国统区内，1938—1941年，上海成为支撑重庆政权的重要物资源头之一。以棉产品为例，1939年西南国统区内全年所需棉纱布的6成即由上海供

---

① 参见〔日〕臼井胜美：《日中战争》，东京：中央公论社，1967年，第114页。
② 《法币跌落与当面我国的政策》，《日本工业新闻》1940年5月9日。
③ 特种经济调查处编：《伪中储券之分析》（油印本），出版地不详，上海图书馆藏，1941年，无页码。
④ 参见《关于重庆经济封锁与军票经济圈的确立》，1940年9月2日，《上海日商纱厂与军票关系杂件》，棉业会馆藏未刊战时在华纺档案。
⑤ 戴建兵：《金钱与战争——抗战时期的货币》，桂林：广西师范大学出版社，1995年，第299页。

给，上海生产的棉产品成为日本对重庆进行经济封锁战的重要控制对象。[①]据日本《大阪每日新闻》调查，当时日商纱厂产品销路，"一部分经由日商之手以现金直接转售于华人批发商，与华商纱厂、英商纱厂产品同为上海本地消化。另一部分或经扬子江流入内地，或经蚌埠流入河南、江苏，或经温州、福州、厦门等地流入福建、江西，甚而经由法属印度支那等渠道流入西南"[②]。由于华中沦陷区与西南国统区均为战时上海日商纱厂产品的重要销路，日商纱厂陷入了微妙的立场：一方面，纱厂产品流入沦陷区内，不仅消耗国民政府在外的法币资金，且对于扩大军票流通"非常有效"[③]；另一方面，纱厂产品大量流入国统区，充实了国民政府抗战的物资基础。日本军方当然认识到这一利害关系，自 1940 年 9 月起将上海日商纱厂产品定性为"限制运出物资"，但并未将其销路彻底禁绝。[④]

1940 年 8 月末，在日本军方的监督下，华中棉纱布销售协议会成立，该会规定上海日商纱厂每月只能以军票形式向华中沦陷区内各地销售 9000 包棉纱。[⑤]从上文 1940 年上海日商纱厂棉产品军票销售数额情况表可知，自 9 月以来纱厂产品的军票销售额剧增，表明纱厂市场销路急剧"军票化"。同年，对于劳工工资以军票支付问题，上海日商纱厂虽经日军多次催促，最初始终以"唯恐引起军票价值低落"、"担心导致工人罢工"为由推脱[⑥]，但自 11 月起，为配合日本军方出台军米必须以军票购买之规定，日商纱厂主动宣布劳工工资的 3 成以军票形式发放。[⑦]大米作为维系劳工生存的必需物资，其交易历来受到日伪最严厉的统制。纱厂的这一决定不仅表明对军票工作的有力支持，也从侧面反映了其内部经济生活的高度"军票化"。

上海日商纱厂在自身"军票化"的过程中，不可避免地导致当地中外纺

---

① 《关于重庆经济封锁与军票经济圈的确立》，1940 年 9 月 2 日，《上海日商纱厂与军票关系杂件》，棉业会馆藏未刊战时在华纺档案。

② 《在华纺的减产》（上），《大阪每日新闻》（夕刊）1940 年 9 月 18 日。

③ 《敌议会中之战地经济问题》，1940 年 8 月 10 日，秦孝仪主编：《中华民国重要史料初编——第六编：傀偏组织（四）》，台北："中国国民党中央委员会党史委员会"，1981 年，第 1222 页。

④ 《佐佐木委员长的来电》，1940 年 9 月 8 日，《上海日商纱厂与军票关系杂件》，棉业会馆藏未刊战时在华纺档案。

⑤ 〔日〕上海日本商工会议所编：《上海日本商工会议所年报》（1940 年度），第 68 页。

⑥ 《工资一部军票使用方法联合协议会报告》，1940 年 1 月 23 日，在华日本纺织同业会大阪本部：《在华纺织同业会通牒缀（上海）》，S15—Ⅰ—10；另见《第五十六回会议报告》，1940 年 2 月 14 日，在华日本纺织同业会大阪本部：《在华纺织同业会通牒缀（上海）》，S15—Ⅰ—10，日本大阪大学附属图书馆藏。

⑦ 参见《关于工资军票支付问题的会议报告添送之件》，1940 年 11 月 8 日，《上海日商纱厂与军票关系杂件》，棉业会馆藏未刊战时在华纺档案。

织业出现使用军票的倾向。同业会上海支部理事堤孝认为，上海日商纱厂即使在断绝与西南西北的物资交流、生产遭到重创之际，只要纱厂"彻底执行不以军票交易即不将货物向市场放出之策略，中外商人也会因没有商品可购而不得不软化屈从"①。抗日战争爆发以来，上海日商纱厂生产的棉货作为"原料"大量供给租界内大小中外纺织企业。正因为看到上海中外纺织业间存在这种竞争且共生的关系，堤孝才会认为，日商纱厂在市场利益上暂时作出牺牲，最终可以迫使租界内的中外纺织业向军票屈服。日商统一要求军票交易的策略确实较有成效，1940 年 11 月上海法租界工董局开始以军票采购日商产品，表明租界当局对军票的态度出现松动。②上海租界也将军票作为支付货币，是符合日本军政当局对实现华中"军票经济圈"所必须满足的基本条件的认识的。

不过，日军中的部分将校认为，与其千方百计地控制棉产品的流动及其市场，不如直接关闭作为生产源头的上海日商纱厂最便捷。③对此，同业会辩解称："若按当局的意志将纱厂全部关闭，虽然纱厂方面应立即处理，然而此举对上海市场影响甚大，结果将导致何种事态，实属难料。"④为避免损失最大化，上海日商纱厂在同业会的授意下，于 1940 年 7 月末已实施自由减产 3 成的基础上，决定自 11 月起全体纱厂统一减产 5 成，以此表明对日军坚定支持的态度。⑤同业会大阪总部特意向上海分部说明了此次大减产的理由：

> 不言而喻，减产五成对于工厂经营者而言，乃极重大的问题……这次的扩大减产并非单以纺织自身的利害问题为发端，乃事关大局顺应国策的一种"姿态"，与其说是按军方意图在实质性政策上的实践，不如说正是如上电文指出的，通过使众人皆明白的方法表明态度。⑥

当时上海市场上的棉产品，因为法币暴跌而价格高昂，上海日商纱厂扩

---

① 《军票销售的可能性，在华纺堤氏谈决意》，《上海支部来电》，1940 年 9 月 25 日，《上海日商纱厂与军票关系杂件》，棉业会馆藏未刊战时在华纺档案。

② 《上海法租界认可军票》，《大阪每日新闻》1940 年 11 月 2 日。

③ 参见《关于与军当局的会谈（报告）》，1940 年 9 月 24 日，《上海日商纱厂与军票关系杂件》，棉业会馆藏未刊战时在华纺档案。

④ 《佐佐木委员长的来电》，1940 年 9 月 8 日，《上海日商纱厂与军票关系杂件》，棉业会馆藏未刊战时在华纺档案。

⑤ 参见〔日〕东亚研究所编：《支那占领地经济的发展》，东京：东亚研究所，1944 年，第 237 页。

⑥ 《扩大减产问题》，1940 年 9 月 20 日，《上海日商纱厂与军票关系杂件》，棉业会馆藏未刊战时在华纺档案。

大减产的举动，不可避免地会带来经济上的损失。然而日商纱厂集团高层的态度已表明，减产问题并非仅是纱厂经济利益层面的问题，而是纱厂表明自身政治立场的问题。

同业会并未料到它所作出的这一决定，成为上海日商纱厂战时生产轨迹的转折。作为减产的后果，纱厂自 1940 年 10 月 1 日起停止一切周末作业，机器停转 37%，11 月起一律取消夜班，并在短期内解雇 2 万名工人。[①] 自 1940 年秋统一减产起，纱厂的生产能力一蹶不振，到 1941 年上海日商纱厂的棉纱产量较 1940 年下滑 61.1%，宣告战时环境下上海日商纱厂的黄金时代一去不返。[②] 从前文所列战时上海日商纱厂生产率的走势图可知，早在太平洋战争爆发前一年，上海日商纱厂的生产就已走向衰落。

然而，令日商纱厂更担忧的是，虽然日本军方一味叫嚣推行"军票经济圈"，但日本军政当局在华中的货币政策并不坚定。1940 年 3 月汪伪政府成立，欲成立"中央银行"[③]，不希望军票继续存在。[④] 日本军政当局内部关于在华中沦陷区内是否发行新货币也有过激烈争论，军方认为军票工作已取得一定成功，要求维持军票现状；而以兴亚院与大藏省为代表的日本政府则主张避免使用军票，应扶植新"中央银行"发行新币来统一华中的货币。[⑤] 作为日本政府、军方、汪伪三方利益折中、平衡的结果，汪伪政府虽收回"华兴商业银行"的货币发行权，但"中央银行"发行的新币将与军票、法币共同流通，远未实现汪伪一统币制的期望。[⑥] 日商纱厂对未来华中金融局势感到忧虑：

> 如今在华中方面军票和法币作为通货共同流通，而这两种通货没有永续性，不久若时机来临，皆会沦为被新通货替换之命运……虽然也有人理解，在华纺从这次事变发生以来牟取了巨额利润，他们并未考虑通货不稳定的情况。即便今日清算一切，解散在华纺，只要事变没有结束，不安始终是不安，它仍旧会持续下去。所谓"赚钱"、"赚钱"的喧哗，

① 参见《至佐佐木委员长的电报（全部暗号）》，1940 年 9 月 24 日，《上海日商纱厂与军票关系杂件》，棉业会馆藏未刊战时在华纺档案。

② 参见〔日〕上海日本商工会议所编：《上海日本商工会议所年报》（1941 度），第 69 页。

③ 参见蔡德金编注：《周佛海日记全编》（上册），1940 年 10 月 24 日，北京：中国文联出版社，2003 年，第 369 页。

④ 《伪中央银行进行近况》，1940 年 7 月 22 日，《中国银行总处关于敌寇与汪伪发行军用票及伪造法币强迫使用情报的通函》，Q54—3—162，上海档案馆藏。

⑤ 关于日本军政当局围绕新货币与军票关系之矛盾，参见浅田乔二：《1937—1945 年日本在中国沦陷区的经济掠夺》，袁愈佺译，上海：复旦大学出版社，1997 年，第 200 页。

⑥ 参见特种经济调查处编：《伪中储券之分析》，油印本，无页码。

越至最后关头，其结果只能越出乎意料。在华纺只要以博取利润为方针，就极可能看到飞至而来的悲剧。[①]

同业会档案表明，日商纱厂已预见到法币与军票终将被新货币所取代的命运，并为之感到恐慌。一种旧币迅速为新币所更替，并不受经济规律与市场法则的制约，而由强势者的政治权力所决定，常年积累的财富或因货币本位的变动而蒸发，这是日商纱厂感到恐慌的真正根源所在。

第六节　本 章 小 结

随着抗日战争进入漫长的相持阶段，军票在日军武力的强制下于华中沦陷区内流布。从货币原理而言，与依靠英镑、美元等平准基金保值的法币不同，"无根"的军票并不是一种真正意义上的货币，"（军票）价值之维持，端赖由日本输入之物资，以及军事与政治之统制力而已"[②]。伴随发行量的增加，军票若无相应物资担保，则必然导致购买力跌落。"军配组合"作为维持军票价值的物资统制机构，其业务即从日本进口各种物资，用以宣抚民众，为回收军票服务，学界对之已有一定的研究。[③]然而"军配组合"因收入军票而不能获取外汇，"不仅直接反映出（日本国内产品）向日元区出口存在的调整问题"[④]，且因日本国力薄弱，"从内地来看，能够保证解决事变的物资量，也未必能够期待按军票增加量同比增加"[⑤]。故对日本而言，最理想的"军票交换用物资"，当属现地日本企业的产品，而上海日商纱厂手中的棉产品是日本军政当局最直接可以用于担保军票价值的筹码。从《支那事变军票史》等史料可见，为节约军费，在抗日战争前期日本军政当局比较注意对军票流通量的控制，并未达到"滥发"的地步。与之对照，通过各种渠道流入华中的法币数量却与日俱增，以1940年下半年为例，军票在华中沦陷区内的流通量在1亿

---

① 《在华纺的立场》，据内容可知，在1940年10月，《上海日商纱厂与军票关系杂件》，棉业会馆藏未刊战时在华纺档案。

② 忆非：《日军票腾涨之观察》，《中报周刊》1940年第29期。

③ 参见〔日〕柴田善雅：《占领地通过金融政策的展开》，东京：日本经济评论社，1999年，第327—328页；陆伟：《"军配组合"与战时日本在华中的物资统制》，《党史研究与教学》1999年第4期。

④ 参见《再建新支那安定的通货》，《大阪每日新闻》1940年4月11日。

⑤ 《通货问题（三）：看新生支那》，《大阪朝日新闻》1940年5月18日。

左右，而法币流通量却达 30 亿—40 亿之巨。[①] 为维持这些军票的价值，并对法币展开攻势，日本军政当局对上海日商纱厂的索取，实则体现了日本在经济持久战状态下国力的局限与民生物资动员能力的窘迫。

通过日本军、政、企三方资料的会读，基本可以理清上海日商纱厂与军票工作结合的轨迹。从长远来看，上海日商纱厂自战前形成的庞大生产规模，战时所处的有利生产环境，其与军票工作的结合不可谓无因。但具体而言，以 1939 年 5、6 月上海汇市日币暴跌为发端，上海日商纱厂手中庞大的货币资源方受到日本军政当局的瞩目。此后，以军票作为经济武器的货币战从汇率战与物资战两条线索展开：在汇率战中，上海日商纱厂与"伊资金"等秘密账户的结合，使日本军政当局在关键节点得以征调充足的货币资源投放汇市，起到提升和维持军票价值的效果；而在物资战中，纱厂产品作为日军逐步实现"军票经济圈"的工具，为军票向华中内地扩张服务。上海日商纱厂与军票的结合完全在秘密状态下进行，上海日商纱厂于日本在华中的军票工作中扮演了隐秘协助者的角色。

然而，我们也可从同业会档案中读到日商纱厂的"受害者"心态。的确，抗日战争爆发以来，日商纱厂在经济活动中对法币与军票的抉择，长期陷入两难境地。"伊资金"的启动乃日商纱厂被纳入军票价值维持工作的肇始，"K资金"与"C资金"的运作使两者的关系更为密切。"军票经济圈"的推行将纱厂内部的"军票化"推向更为彻底的地步。日本军政当局在华中推行的军票，使纱厂自 1935 年币制改革后形成的法币体系受到严重破坏，纱厂陷入"军票化"的泥沼中难以自拔，战时旺盛的生产之势一蹶不振。不过，应当看清纱厂作为"受害者"的本质，乃是日本在华棉纺织业短期经济利益屈服于日本军政当局长期统制策略的必然结果。

战时日本侵略集团内部有着一套独特的军国主义话语体系。在维护日本"国益"的口号下，日本侵略集团内部各势力围绕军票工作的开展，却存在不同的利益诉求与博弈关系。日商纱厂在利益上的"割舍"，来自其长期信奉的生存策略[②]，根本目的在于换取日本军方对其战时大规模生产棉产品之类"非军需物资"的谅解；军方对于军票的热衷，因军票与其切身利益关联；以大

---

① 此据日本人的推算情况，参见〔日〕东亚研究所编：《支那占领地经济的发展》，东京：东亚研究所，1944 年，第 514 页。

② "五卅运动"之后，内外棉纱厂将"忍耐即是强力"这一信条作为厂训，日后这一条也成为日商纱厂共同的生存哲学。参见〔日〕元木光之：《内外棉株式会社五十年史》，大阪：内外棉株式会社，1937 年，首页插图。

藏省财务官为代表的日本政府，注重日本在华发展的长远利益，更多考虑的是军票与沦陷区内日本统制经济的整体结合，常于军企之间扮演调解角色。日本全面侵华战争爆发后，日商纱厂对华商纱厂资产的侵夺、对劳工运动的制压、对沦陷区内棉货市场的垄断，无不依赖日军的武力庇护与日本政府的经济统制而实现[①]，由于垄断性的权益来自军政当局的施予，日商纱厂对其妥协与软弱亦在情理之中。事实上，纱厂对于日本军政当局制定的各种货币战策略，虽有小小怨诉，但在行动上仍绝对服从。

日本在华中的军票工作实效如何呢？ 1940 年 10 月之后日本的军票价值维持工作表面取得成功，然而军票流通只能局限于中国的大城市与主要铁路沿线地带，内地农村仍是法币天下。[②]在民间资本眼中，军票不过是较"华兴券"等伪券稍稳定的投机对象，"在日元势力区域内之各种杂币，似乎以日本军用票比较其他为稳定。不过其稳定之范围，可能保证者，乃一时尚不致降低于法币之等值而已"[③]。军票与日元集团其他在华成员——"蒙疆券"、"联银券"等存在同样的致命缺陷，即虽都宣称与日币等值联系，但实际购买力均低于日本国内的日币，且都不具备直接与英镑、美元等国际货币兑换的功能。[④]日本军政当局竭力对军票、伪券价值加以维持，并不能掩盖这一事实，即它们的对外价值及有限的商业货币机能是依赖法币而生的，军票虽能在沦陷区内部分区域对法币的流通有所打击，但绝无建立"独立王国"之可能。而作为负效应，1940 年之后"法币经济圈"内经济生活出现的恶性通货膨胀，同样波及"军票经济圈"，造成日本当局对沦陷区内物资的收购付出高昂代价。[⑤]1941 年 1 月 6 日，汪伪政府成立"中央储备银行"，发行"中储券"，日本军政当局并未按一贯货币政策将之纳入日元集团，而与法币等值，系因"新法币（即'中储券'——笔者注）与军票不同，故可购买外国商品，又因中央储备银行有充分发行准备，能发行多额钞票"，"如以此新法币确立华中之货币制度，将来或进而统一全中国之货币制度，亦决非不可能之事"[⑥]。显然，日本军政当局寄希望于"中储券"补完军票的缺陷，实现日本掌控下华

① 关于战时日商纱厂对中国民族棉纺织业的侵占与掠夺等行径，参见〔日〕柴田善雅：《中国占领地日资企业的活动》，东京：日本经济评论社，2008 年，第 162—177 页。

② 邱宝鸿：《货币战现阶段与法币对策应有的改变》，《广东省银行季刊》1941 年第 2 期。

③ 《中国"货币战争"之各面观》，《经济丛报》1940 年第 26 期。

④ 外国汇兑局：《日圆系货币价值基准的问题》，〔日〕日本银行编：《今后华中通货政策方向的个人见解》，东京：日本银行，1941 年，无页码。

⑤ 〔日〕东亚研究所编：《支那占领地经济的发展》，东京：东亚研究所，1944 年，第 516 页。

⑥ 宫下忠雄：《日本在中国之货币战》，《译丛月刊》1941 年第 6 期。

中货币体系的再统一。

众所周知，和平时代的货币战争，主要以操控汇率的方式于贸易战场展开，其主要目的在于谋求国际收支的改善与保护本国产业的利益；而战时的货币战争，以全面侵华战争时期日本在华中开展的军票工作为例，形态更为诡谲多变，后果更为残酷。日本欲以"无根"的军票对法币展开"拔根式"的攻击，必须通过周密计划的金融布局，动员大量的财力、物力。为达此目的，日本以其最强大的民间海外资本——日商纱厂蒙受巨大损失为代价，说明战时日本在华中发动的货币战具有双刃剑的性质，在嫁祸于中国经济社会的同时，对其自身海外产业的发展也造成了相当不利的影响。由于战争形势的不确定性，日本对华货币政策变幻莫测，日本控制下的货币本位每一变动，不仅中国民众遭遇浩劫，同样危害日本在华企业的利益。[①]战时货币战带来的严重后果与深刻教训，应为后人所警戒。

解读同业会档案，能够使我们了解上海日商纱厂与军票工作结合的隐情，由于近代以来中日两国经济形成极密的联系，日本对华投资形式的复杂多样性，可以想见，日本军政当局对于不同类型在华企业的影响力亦有强弱之分。日本在华棉纺织业作为个案能否代表所有日本在华企业？遍布中国各口岸都市的日商洋行掌握庞大资源的国策会社，又是如何与军票工作结合的？我们期待新资料的发现，展开进一步的研究。[②]

---

① 参见《上海市各业同业公会联合代电》，1942 年 3 月 13 日，《上海市银行商业同业公会关于本市日本当局宣布军票对"法币"买卖价格均以伪中储券为限后、本市银钱业等二十二个同业公会为市场商情混乱电汪伪政府财政、实业部等机关的反映及其批复》，S173—1—131，上海档案馆藏。

② 本章系《从上海日商纱厂考察战时日本在华中的军票工作》（初刊于《历史研究》2013 年第 6 期）一文的修订稿。

第六章

日商纱厂与劳工问题

 1925 年"五卅运动"以后，日商纱厂与中国劳工的关系，成为其经营活动上最敏感的话题。日商纱厂中劳工艰苦的劳动环境与恶劣的生存状况，为社会进步舆论所诟病，日商纱厂被视为日本资本家永不停息的生产机器，残酷榨取着中国劳工的剩余劳工价值。[①] 在战争阴云密布的年代，日商纱厂不仅成为诸多劳资纠纷爆发的渊薮，且成为中日两国兵戎相见的导火索。目前，中外学界关于研究抗日战争时期日商纱厂劳工问题的成果，仍十分有限。即使微薄的研究成果中，学者们仍从劳工运动的角度来探讨问题，研究对象往往集中于某些"剥削"的个案，而不是劳工整体的生产生活状况。研究者更关心的是以日商纱厂为舞台劳工运动的动向，而不是日商纱厂与劳工之间劳资关系或劳工生存环境的实态。抗日战争前期，日商纱厂如何处理内部的劳工问题，不仅是其自身经营上的重要问题，也是日本侵略者如何维持沦陷区内社会治安稳定的重要问题。由于战争的灾难性影响，战时日商纱厂的生产环境、规模、能力均远不逮战前，日商纱厂在劳工招募、管理体系、工资待遇、福利政策等诸方面的运作，也发生了相应的变化。笔者主要以华北日商纱厂与上海日商纱厂中企业与劳工的关系、劳工的生存状况为研究对象，揭示战时环境下日商纱厂劳工问题的实相，探讨劳工问题对日商纱厂走向兴盛的影响及意义。

---

① 中国作家夏衍发表于 1936 年的报告文学《包身工》，以某日商纱厂（即为上海纺）中的女工生活为对象，以文艺形式批判了日商纱厂苛酷用工的现象，这部作品发表后，引起社会舆论对日商纱厂用工制度的广泛关注，日商纱厂的劳工政策也饱受诟病。时至今日，人们对日商纱厂的印象仍深受这部作品的影响。

第一节　劳工数量与雇佣状况

　　日商纱厂作为立地中国的日本棉纺织企业，华人劳工是其生产活动中最基本、最重要的劳动力。中国农村充沛的剩余劳动力，完全能够满足城市工业化的需求。日本棉纺织业得以在华扩张的重要原因之一，即在于可以获取远较日本国内低廉且丰富的劳动力。长期以来，日商纱厂通过各种雇佣形式，维持了一支超过 10 万人的劳工队伍。然而随着抗日战争的爆发，日商纱厂在劳工数量与雇佣形式上发生了明显的变化。

　　先看青岛日商纱厂的情况。自 1916 年内外棉在青岛设厂以来，日本棉纺织资本相继在青投资建厂，至 1937 年战前，青岛已形成 9 社 19 厂较大规模的日商纱厂集团。日商纱厂各家会社相继于青岛设立分厂，日商纱厂派遣人员前往华北内地农村宣传，或直接于厂门张贴告示，招募了大批农村剩余劳力。至 20 世纪 20 年代中期，内外棉等早期在青岛设厂的日商纱厂，其劳工来源地区虽略有不同，但基本以青岛及其附近的胶县、平度、莱阳、益都、高密等地为中心，所招募的劳工，也并不限男女。20 世纪 20 年代中期以后，公大、大康等大型日商纱厂在青岛开办分厂，日商纱厂初成规模，日商对劳力的需求更为殷切。公大等日商纱厂以益都县（青州）、平度、莱阳等县的农村女子为招募对象，因为当地女子并无缠足习惯，故能维持长时间强体力的劳动。[①]虽然各厂使用的女工数量有所增加，然而至战前，青岛日商纱厂中的男工数量始终多于女工，这一现象至战时也未改变。1937 年 8 月初，青岛盛传日本将对当地出兵，日商纱厂内劳工为避战火大量缺勤，8 月末青岛日商纱厂遂告全体停闭。12 月 18 日国民政府青岛市长沈鸿烈下令炸毁全部在青岛的日商纱厂，当地日商纱厂几乎丧失所有设备。1938 年 10 月青岛日商纱厂初步重建，劳工陆续回厂复工。至 1939 年 6 月，青岛日商纱厂拥有在籍男工 10 778 人、女工 8267 人，合计共 19 045 人。与战前 1937 年 7 月时 33 035 人的人数相比，不及 6 成。另据统计，战时青岛日商纱厂的劳工年龄层次仍以年轻化为主，其中 14—25 岁年龄段者占劳工总数的 82%，而其中 20 岁以下者占全体的 60%。[②]然而，这不过是 1939 年 6 月青岛日商纱厂设备维持大部

---

① 〔日〕水谷国一:《青岛纺织劳动调查》，大连：南满洲铁道株式会社，1940 年，第 8 页。
② 〔日〕水谷国一:《青岛纺织劳动调查》，大连：南满洲铁道株式会社，1940 年，第 9、13—14 页。该调查统计数据与《上海日本商工会议所年报》的统计结果在男女工人人数上略有差异，前者为满铁调查结果，而后者为在华纺织同业会的统计数据，故从前者。

分运转时的劳工数。1940年以后，青岛日商纱厂因原料短缺而宣布大幅限产，大量劳工遭到解雇，从表6-1中可以看到，与1939年6月相比，1940年12月时青岛日商纱厂劳工数锐减了约1/3。

天津日商纱厂大多兴建于抗日战争爆发前夕。1937年7月7日战事爆发，当月30日天津即告沦陷。由于战事短促，天津日商纱厂的生产设备基本未受损失[①]，战事仅对其生产经营活动造成了一些负面影响，当时的天津日商纱厂因"原料输入困难、职工出勤不佳、产品销路不畅，以及日本国内因汇兑管理而导致的汇款不畅，传闻（纱厂）也将暂时停业"[②]。然而，华北日军担心当地纱厂劳工的大量失业将导致治安混乱，特令天津日商纱厂始终维持一定程度的生产，战争初期天津日商纱厂各家会社内的劳工并未出现大量流失。天津日商纱厂自1939年起即受日军对华北棉统制之影响，而实施大幅减产。由表6-1—表6-3可见三地日商纱厂劳工人数之变化。

表6-1　1939年6月日商纱厂劳工数统计情况

项目	男工（人）	女工（人）	劳工总数（人）	男工女工比例
上海日商纱厂	12 216	44 374	56 590	22∶78
青岛日商纱厂	10 778	8 267	19 045	57∶43
天津日商纱厂	12 361	8 319	20 680	60∶40
合计	35 355	60 960	96 315	37∶63

表6-2　1940年11月日商纱厂劳工数统计情况

项目	男工（人）	女工（人）	劳工总数（人）	男工女工比例
上海日商纱厂	8 900	21 639	30 539	29∶71
青岛日商纱厂	7 328	6 247	13 575	54∶46
天津日商纱厂	9 546	8 247	17 793	54∶46
合计	25 794	36 133	61 927	42∶58

表6-3　1941年12月日商纱厂劳工数统计情况

项目	男工（人）	女工（人）	劳工总数（人）	男工女工比例
上海日商纱厂	8 533	18 488	27 021	32∶68
青岛日商纱厂	6 807	6 543	13 350	51∶49
天津日商纱厂	11 064	8 416	19 480	57∶43
合计	26 404	33 442	59 846	44∶56

资料来源：〔日〕上海日本商工会议所编：《上海日本商工会议所年报》（1938—1941年各年度），上海：上海日本商工会议所，1939—1942年，书末附页

---

① 《解决融资最为重要》，《大阪朝日新闻》1938年1月27日。
② 《天津邦人纺继续生产》，《大日本纺织联合会月报》1938年1月15日，第543号。

从表 6-1 可见，天津日商纱厂 1939 年 6 月时的在籍男工数为 12 361 人，女工数为 8319 人，劳工总数为 20 680 人，直至 1941 年 12 月太平洋战争爆发，其劳工总数基本处于一个稳定的状态，未有较大出入。天津与青岛同处华北沿海地区，两地环境相似，天津日商纱厂内男工占劳工总体的比例也大于女工，且因天津日商纱厂兴起较上海、青岛为晚，故男女劳工比例较青岛还略高。①

再看上海日商纱厂的劳工情况。战争前夕，上海日商纱厂内的劳工人数，维持了 65 000—68 000 人的规模。淞沪战事爆发，日商纱厂内几乎所有华籍劳工离厂而去，俟 1938 年 3 月上海战事平定，日商纱厂宣布复工，劳工复归。据 1939 年 6 月末的统计，上海日商纱厂中在籍男工数达 12 216 人，女工数达 44 374 人，总计 56 590 人，较战前有所减少。然至 1940 年 9 月末，包括日商纱厂"委任经营"的华商纱厂在内，共有在籍女工数 39 119 人，男工数 14 588 人，劳工总数达 53 707 人，较 1939 年 6 月时的总数进一步减少。1940 年 10 月，上海日商纱厂迫于日军压力统一减产，大批劳工遭到解雇，在两个月间，上海日商纱厂内的在籍劳工数大幅减少，具体变动如表 6-4—表 6-6 所示。

表6-4　1940年10月日商纱厂各纱厂劳工解雇详细情况

日商纱厂本厂		大康	同兴	公大	内外	日华	上海	东华	丰田	裕丰	合计
9月末在籍劳工数	男	763	765	1 551	2 617	880	1 870	403	669	1 473	10 991
	女	2 481	2 065	4 247	4 827	3 746	5 410	941	1 624	3 904	29 245
	合计	3 244	2 830	5 798	7 444	4 626	7 280	1 344	2 293	5 377	40 236
9月解雇劳工数	男	337	251	164	203	397	350	47	210	256	2 215
	女	1 628	1 129	944	1 064	4 026	2 120	291	493	1 220	12 915
	合计	1 965	1 380	1 108	1 267	4 423	2 470	338	703	1 476	15 130
今后预计解雇人数	男	20	54	149	231	70	350	15	56	350	1 295
	女	280	626	570	1 213	573	1 400	200	131	600	5 593
	合计	300	680	719	1 444	643	1 750	215	187	950	6 888

资料来源：《1940 年 9 月末劳工处置状况调查》与《上海限产问题》，1940 年 9 月 24 日，《上海日商纱厂与军票关系杂件》，棉业会馆所藏未刊战时在华纺档案

---

① 根据《青岛纺织劳动调查》，1939 年 7 月青岛日商纱厂之男女劳工之比例为 57：43。而根据《上海日本商工会议所年报》（1939 年度）的记载，天津日商纱厂 1939 年 6 月的男女劳工比例为约 60：40。

表6-5　1940年10月日商纱厂管理下各"委任经营"工厂劳工解雇详细情况

"委任经营"工厂		大康	同兴	日华	上海	东华	丰田	裕丰	合计
9月末在籍劳工数	男	376	360	166	580	417	771	927	3 597
	女	1 082	1 118	714	1 540	1 095	1 975	2 350	9 874
	合计	1 458	1 478	880	2 120	1 512	2 746	3 277	13 471
9月度解雇劳工数	男	118	60	70	80	114	213	279	934
	女	889	296	330	550	289	961	953	4 268
	合计	1 007	356	400	630	403	1 174	1 232	5 202
今后解雇预计人数	男	—	70	—	—	—	56	90	216
	女	—	300	—	—	60	174	270	804
	合计	—	370	—	—	60	230	360	1 020

资料来源：《1940年9月末劳工处置状况调查》与《上海限产问题》，1940年9月24日，《上海日商纱厂与军票关系杂件》，棉业会馆所藏未刊战时在华纺档案

表6-6　对表6-4与表6-5两表数据的折算统计

日商纱厂在籍劳工数(A)	委任经营工厂在籍劳工数(B)	$(A)+(B)$
40 236	13 471	5 3707
日商纱厂解雇劳工数(a)	委任经营工厂解雇劳工人数(b)	$(a)+(b)$
22 018	6 222	28 240
$(a)/(A)\times100\%$	$(b)/(B)\times100\%$	$(a)+(b)/(A)+(B)$ $\times100\%$
54.7%	46.2%	52.6%

可以看到，两个月间，上海日商纱厂解雇劳工数达到劳工总数的52.6%，这意味着至少一半日商纱厂劳工丧失工作。1940年年底，日商纱厂生产状况经过调整，劳工总数虽略有回复，最终升至30 539人，但与战争前夕的劳工总数相比较，已减少超过一半。此后至太平洋战争爆发，上海日商纱厂的生产略趋稳定，劳工总数也基本维持于此一数字上下。

从整体来看，1937—1941年日商纱厂内工人数量上的变化，呈现递减趋势，其中1939年6月—1940年11月递减幅度最大，此后略趋缓和。棉纺织工业原本需要动作轻快之女子充作主要劳力，然而，战时人口的频繁流动与社会治安的动荡，使日商纱厂男工雇佣人数较战前增加，导致日商纱厂内男女劳工比例不断缩小，男工所占劳工总数比例不断增大。从表6-1—表6-3可知，虽然女工人数始终占上海日商纱厂劳工总数之多数，但战前一些原本女工从事的岗位渐为男工替代。这一现象在上海日商纱厂中尤其突出。

另外，日商纱厂因所处环境之差异，劳工在性别比率、技能素质、文化修养等方面各不相同。战事爆发后，地区间的差异化仍旧存在。如上所述，青岛日商纱厂中的劳工主要来自山东各地，而山东劳工的劳动性格素被日本棉纺织业者认为"淳朴、勤勉，性质最为柔顺，且易于役使"，然而在文化素质上，据日本人调查，青岛日商纱厂中男工略有阅读能力者仅占全体的28%，女工中仅占全体的8%，有些甚至不能书写名字，绝大部分的劳工为文盲。[①]战争并未改变日商纱厂内纺织劳工的基本技能结构状况，进而还导致了各社熟练技工的短缺，1938年10月青岛日商纱厂陆续复工，首先面临的问题，即为劳工招募问题。随着青岛日商纱厂重建工作的展开，各家会社均感人手不足，尤其是熟练技工的缺乏。华北农村正罹受战祸而难以骤然前往招募，大部分日商纱厂仅于厂前揭贴告示，以期招募拥有生产经验之劳工，由于熟练技工之稀缺，甚至在招募上出现了相互竞争的现象。[②]上海日商纱厂内劳工文化程度虽仍较低，但较华北为佳，如大康纱厂所招募的劳工，大多数从事过土纺土织，拥有一定的纺织技术。[③]此外，一些上海日商纱厂处于租界区域，其内部劳工社团活跃，一些社团在劳工中开展识字读报运动，一定程度上提高了劳工文化水平。总体而言，抗日战争时上海日商纱厂内劳工之文化素质要高于青岛、天津日商纱厂。

以青岛、上海日商纱厂为例，通过比较可见，战时日商纱厂之劳工雇佣情况与战前存在差异。战前，青岛日商纱厂内劳工的雇佣制度，主要有包工制、包身制与养成工制三种。包工制最早出现于1897年上海英国人创办的怡和纱厂，而在青岛的推行则自大康纱厂始。包工制的形式，乃由华人工头负责劳工的招募与进厂后的生产活动，工头往往与劳工具有乡谊或帮会关系，故得以控制劳工的部分人身自由。[④]包身工制为包工制的一种特殊形式，其与包工制的区别，仅在于招收对象为女工，女工受工头挟制而失去大部分的人身自由。所谓养成工制，其招收对象多为未成年女童，女童进厂后先被授以基本的棉纺技术，女工在工头的监督下进行生产与生活，基本丧失全部人身自由。养成工制在内外棉中尤为盛行。青岛日商纱厂的这三种雇佣制度，从资方对人身的依附与控制强度而言，以养成工制最为苛刻，包身工制次之，

① 〔日〕水谷国一：《青岛纺织劳动调查》，大连：南满洲铁道株式会社，1940年，第9页、130页。

② 〔日〕水谷国一：《青岛纺织劳动调查》，大连：南满洲铁道株式会社，1940年，第128页。

③ 上海第十二棉纺织厂工人运动史编写组：《上海第十二棉纺织厂工人运动史》，北京：中共党史出版社，1994年，第27页。

④ 曾繁铭编：《青岛纺织史》，未刊准印本，1940年，第207页。

包工制则最轻。抗日战争爆发后，由于大量农村剩余劳动力涌入城市，以及城市劳工失业人数的增加，纱厂无需利用工头等中介势力，即可获取足够的劳力。1939年6月，青岛日商纱厂9社见习工及试验工（即童工）合计比例仅占全体劳工的14%。[①]这意味着在青岛日商纱厂中，以见习工、试验工为主体的包身工、养成工制度已渐为直接雇佣制所取代。而在上海日商纱厂方面，由于日商纱厂企业无视中国法律，纱厂雇佣劳工的形式仍以"包身工"居多，招募的对象主要为江苏、安徽等地农村女子；由于包身工制在上海日商纱厂发展较为完善，故战时仍被上海日商纱厂广泛运用。据日本人调查，1940年上海日商纱厂使用包身工者，占各企业劳工总数之30%、60%、70%不等，其中达到60%—70%的纱厂极少，一般都在30%—40%。[②]因战时人员流动性过大，培养女童又过于费时，上海日商纱厂多以直接招募（即直接雇佣）获取必需之劳力，其所招募劳工之大多数，为居住于纱厂附近的贫民与临黄浦江一带失去土地、家境困难的农民。战时日商纱厂的雇佣形式出现了新趋势：日商纱厂内一些比较僵化的劳动雇佣关系较战前有所松动，其中华北日商纱厂的松动程度似乎还要超过上海日商纱厂。由于劳力的不足与闲散，直接雇佣制在南北日商纱厂中均有所发展，而华北日商纱厂似较上海日商纱厂更为积极地采用这一形式。

第二节　劳动时间与薪酬津贴

战时，绝大部分日商纱厂均实行昼夜两班交替制度。无论上海、天津还是青岛的日商纱厂，每班实际劳动时间除去必要的就餐时间外，普遍达到11—11.5个小时。劳工在工作时间内，必须全力投入生产活动，几无休憩时间，劳动强度之大可以想见。无论成人工还是童工在休息时间上无丝毫差别，即使夏季酷暑、冬季严寒，休息时间均不得延长。日商纱厂各社一年劳动天数，按照同业会的规定，原则采用同一标准，各厂之间差别极小。各纱厂劳工一般仅周日可得休息半天，即每月休日仅为2天，一年劳动天数普遍均在334—336天。日商纱厂作为日本在华企业，日商往往宣称享有治外法权，故

---

① 〔日〕水谷国一：《青岛纺织劳动调查》，大连：南满洲铁道株式会社，1940年，第128页。
② 游部久藏：《中国纺织劳动事情之"自然"》，日光书院：《东亚学》（第九辑），东京：日光书院，1944年。

对中国颁布的《国民政府工厂法》（1929 年颁布）置若罔闻，同时日商纱厂又处于日本《修正工厂法》（1926 年颁布）的适用范围之外，得以规避日本国内法律的限制。日商纱厂在劳动时间上毫无顾忌，纱厂往往通宵达旦，机器恒常运转，不竭余力地榨取劳工的剩余价值。

然而，日商纱厂也往往根据实际需要，调整劳动时间。减少劳动时间的主要原因，在于其自身设定之限产计划。天津、青岛日商纱厂（包括日商纱厂之"军管理"纱厂）因原棉短缺，自 1939 年上半年起即实行限产，其用工时间随原料供给状况而变化，生产率往往限于 50%—60%。如此低的生产率导致华北日商纱厂仅需维持昼班，即可满足生产需要，因而 1939 年以后华北日商纱厂的劳工劳动时间，较战前大大减少。

另外，1939 年以前，包括日商纱厂在内的上海棉纺织业，可谓为上海诸产业中劳动时间最长的产业。[①]1938 年 3 月—1940 年 9 月，因市场上棉纱、棉布行情高涨，上海日商纱厂的生产设备几近全部运转。日商纱厂各厂劳工，即使以两班轮替的劳动强度，仍不敷生产需要，"礼拜工"的现象屡见不鲜。[②]然而 1940 年 10 月，上海日商纱厂迫于来自日军的压力，不得已宣布推行减产 50% 之计划。据同业会上海支部之规定，上海日商纱厂统一大幅减少劳动时间，"为实现生产额减半，从 10 月 1 日以后增加休息日，周六、周日昼夜班全停，且机器需停转 37%，以过去一年间每月平均生产额的半数维持生产"，并规定自 12 月后，所有上海日商纱厂一律取消晚班。[③]上海日商纱厂在经历近 2 年半的高峰生产后，不得不中止两班制的生产模式。

日商纱厂如此高强度的劳动生产模式，而劳工仍趋之若鹜，根本原因在于劳工必须出卖劳动力，获取维持基本生计所需的微薄薪酬。抗日战争爆发后，华中、华北各地生活物价指数飙升，棉产品价格高腾，日商纱厂从中获取了巨大利润，然而劳工薪酬增长却十分缓慢，甚而还出现了较战前减少之现象，战时日商纱厂劳工的薪酬收入，用以维持自身的基本生计，已相当困难。

青岛日商纱厂劳工在战前 1937 年 6 月，平均每日工资为 0.46 元，其中最低者为见习女工 0.23 元，最高者为特殊工 0.64 元；而至 1939 年 6 月，全体劳

---

① 据日本人之统计，1937 年、1938 年上海华商纱厂之情况，为劳动时间达平均每日 11.5 小时，在华人工厂中劳动时间最多。日商纱厂之生产劳动时间有过之而无不及，故上海棉纺织业总体为抗日战争以来劳动强度最大之产业。参见《上海工业概观》，《满铁调查月报》1940 年 3 月，第 20 卷第 3 号。

② "礼拜工"即于周末厂休日换班时，工人要多做 2—4 个小时，则工人连续工作时间往往大于 16 个小时。参见《抗日战争时期上海工人运动史》，第 92 页。

③ 《上海分部来电》，1940 年 9 月 25 日，《上海日商纱厂与军票关系杂件》，棉业会馆藏未刊战时在华纺档案。

工平均每日工资增至 0.59 元, 最低仍为见习女工仅 0.34 元, 最高为特殊工, 达 0.76 元。[①] 以平均工资论, 1939 年 6 月的工资比 1937 年 7 月增长 28%, 而据表 6-7 可以看到, 这一增长速度远低于 1937—1939 年华北基本物价指数的升幅。

现实中, 上海日商纱厂劳工工资因各厂各部门的差别较大, 且因资料有限, 无法进行详细的统计和平均数计算。日商纱厂各企业内部的情况也各不相同, 即使同一工种在同一会社下不同分厂, 劳工所拿的工资也不同。1938 年年末, 以同兴纺技术工人为例, 其最高为机织部男女工头, 每日工资达 1.1 元, 最低为搓纱女工仅 0.2 元。而当年上海日商纱厂各家企业中, 劳工的工资已较前年同期有所提高, 最低提高 7%, 最高提高 15% 左右。[②] 据统计, 1940 年上海中外纱厂劳工工资, 一般情况下工头或特殊技工每天可拿到 0.9 元左右, 普通劳工在 0.5 元左右, 而男女童工则在 0.3 元左右。[③] 日商纱厂中纱工男工最高为 1.07 元, 最低仅为 0.45 元, 女工最高为 1.03 元, 最低为 0.35 元; 织布工男工最高为 1.08 元, 最低为 0.45 元, 女工最高为 0.96 元, 最低为 0.4 元。[④] 显然, 日商纱厂劳工的工资, 似要略高于上海纱厂的平均水平。另外, 上海日商纱厂内因劳工工种较青岛繁多, 劳工间的技术存在较大差异, 劳工的工资跨度应较青岛为大。

相对高涨的物价, 南北日商纱厂劳工薪资却普遍低廉。由于战时华北、华中的农村处于战祸天灾双重摧残, 农村极端穷困的环境迫使大量剩余劳动力涌向城市, 劳工即使在极其恶劣的劳动环境下, 也甘愿出卖劳力维持基本的生计, 而技术性不强之棉纺织业往往为其热衷之选。然而, 棉纺织产业吸纳劳力毕竟有限, 战时供大于求的劳力需给关系, 从根本上扼制了棉纺织劳工工资的上涨幅度。

日商纱厂为促使劳工提高生产积极性, 又对劳工工资设立诸多等级, 劳工按不同等级领取不同的薪资及津贴[⑤], 其工资结算体系极为复杂, 大致以按

---

① 〔日〕水谷国一:《青岛纺织劳动调查》, 大连: 南满洲铁道株式会社, 1940 年, 第 39 页, 另见曾繁铭编:《青岛纺织史》, 第 210 页。

② 《第四回会议报告》, 1939 年 4 月 19 日, 在华日本纺织同业会上海支部:《上海会议录》, Ⅱ—1—66, 日本大阪大学附属图书馆藏。

③ 朱邦兴编:《上海产业与上海职工》, 上海: 上海人民出版社, 1984 年, 第 60、64 页。

④ 〔日〕兴亚院华中联络部编:《在华中的主要工厂调查》, 上海: 兴亚院华中联络部, 1942 年, 第 15 页。

⑤ 若以青岛日商纱厂的情况而论, 则工资是按照经验及熟练而设立的等级制度来制定的。按照一定工资比率标准指数来发给: 其一, 修业期间长短; 其二, 劳动者的年龄和性别; 其三, 机械的能力; 其四, 工作的难易; 其五, 是否易疲劳; 其六, 作业环境的卫生、危险程度等决定的。(参见〔日〕水谷国一:《青岛纺织劳动调查》, 第 43 页) 但实际上工资等级之设定, 完全由日本籍领班自由决定。

日固定结算或按产量结算两种形式，不同部门间又各不相同。在工资的发放时间上，上海日商纱厂按月中月末两次发放，而青岛日商纱厂除公大纱厂外，各会社均按月发放一次。

除工资外，战前日商纱厂向劳工发放若干津贴，如加班津贴、期末奖金、全勤奖金、物价津贴等。其中与劳工生活最息息相关者为物价津贴，即所谓的"米贴"。1925 年"五卅运动"之后，上海、青岛中外各纱厂均设米贴，即以津贴形式弥补物价水平与工资之差。战前，米贴往往以实物形式发放于劳工。战初，青岛日商纱厂曾向劳工提供廉价面粉，而因面粉价格腾贵，劳工又将面粉转卖，故青岛日商纱厂只于米贴中提供馒头。1939 年 4 月，青岛日商纱厂达成共同协定，诸纱厂按劳工工资资标准及出勤情况，向劳工提供相当于每日工资 1 成之米贴，米贴遂以货币形式发放。上海日商纱厂米贴情况较青岛更为复杂，一些日商纱厂按照米价的实际涨跌幅度发放，一些日商纱厂则按工资之一成额度发放货币，形式又各异。1939 年以前，由于上海每月物价涨幅多在 5% 以下，故上海日商纱厂内米贴问题尚未凸显。1939 年以后，每月物价指数多以 10% 的幅度上涨，米贴成为劳工维系生存之保障。1939 年 6 月，上海沪东地区的日商纱厂规定：当米价上涨时，纱厂按劳工每天平均工资 0.6 元的 1 成，即 0.06 元作为米贴，而当米价下跌时，则取消之；沪西地区日商纱厂则以当时工部局发表的半月平均米市行情价格为标准，米贴随米价涨幅作相应调整。[1]通过一系列的操作，上海日商纱厂最终统一按后者形式发放。若以 1940 年 7 月租界内的米价行情为标准，内外棉一个普通劳工除获 0.5 元工资外，还可获得 0.54 元的米贴，米贴反超过工资。当时上海日商纱厂中存在一现象，即工资较低的日商纱厂，米贴往往便相对较高，反之亦如此。[2]1940 年 7 月以后，米贴主要与当时上海大米的供需挂钩，虽然战时上海的米价较战前大幅增长，但大米的供应基本尚可通过进口洋米来解决，故大米价格总体处于平稳上升的态势，米贴会出现猛涨骤跌的情况。[3]除必须支出之米贴外，日商纱厂所设其他津贴种类，较战前减少许多，劳工于战前可享受之权益，无形中被资方侵蚀。

---

① 当时上海日商纱厂规定，以每石米 16 元（1940 年后调整为 20 元）为基准，每涨 1 元，即给予米贴 0.01 元。参见《第十七回会议报告》，1939 年 6 月 23 日，在华日本纺织同业会上海支部：《上海会议录》，日本大阪大学附属图书馆藏。

② 上海纺织工人运动史编写组：《上海纺织工人运动史》，北京：中共党史出版社，1991 年，第 545 页。

③ 中国科学院上海经济研究所等编：《上海解放前后物价资料汇编（1921—1957 年）》，上海：上海人民出版社，1958 年，第 22 页。

1938—1941 年，日商纱厂仅发放一次特殊津贴。1940 年 9 月以后，上海日商纱厂面临大规模减产，厂方必须解雇大量劳工以解决劳力过剩问题。从表 6-4—表 6-6 上海日商纱厂劳工数的锐减可见，这次解雇行动规模之大，为日商纱厂史上所仅有。日商纱厂为缓和劳资矛盾，当时同业会上海支部反复商议，决定发放一笔特殊解散津贴。日商考虑到 1940 年下半年上海正处于物价高涨民生极度困难之时期，劳工解雇问题若处理不当，或将导致社会治安出现混乱。日商纱厂一方面请求日军对劳工的动向保持高度的警戒，另一方面又力图以各种手段缓和可能出现的劳资冲突。日商纱厂规定，工龄未满 1 年的普通工（即日薪工）一次性发放遣散津贴 3 元，1 年以上劳工其津贴按工作年限累加。当时日商纱厂劳工每日收入为 1.1—1.3 元，这笔所谓的特殊津贴仅相当于 2—3 日的收入，而且绝大部分劳工的工龄均未超过 2 年，劳工所能领得的津贴极其微薄。[①]虽然失业的劳工即使领取这笔津贴也难以维持长久生计，然而以笔者所阅有限史料来看，当时上海日商纱厂中并未爆发大规模的劳资冲突。除日伪当局的高压统治与严密监视外，日商纱厂这笔特殊津贴的发放，或许是消弭这次劳资问题的关键因素。

即使日商纱厂薪酬普遍低廉，但据日本人记述，青岛日商纱厂劳工于做工期间往家乡汇款的现象屡见不鲜[②]，这固然从另一个侧面反映了华北纱厂劳工的节俭与忍耐，但也间接说明华北劳工个人生活负担较上海为轻，而同期上海日商纱厂内一个普通劳工法币 16 元的月收入，则仅够维持四口之家 6 天的生计。[③]

通过表 6-7 中战时上海与华北的物价指数之对比即可发现，在 1939 年以后上海物价水平已远超华北地区，上海劳工生活费比战前增加了 5 倍而华北尚不足 4 倍。[④]这一因素导致华北沦陷区内的物价水平较上海为低，也即意味

---

① 沪东日商纱厂对工人的解雇按两次集中进行，其第一次专门解雇日方以为的不良、怠工工人，这是无需理由即可解雇的。第二次时方考虑发放特殊津贴问题。特殊津贴发放金额按工人雇佣性质与工作年限有所不同，工作未满一年的普通工者 3 元，工作满一年以上者为 5 元，二年以上者 10 元，三年以上者 15 元。责任工则为普通工的一倍半。工头则为普通工的两倍。参见在华纺织同业会理事堤孝致佐佐木委员长会议报告，《上海限产问题》，1940 年 9 月 24 日，《上海日商纱厂与军票关系杂件》，棉业会馆所藏未公开在华纺档案。

② 〔日〕水谷国一：《青岛纺织劳动调查》，大连：南满洲铁道株式会社，1940 年，第 9 页。

③ 上海支部来电，1940 年 10 月 14 日，《上海限产问题》，《上海日商纱厂与军票关系杂件》，棉业会馆所藏未公开在华纺档案。这一情况也体现于《上海产业与上海职工》的描述中，当时纱厂工人一人的工资，只够 1.5 人每月生活所需，即一家六口，便需 4 人做工，才能维持基本生活。大致与日方档案所述相似，参见该书第 80 页。

④ 中国科学院上海经济研究所等编：《上海解放前后物价资料汇编（1921—1957 年）》，上海：上海人民出版社，1958 年，第 95 页。

着上海劳工的生活成本高于华北劳工。

表6-7　战时上海批发物价指数与华北批发物价指数比较表（1937—1941年）

年份	上海批发物价指数	华北批发物价指数	华北比上海百分比（%）
1937	118.6	117.5	99.1
1938	142.6	152.1	106.7
1939	232	226.7	97.7
1940	505.7	399.7	79
1941	1099.3	450.2	41

资料来源：《上海解放前后物价资料汇编（1921—1957年）》，上海：上海人民出版社，1958年，第94页

第三节　管理体系与劳动效率

战时日商纱厂的管理体系大致可分为生产管理系统与人事监督系统两部分。大体而言，生产管理系统指导纱厂的生产经营活动，而人事监督系统掌握纱厂的人事招募、登记、辞退与诸项后勤供应。在企业内部干部的任用上，中上层各部、各股干部均为日本人，管理生产的基层干部则兼用华人。以青岛日商纱厂的管理体系为例，两支系统情况如下。

（1）日商纱厂的生产管理系统（图6-1）。

厂长──→工务主任──→各部责任者（日人）─→各股监督─→组长─→副组长─→劳工

图 6-1　生产管理系统

（2）日商纱厂的人事管理系统（图6-2）。

厂长─→人事股主任（日人）─→上班劳工
宿舍股（日人或华人）──→带有家人的劳工宿舍
单身劳工宿舍
食堂、浴场、俱乐部及其他生活设施

图 6-2　人事管理系统

上海日商纱厂管理体系大致与青岛的情况相同，但在生产管理系统上似更为简化。上海日商纱厂设四级管理制，即纱厂设大班（厂长），其下又设二班（负责人事财务）、三班（管理某一工场或车间）、四班（管理某个具体部门或班组）。其中，大班负全厂生产营业之责，二班负实际事务之责，三班负

责车间生产各道工序，四班负责直接管理劳工。日商纱厂内管理层干部并不
似华商纱厂领班整日留于车间巡查，而仅在固定时间至车间略作巡视。[①]日常
与劳工实际接触者，一般为俗称"那摩温"的工头。一些日商纱厂还在四班
之下设置若干指导员，专对新手进行生产作业上的指导。

战时上海日商纱厂的劳动强度较战前有所增加。自1932年"一·二八"
事变至1937年"八一三事变"，上海日商纱厂逐步改用高牵伸装置纺纱设备
及自动织布机，生产效率已大幅提高。"八一三事变"之后，上海日商纱厂
的设备情况与战前无大的差别而劳动强度却有所增大，这主要是受"孤岛繁
荣"利好形势的刺激，上海日商纱厂设备几乎全部运转的缘故。若以上海
日商纱厂之织布生产情况为例，以1932年"一·二八"事变之前、1932年
"一·二八"事变至1937年"八一三"事变之期间、"八一三"事变之后三个
阶段进行比较，如6-8表所示。

表6-8　战前战初上海日商纱厂织布生产情况表

项目		"一·二八"事变之前	"一·二八"事变至 "八一三"事变期间	"八一三"事变之后
人均操作织机数（台）		8	16—20	20—30
人均每台织机 每日布匹产量 （码）	平布	48	45	40
	斜纹	46	40	52
	竹布	36	35	40

资料来源：朱邦兴等编：《上海产业与上海职工》，上海：上海人民出版社，1984年，第50页

可以看到，战时日商纱厂内劳工人均操作织机数大大超过战前，且每台
织机每日织布产量除平布（包括粗布、细布）外，斜纹（细布）、竹布（细
布）均有提高，这些生产量上的变化，基本可以说明战时劳工在织布方面的
劳动强度较战前更大。

战时青岛日商纱厂的劳动强度较战前亦有所增加。自1939年以后，大部
分青岛日商纱厂以重建为契机，改用高牵伸装置纺纱与自动织机织布设备，
设备规模虽有所缩减但功能更为先进。据当时日本人统计，各厂设备使用情
况如表6-9所示。

大康、公大等各厂虽未采用先进设备，但因雇佣大量低廉劳力，得以弥
补其设备落后的缺点。另外，在天津，岸和田纺等新厂的开办，日商投入大
量新式设备，当时的岸和田纺"全馆采用冷气设备，集尘装置代替以往的烟

[①] 朱邦兴编：《上海产业与上海职工》，上海：上海人民出版社，1984年，第33页。

凼排放，粗纺使用单向式滚轴，而精纺使用防护式的高牵伸装置，以期对能率有所提高，工厂内，既为了美化也为了预防灾害，从纺织到织布，都使用单独的马达设备"①。战时华北日商纱厂由于设备新设或改建，生产效率并不亚于上海。然而上海日商纱厂对技术的追求，也同样未因战争而止步。以内外棉为例，内外棉上海纱厂不仅积极委任富有经验的日本籍员工指导生产，且在生产设备上"将纱锭从传带驱动直接与马达连接，而将主轴驱动法从绳索式转为带式，而且在上海纱厂中特别投入了空调设备"②。内外棉对设备的改良，为纱厂注入了活力，战时的内外棉延续了自战前以来高度重视生产技术更新的战略，成为战时上海日商纱厂中追求技术改造的典范。

表6-9　战时青岛日商纱厂设备使用情况表

采用高牵伸装置纺纱	采用普通牵伸纺纱	采用自动织机	采用普通织机
内外、丰田、上海、公大、同兴、国光（部分）	大康、富士、日清	内外、大康、丰田、上海、同兴、日清、国光（部分）	公大、富士

以下通过表6-10—表6-12三表比较1939年日本国内、中国青岛、中国上海三地日资棉纺织企业的单位时间产量，大致可以了解当时日商纱厂劳动效率的实际状况。

如表6-10所示，就纺纱而论，上海日商纱厂每班产量最高，因而上海劳工一日间的产量最大；而单位每小时产量最高者，则属日本国内纱厂，其劳动效率可谓最高。若仅从劳工单位小时的产量来看，三地差距并不明显。这或许仅是考察粗纱、中纱生产之情况，若在生产细纱领域，日商纱厂与日本国内纱厂之差距拉大。

表6-10　1939年日本国内、中国青岛、中国上海三地日商纱厂劳动产量与效率表

地区	一日间产量（匁）	一班产量（匁）	一小时产量（匁）	一般实际工作时间（小时）
中国青岛	140	70	6.09	11.5
中国上海	145	72	6.26	11.5
日本内地	110	55	6.48	8.5

注："匁"是日本重量单位，相当于中国的"钱"

资料来源：〔日〕水谷国一：《青岛纺织劳工调查》，大连：南满洲铁道株式会社，1940年，第94—98页

---

① 〔日〕岸和田纺织株式会社编：《岸和田纺织株式会社五十年史》，大阪：岸和田纺织株式会社，1942年，第78页。

② 桑原哲也：《在华纺的组织能力——两次大战期间的内外棉会社》，《经营学论集》2004年第1期。

从表 6-11 表可见，在织布领域，日本国内纱厂不仅单位劳动时间内产量最大且劳动效率最高。这主要是因为日本国内纱厂在三地中织布设备最为先进。有日本学者曾推测：以劳工一人操作的织机台数来比较，日本国内纱厂视为基本指数 100，则在华日商纱厂不过仅为 60，华商纱厂连 40 都不到[1]，通过以上数据之比较，可知其推测并非虚言。

表6-11　1939年日本国内、中国青岛、中国上海三地日商纱厂劳动强度与效率表

地区	一日间产量（码）	一班产量（码）	一小时产量（码）	一般实际工作时间（小时）
中国青岛	106	53	4.56	11.5
中国上海	110	55	4.78	11.5
日本内地	120	60	7.06	8.5

资料来源：〔日〕水谷国一：《青岛纺织劳工调查》，大连：南满洲铁道株式会社，1940年，第94—98页

表 6-12 为四地日商纱厂纺纱所需人数情况，可以看到，日本国内纱厂因设备最为先进，万枚纱锭所需劳力最少，青岛次之。由于上海、天津的调查对象为设备优势并不突出的公大纱厂，这一调查对象不足以体现上海、天津日商纱厂用工效率的实际状况，但大致提供了一个相对客观的参照。在细纱生产领域，日本国内纱厂与日商纱厂之差距更大。据日本学者估计，生产 40 支细纱日本国内纱厂万枚纱锭约需 61 人，而日商纱厂至少需 89 人。[2]另外，表 6-13 为四地日商纱厂的织布情况，可以看到，日本国内织机所需人数最少，效率最高，生产优势最为明显。若仅从以上有限数据来看日商纱厂的用工效率问题，大致可以得出结论：战时日本国内纱厂劳动效率最高，上海日商纱厂与青岛日商纱厂不分伯仲，而天津日商纱厂最为落后。

表6-12　1939年日本内地、中国青岛、中国上海、中国天津四地日商纱厂万枚纱锭所需劳工数量来比较各地劳动效率表

项目	青岛纺纱所需劳工数		与其他三地比较		
机械情况	大牵伸	普通牵伸	上海（普通）	天津（普通）	日本（大牵伸）
纺纱支数	24支	24支前后	24.8支	24.5支	20支

[1]　西藤雅夫：《华人纺织的一个性格》，《东亚纤维工业》1942年12月25日，第1号。

[2]　冈部利良：《中国纺织劳动的低生产性》，《东亚纤维工业》1943年1月25日，第2号。

项目		青岛纺纱所需劳工数		与其他三地比较		
所要人员（人）	精纺	77—78	97	80.5	104	无统计数据
	捻纱	49—50	80	94.5	75	无统计数据
	合计	126—128	177	175	179	115—130

资料来源：〔日〕水谷国一：《青岛纺织劳工调查》，大连：南满洲铁道株式会社，1940年，第94—98页

表6-13　1939年日本内地、中国青岛、中国上海、中国天津四地日商纱厂百台织机所需劳工数量来比较各地劳动效率表

单位：人

地区	自动织机	普通织机
中国青岛	30	50
中国上海	28	44
中国天津	32	52
日本内地	20	40

注：①劳工指是每班所需劳工数。②青岛日商纱厂以上海纺及公大纱厂为代表，上海、天津则以公大纱厂为代表。日本内地数据参见冈部利良的《日商纱厂织业的发展及其基础》，因系战前资料，故推断战时所需员工实更少

资料来源：〔日〕水谷国一：《青岛纺织劳动调查》，大连：南满洲铁道株式会社，1940年，第94—98页

综合以上四表各数据，如果将战时青岛日商纱厂的劳动能率视为基数100，则上海日商纱厂约为110，天津日商纱厂为90，日本国内纱厂则可达140。虽然日商纱厂在生产率与用工效率上低于日本国内纱厂，但因日商纱厂极低的工资水平、较轻的租税负担及低廉的人工费用，似可弥补这些缺陷，故而仍可获取巨大利润。不过，需要指出的是，战时不断上涨的物价指数，仍对日商纱厂之生产成本产生了负面影响，即使是华北的青岛日商纱厂，劳动费成本在棉纱生产总费用中占到36%，在棉布生产中占到28.7%，与战前的生产情况相比，各项费用平均上升了3成。[①]各地高涨的物价水平对日商纱厂的生产成本造成了猛烈冲击，其中上海物价水平高于华北，故而上海日商纱厂的生产成本增幅必然大于青岛。

---

① 〔日〕水谷国一：《青岛纺织劳动调查》，大连：南满洲铁道株式会社，1940年，第104页。

第四节　宿舍条件与生活设施

战前，以日商纱厂为中心的区域，形成了若干劳工聚集、生活的小社会，劳工除大量时间投入劳动生产外，劳动后的余暇则多在纱厂所提供的劳工宿舍、食堂及其他生活设施中度过。劳工聚集之区域往往处于密闭状态，充满了神秘色彩。不同日商纱厂因所处内外环境之差异，在劳工福利问题上所采取的措施亦不尽相同，我们往往关注其最恶劣的一面，而忽视了日商纱厂作为一个"小社会"——聚居共同体所存在的常态状况。

战前青岛日商纱厂建设于青岛市郊，在1937年年末全部为国民政府炸毁，1938年年初日军占领青岛后，日商纱厂对原驻青国民党军营舍略加修缮，作为劳工宿舍。这些新宿舍多集中于纱厂一带，设施比较完善，复建后的厂房布局更为合理，厂房为砖砌钢筋混凝土和砖木结构[①]，据说与同时期日本国内劳工的宿舍相比也毫不逊色。当时中国某要人在参观青岛日商纱厂劳工宿舍及其内部设施后，认为青岛日商纱厂的宿舍堪比中国中流以上的生活[②]，虽然有些夸张，但至少说明青岛日商纱厂的宿舍条件不至于过于恶劣。

重建后的青岛日商纱厂以劳工宿舍为中心，再度形成若干具有完善生活功能的劳工聚居群落。绝大部分青岛日商纱厂拥有洗浴设施，大康纱厂、日清纺等浴场每日向劳工及其家属免费开放。各会社为保证劳工基本生活所需，提供一些优惠措施，如内外棉青岛工厂冬季为劳工提供廉价煤炭，而各社的自来水、煤气、电灯等使用费也均极低廉。另外，日商纱厂各会社均设有家属宿舍与合住宿舍。宿舍设有舍监，寝室设有室长，负责监督劳工的生活起居。青岛日商纱厂对入住宿舍的劳工征收低廉的房租，1939年青岛市内普通劳工每月房租为3—5元，而当时丰田纺仅征收0.5—1.2元，人康纱厂、日清纺、富士纺等皆免房租，丰田、公大对于单身工不征收，而对于含家属入住的情况也仅象征性地征收0.6—1.5元，日商纱厂劳工宿舍的房租费用与当时青岛劳工的平均房租费用相比，可谓相当低廉。

战前，上海日商纱厂大多集中于虹口靠近黄浦江一带的杨树浦地区与苏州河南岸的普陀地区，当时称"沪东"、"沪西"两区，由于两区均临江河，故水运发达，交通便捷。战时，日商纱厂除沪西丰田纺与浦东日华纺受损外，

---

① 高日跃主编：《青岛市志·纺织工业志》，北京：新华出版社，1999年，第13页。

② 〔日〕水谷国一：《青岛纺织劳动调查》，大连：南满洲铁道株式会社，1940年，第63页。

其他纱厂生活设施均完整保留。1938年3月上海日商纱厂复工后，大量劳工返厂，劳工所散居的沪东、沪西地区再度形成多个以日商纱厂为中心的聚居共同体。这些聚落共同体格局各异，例如，拥有最多劳工宿舍的内外棉，其宿舍零星散落于纱厂附近，几乎皆集中于沪西一带，从而形成一大混合村落式的格局。日本人职工宿舍与华人劳工宿舍隔开互不混居，成为内外棉宿舍布局构造上的一大特点。[①] 内外棉劳工入住宿舍，仅需支付每月2—4元的房租，而裕丰纺劳工宿舍的租金也仅需每月3元，这笔支出与纱厂工人的月收入（16元/月）相比尚可谓低廉。与内外棉宿舍格局不同的上海纺，其劳工宿舍均集中于沪东一带，宿舍多为老式的里弄格局，其战前单位住房入住户数密度极高，纱厂对劳工的住宿管理也较严厉，夏衍所作的纪实文学《包身工》中所描写的纺织女工所居的恶劣环境，即以该社宿舍为取材背景。公大纱厂与裕丰纺因建厂较晚（1925年前半期），对劳工宿舍有较为细致的规划建设，后起日商纱厂虽然居住密度很高，但居住环境较好，日本人住宅与华工宿舍并无刻意隔离，华工的居住环境基本与日本国内工人并无差异，而劳工的宿舍月租也极其低廉，与青岛相似。日商纱厂在战时环境下得以吸纳劳工源源不断流入，最吸引劳工之处在于其维持了低房租政策。虽然日商纱厂实行这一政策的主要目的是尽可能地将劳工固定于纱厂区域内，但一定程度上避免了劳动力的频繁流动，确保了其内部劳动力队伍的稳定。

除宿舍租金的低廉外，日商纱厂在福利制度上较为突出者，在于卫生设施与教育设施的完善。各日商纱厂大多设有附属医院与各类学校。战前日商纱厂设立的医疗设施，战时也基本得以保留。青岛日商纱厂劳工大多来自农村，健康状况原本欠佳，患有眼病、皮肤病者极多。劳工虚弱的体质，对于生产劳动往往造成了负面影响，各厂附属医院或医疗室均为劳工提供一定的医疗保障，劳工入厂不久，往往一边做工，一边接受治疗。据1939年6月调查过青岛日商纱厂劳工生活状态的满铁调查员所述："（在华纱厂）对于职工的辅助救济行为与先进工业国相比最为逊色。但对工伤病及其他职工所受不虞之伤害，青岛纱厂习惯支出若干津贴，相较于根本无此支出的中方工厂而言，亦可谓优待。"[②]上海日商纱厂的情况，如内外棉、裕丰纺等，战前也内设华工诊疗所，为防止恶疫在劳工群中传播，不时对劳工进行传染病的预防注射。这些医疗设施虽以发挥劳动力最大效能为目的，但客观上也提高了劳工的卫生状况。在教育设施

---

① 〔日〕大里浩秋、富井正宪：《在华纺的居住环境——上海的事例》，日本神奈川大学"为了人类文化研究而进行的非文字资料体系化"研究成果报告书，第24页。

② 〔日〕水谷国一：《青岛纺织劳动调查》，大连：南满洲铁道株式会社，1940年，第11页。

上，日商纱厂重视对华工及其子弟之文化教育，战前青岛日商纱厂皆设有针对劳工技术培训及日语学习之补习学校，后因战事兴起而废止。上海日商纱厂则得以保留，如内外棉为华人劳工子弟所设学堂，由华人教师向劳工子弟传授小学程度文化知识，另有为劳工专门设立技术补习学校与日语进修学校，前者传授基本纺织技术，后者传授简单之生产日语，劳工及子弟的学费则由内外棉负担。[①] 其他日商纱厂在教育设施上也类似于内外棉，然不及内外棉完善。日商纱厂在医疗、教育设施上的基本保障，虽皆以获取劳工最大劳动效能为前提，然客观上改善了劳工的卫生条件状况，并提高了其文化水平。

由于建厂时代、生产规模、劳工人数等因素，日商纱厂各社在宿舍条件、诸项设施上均存在较大差异。但综合来看，青岛日商纱厂要优于上海日商纱厂，后起的日商纱厂要优于先起的日商纱厂。以日商纱厂为中心的"小社会"，基本处于封闭状态，各宿舍的舍监、室长严密控制劳工的随意流动，密切关注劳工在舍内的活动动向。仅在偶然情况下，日商纱厂会为劳工安排一些集体性的娱乐活动，如1939年3月，上海日军特务部宣传对策委员会为对居住于虹口的华人开展宣抚工作，计划开办"福民戏院"，日商纱厂特意将劳工送至观戏，以协助日军此项工作。[②] 这次活动被同业会上海支部在会议上郑重其事地拿来加以讨论，又从侧面说明了日商纱厂力图避免劳工大规模集会，控制一切可能影响其社内稳定因素之用心。日商纱厂为劳工提供了满足其基本生活所需的住宿条件与设施，或多或少改善了战时劳工之生计状况，劳工从中获得了基本的生活保障。今天看来无法想象的恶劣生活环境与住宿条件，对于战时流离失所的劳工却极具吸引力。战争中人心之思定，亦可从中窥见。日商纱厂正是通过各种方式，在战时环境下获取了劳工对企业的向心力。

第五节　社内组织与劳工运动

日商纱厂内部的劳资矛盾，即日本资本家对待华人劳工之态度问题，历来为中外研究者所诟病。然而对战时这一问题的研究，应按具体情况展开分析。如果将《上海产业与上海职工》一书中所列举的战时日商纱厂劳工所受暴力事

---

① 〔日〕元木光之：《内外棉株式会社五十年史》，大阪：内外棉株式会社，1937年，第133—146页。
② 《第六十五回会议报告》，1939年3月8日，在华日本纺织同业会上海支部：《上海会议录》，Ⅱ—1—66，日本大阪大学附属图书馆藏。

件逐一归类分析，就可以发现大部分发生在沪东杨树浦地区的日商纱厂中。我们进一步可发现，这些纱厂均处于日军的直接统治之下。而在租界中设有分厂的日商纱厂，对劳工的态度相对要好很多，即使如"五卅"运动中臭名昭著的内外棉（内外棉上海9厂中有7厂处于租界内，另有2厂处于靠近租界的越界筑路地段），抗日战争时对劳工的态度相对于日华、同兴纺等日商纱厂而言，亦可谓较好，厂内日本籍职员对待中国劳工"小打小骂是有的，过重的拷打却不常有"[①]。战时日商纱厂对待劳工的粗暴态度，毋庸置疑应加以批判，但亦应看到，在沦陷区内中国人民的生命财产安全皆无法保障的险恶环境下，日商纱厂内的劳资矛盾较战前有所缓和，日商纱厂内的劳工运动也始终处于低潮状态。

由于日商纱厂的特殊环境，日商纱厂理所当然地成为各种政治势力斗争和争取的集中之所在。战前，对日商纱厂内劳工最具影响力的有两支力量：青帮势力与中共地下组织。这两支力量均参与了自"五卅运动"以来中国棉纺织业历次重要的劳工运动，对日商纱厂内工人运动的发展产生了极重要的影响。1925年的"五卅运动"，1936年11—12月上海、青岛日商纱厂的罢工运动皆由中共派要员进行指导，劳工接受中共的罢工策略与日本资方开展斗争，其基本待遇得以改善。中共的政治立场决定了其对劳资斗争的肯定与支持，中共也正是通过对劳资斗争的指导，掌握了丰富的运动经验，从而使其地位在劳工团体中迅速成长。与中共相反，杜月笙掌握下的青帮往往在历次工运中扮演调和劳资冲突之角色，青帮通过寻求资方与劳工在利益分配上的平衡点，顺利调节了多起劳资冲突，提高了青帮在日商纱厂劳工中的威望。在1936年年末的大罢工运动中，杜月笙作为劳工与日本资本家之间的调解者，顺利平息了这次工运，杜月笙与青帮在日商纱厂中的声望达到了顶点。

然而，1937年"八一三"淞沪会战爆发，杜月笙避居香港，青帮在日商纱厂中的势力一蹶不振。随着中日战事的白热化，纺织劳工大量失业。中共委派于上海长期进行地下工作的马纯古等干部，在8月中下旬成立上海纱厂劳工救亡协会，加强了对纱厂失业劳工的抗日宣传活动。这个由中共领导的社团组织，设法解决了大量日商纱厂失业劳工的生计问题，博得了劳工的好感。[②] 然而，这一组织不久因战事的西移而解散。

① 朱邦兴等：《上海产业与上海职工》，上海：上海人民出版社，1984年，第76页。
② 10月22日救亡协会在《救亡日报》上称："希各男女工友从速来会登记，后再由本会护送内地工作，待遇与上海相同，家属由本会设法救济，如愿随同工友前往者亦可。沪东区流离失所的工友请来会登记。本会办有收容所，专收纱厂工友。"当时，凡去登记的失业工人都得到每天0.1元的救济费。参见上海纺织工人运动史编写组：《上海纺织工人运动史》，北京：中共党史出版社，1991年，第252页。

　　1937 年 11 月中共中央在上海秘密设立江苏省委，下设负责劳工事务的上海劳工运动委员会。委员会积极动员劳工党员回归生产单位，中共再次进入日商纱厂各生产系统。1938 年 8 月大康纱厂内部成立中共地下党支部，伊始仅有中共党员 3 名。[①] 1939 年 3 月中共沪东敌纱厂委员会成立，不久又成立沪西敌纱厂委员会，中共在日商纱厂中的力量有所加强。中共的宣传活动主要通过夜校传播进行，因纱厂劳工识字率普遍较低，夜校通过举办识字班等方式得以吸引劳工，从中宣传中共之基本政治主张，启发劳工之阶级立场。夜校多办于日商纱厂外，成立后辗转迁徙，勉强维持办学。夜校开办后，大部分随即为日伪取缔，但仍有一小部分如大康纱厂夜校等，一直坚持至太平洋战争爆发为止。除夜校活动外，中共于日商纱厂内部也以劳工自助性团体的形式形式开展活动，1940 年年初，中共在各日商纱厂（包括其委任工厂）中所设组织形式及活动人数情况如表 6-14 所示。

表 6-14　1940 年年初在上海各日商纱厂（包括其委任工厂）
中共组织形式及人数情况表

单位：人

日商纱厂	中共党员人数	组织劳工数	组织形式
同兴纺	21	350	兄弟会、姐妹会
大康纱厂	16	300	饭桌兄弟会
裕丰纺	4	40	姐妹会
公大纱厂（沪东）	3	30	姐妹会
恒丰纱厂	5	30	讨论会
上海纺第三厂	3	30	兄弟会、姐妹会
上海纺第五厂	3	15	姐妹会
申新六厂	5	30	姐妹会
大丰纱厂	7	78	储蓄会
公大纱厂（沪西）	3	32	学术讨论会
内外棉	7	50	姐妹会
日华纺	5	34	兄弟会、姐妹会

　　资料来源：上海总工会编：《抗日战争时期上海工人运动史》，上海：上海远东出版社，1992 年，第 300—301 页

　　中共通过兄弟会、姐妹会、讨论会等秘密团体于日商纱厂内进行各种活动。这些团体普遍以维护劳工权益与改善生产环境为口号，例如，各纱厂的姐妹会以保护女工利益、要求男女平等、反对日人侮辱等为宗旨，广泛吸引

[①]　上海总工会编：《抗日战争时期上海工人运动史》，上海：上海远东出版社，1992 年，第 51 页。

女工入会。这些秘密团体多具帮会或同乡会色彩，中共在劳工中吸收的积极分子也均为有技术、有威信或与帮会势力有联系者。当时活跃于上海纺中的某姐妹会的情况如下：

> 如布机间一个姐妹会的大阿姐是徐杏妹（中共党员），其姐夫是当地的流氓头子；二阿姐是帮接头；三阿姐是那摩温，都是有技术、有威信的人。结拜姐妹时完全按照传统的仪式，采取焚香、磕头、歃血为盟等带有封建色彩的形式，以遮人耳目。起初拜大阿姐时，各人还有凑钱给大阿姐办"行头"。后来就逐渐取消了这一习俗。姐妹会强调团结互助，生死与共，并有"人不犯我，我不犯人"的规定。①

以工头、高级技工为中心的姐妹会或兄弟会，在现实中能够为一些弱势劳工维护权益，或者改善其工作生活之环境，因而在劳工群体中具有一定的影响力。从前文可知，日商纱厂四班以下华人工头（即"那摩温"），为中共于日商纱厂中争取的主要对象。当然，中共也好、帮会也罢，与"那摩温"的结合并非自 1937 年抗日战争始，早在 20 世纪 20 年代他们之间围绕罢工等问题即有过密切的合作与联系。②战时，中共在内外棉等日商纱厂企业中对一些华人工头的吸收、把握与控制，为中共组织在日商纱厂内部的生存、发展起到了关键作用。③工头属于纱厂管理劳工的最底层干部，他们往往出身劳工，故与劳工关系密切，工头往往在劳工群体中具有一定的势力。由于工头与日方管理层在利益上既有趋同也有矛盾，中共对其的策略往往因具体情况而定。长期以来，当工头与日本厂方在立场上接近时，中共往往对工头进行打击；而当其与日方在利益上产生冲突时，中共又往往对其加以利用。

战时日商纱厂大多直接处于日军的监管之下，即使华人工头的利益也往往朝不保夕，各种势力遂成为他们天然的联盟。一些中共地下党潜入日商纱厂后，首先设法使自身成为工头或是高级技工，从而在劳工中发挥政治影响。除姐妹会、兄弟会等组织外，一些地下党员组织另有"标会"形式，即每当发放工资时，往往组织劳工抽出少量资金，帮助生计困难的劳工购买一些生活必需物品，弥补生计上的困难，这种形式的"标会"在劳工丧葬等问题上

---

① 上海第九棉纺织厂工人运动史编写组：《上海第九棉纺织厂工人运动史》，北京：中共党史出版社，1994年，第142页。

② 高加龙：《大公司与关系网》，程麟苏译，上海：上海社会科学院出版社，2002年，第226页。

③ 中共上海市委党史研究室、上海市总工会编：《上海第一棉纺织厂工人运动史》，北京：中共党史出版社，1997年，第39页。

多有投入，故在劳工中颇具声望。^①总体而言，在太平洋战争爆发之前，中共在日商纱厂中虽成立一些夜校与劳工秘密团体，但势力极为有限，在各方拉拢劳工的竞争中也并非出色，仅从表 6-14 来看，中共组织影响的劳工数在总劳工数中尚不及 2%，总体而言处于微乎甚微的程度。

战时上海棉纺织劳工队伍是一支庞大的政治力量，任何政治势力皆希望对其加以掌控。除受日伪的武力镇压外，中共系统于日商纱厂中的渗透与扩展也受到国民党系统、帮会势力的排斥与干扰。中共在日商纱厂中的宣传与动员虽取得了一定成果，但效果并不明显。1937—1941 年，大型罢工运动一般发生于华商或欧美资本的纱厂中，日商纱厂（包括其"委任经营"下的华商纱厂）中却极少发生，仅 1939 年 6 月上海的同兴纺，1939 年年末的大康纱厂，1940 年年初的恒丰纱厂（为日军强占）、大丰纱厂（"委任经营"工厂）、日华纺，1940 年 6 月的大康纱厂等，就发生过若干起小规模罢工活动，罢工中劳工的诉求也主要集中于提高工资与反对日本管理者的恶劣态度等。^②罢工发生的主要原因在于，劳工对当时日商纱厂内劳动强度过大、工资极低的现状感到不满，纯粹是为了生存而进行的斗争。这些处于萌芽状态的罢工随即被日商纱厂扑灭，日军的直接武力统制，各种政治势力的盘根错节，以及资方在福利薪资上作出的若干让步，成为战时大型罢工运动在日商纱厂内无法兴起的原因。应该说，战时中共在日商纱厂中面临着较抗日战争前更为复杂的形势，地下活动处于更为艰难的境地。当然，个别地下党员利用自身担任"那摩温"等职务上的便利条件，而使日商纱厂成为战时中共党员在上海进行隐蔽、渗透的最佳场所。^③

第六节　惩罚制度与退社情况

日商纱厂内日本籍管理层对劳工之惩罚制度，自"五卅运动"以来屡受

---

① 上海第十二棉纺织厂工人运动史编写组：《上海第十二棉纺织厂工人运动史》，北京：中共党史出版社，1992 年，第 81 页。

② 抗战前期历次罢工的具体细节，参见上海纺织工人运动史编写组：《上海纺织工人运动史》，北京：中共党史出版社，1994 年，第 292、560—564 页。

③ 上海第十二棉纺织厂工人运动史编写组：《上海第十二棉纺织厂工人运动史》，北京：中共党史出版社，1994 年，第 86 页。

社会舆论所诟病。抗日战争初期，劳工除忍受日本籍职员之凌虐外，复饱受驻厂日军的诸种暴行。淞沪会战结束后，沪东杨树浦地区各日商纱厂内驻有部分日军，其对劳工为所欲为，屡屡施之以诸种暴行，厂内劳工连生命皆无法保证，勿论财产安全上的保障。[1]淞沪会战结束后的一年间，日商纱厂内劳工之命运，可谓最为凄惨。1939年后，随着中日之间重大战事告一段落，日商纱厂对劳工的态度虽仍苛酷，但驻厂日军任意打杀的现象有所减少，劳工所受人身上的凌辱与虐待也转为经济上之剥削与勒索。

日商纱厂内日本人管理层对纱厂劳工往往制定多种惩罚措施，劳工稍有违背即施以惩罚。劳工轻则课以罚金，重则立遭解雇。日商为保证质量，提高产量，对出产废品及工作迟缓处罚最严。内外棉规定厂内女工若织出废布即要扣罚工资；日华纺规定除罚去工资外，还要减去相应的待遇等级。当时同兴纺制定的惩罚制度，可以作为日商纱厂各会社之参照，其规定：

（1）坏布罚0.05至1元。

（2）每部车每日织布不及40码，罚1元。

（3）穿拖鞋罚1元。

（4）接生头、白花，油花，揩车不清罚0.5至1元。

（5）单头纱或并头纱，罚0.5至1元。

（6）坏纱每只罚1分。

（7）坏筒子每只罚0.1元。[2]

在生产活动中，劳工稍有过错即遭惩罚，罚款更如家常便饭。除规定生产上的惩罚细则外，日商纱厂对社内偷窃行为往往处以严厉惩罚，日商纱厂设立门查制度，劳工上下班皆由专人搜身后方得出入厂区。若发现偷窃行为，内外棉则规定罚款0.2—1元。然而，当时日商纱厂内材料产品之失窃似乎频发，以青岛内外棉纱厂为例，1939年1月内发生之失窃事件不少于20起。[3]劳工迫于生计乃至民族仇恨而进行的盗窃行为，又导致了日商纱厂对劳工施以更为严苛的戒备与惩罚。

诸种惩罚中最严厉者，莫过于解雇。上海档案馆保留了战时上海纺劳工退社情况的相关档案资料，这些资料记录了日商纱厂部分劳工退社的原因，

---

① 抗日战争初期，日军对待在华纺内劳工之诸种暴行，参见朱邦兴等编：《上海产业与上海职工》，上海：上海人民出版社，1984年，第75—78页。

② 朱邦兴等编：《上海产业与上海职工》，上海：上海人民出版社，1984年，第72—73页。

③ 〔日〕水谷国一：《青岛纺织劳动调查》，大连：南满洲铁道株式会社，1940年，第58页。

从而使我们从另一侧面了解到日商纱厂劳工在生产、生活乃至思想上的一些动向，以 1938—1941 年上海纺为例，经笔者整理如表 6-15 所示。

表 6-15　1938—1941 年上海纱厂工人解雇及其他情况表

劳工籍贯	浦东、盐城、常州、真如、高邮、扬州、泰州、海门、江阴、杭州、镇江等上海周边地区
劳工技能水平	分上上、上中、上下、中上、中中、中下、下上、下中、下下（下级较少）9 个级别
日工资	根据不同技能水平有所差异，如中下一般为 0.4—0.7 元/天（上海纺劳工多为 0.35—0.95 元/天）
退社原因摘要	（1）为了家事（较多） （2）归乡缺勤 （3）生育自动退社 （4）结婚 （5）因病缺勤（较多） （6）眼病、烂脚 （7）家与纱厂距离较远 （8）伴随着新事业的勃兴，因为熟知劳银腾贵的状况，由于日工资低廉而主动提出退社，而无出勤的意志 （9）不堪工作之辛苦 （10）技能未熟 （11）有盗癖 （12）作业怠慢 （13）品性不良，对工作无诚意 （14）过剩人员整理 （15）成绩不良 （16）人员淘汰（1942 年以后居多）

资料来源：《1938 年—1943 年中国纺织建设公司上海第九纺织厂职工被解雇名单》（日文），Q192—9—539，上海档案馆藏

从表 6-15 劳工退社理由中可知，第 1 至第 4 项，主要是劳工因自身问题而退社的原因；第 5 至第 9 项虽因劳工自身缘故，但也可视为与日商纱厂间接有关的退社原因；第 10 至第 16 项为日商纱厂单方面解雇劳工的原因。当时劳工退社的主要原因之一，因日商纱厂的恶劣工作环境而身体健康受到严重损害者极多，纱厂内空气潮湿缺乏流动，劳工患眼病、烂脚者甚多，病重者即为日商纱厂所解雇。值得关注的是第 8 项，所谓"新事业"的勃兴，指战时上海租界内华商纱厂的兴起，一些华商纱厂的薪资较日商纱厂高，吸引了一些劳工主动退社。第 14、16 项说明了 1940 年秋后日商纱厂实施大规模减产的背景下，大量劳工遭到解雇的必然结果。

通过表 6-15 可见，日商纱厂将劳工处于森严繁冗之等级控制之下，劳工所处等级的高低又决定了其薪资的高低。虽然上海纺的个案情况未必能够说明全体日商纱厂的状况，甚至也不能完全代表上海日商纱厂内所有劳工之状

况，但它毕竟为我们了解日商纱厂内劳工的雇佣及退社的情况提供了宝贵的线索。上海纺的个案或可说明一个问题：劳工中的退社原因纷繁复杂，日商纱厂的生产环境、惩罚性解雇固然对劳工的退社具有重要影响，但日商纱厂的减产、华商纱厂在租界的兴起等内外经济因素，同样导致劳工主动退社。

第七节　本 章 小 结

日商纱厂作为日本棉纺织业资本在华投资的产物，在生产经营过程中始终使用大量的中国劳力。日商纱厂如何处理自身与劳工之关系，将社内劳工活动控制于最小限度，是其必须面对之重要问题之一。抗日战争爆发以来，日商纱厂所处的内外环境发生巨变，日商纱厂对待劳工问题也随之发生若干变化。

抗日战争前期，日商纱厂并未因战时之恶劣环境而出现劳工来源减少的问题。源源不断的劳工从农村涌向沿海都市，融入日商纱厂庞大的生产大军中。众所周知，1939 年日商纱厂的设备总量（不包括委任工厂）较战前有所减少，但每家工厂从战前的平均 1885 人却增至 1939 年的 1973 人。[1] 除少数技术劳工的流失外，日商纱厂基本保持了劳工队伍的稳定，并使之维持高效的生产，战时丰田纺的劳工移动率为 10% 左右，而裕丰纺仅为 3.9%，大部分的日商纱厂劳工流失率并不高。[2] 据统计，1939 年 12 月隶属于日商纱厂的劳工人数仍达 10 万人之多，与战争前夕相差无几。战争对于日商纱厂所造成的最现实问题，并非劳工来源之减少问题，而是迫于日军压力下的减产问题。1940 年 10 月上海日商纱厂实施的大减产计划，成为劳工数量大幅减少的根本原因。大量劳工遭到解雇后被抛向了社会，另觅谋生之途。然而劳工反抗的浪潮始终没有出现，其原因除当时的上海棉纺织业，尤其是租界内的华商纱厂对这些失业劳动力具有一定的吸纳能力外，日商纱厂在解雇风潮中的处置得当也是一个重要原因。战时的日商纱厂比战前更为谨慎与稳妥地处理劳工问题，这一点同样体现于米贴、特殊解散津贴等的发放上。显然，战时日商纱厂在关系劳工根本利益的问题上展现出了灵活的处理手腕。

---

[1]〔日〕东亚研究所编：《日本对华投资》，东京：东亚研究所，1941 年，第 249 页。

[2]〔日〕兴亚院华中联络部编：《在华中的主要工厂调查》，上海：兴亚院华中联络部，1942 年，第 17 页。

若将日商纱厂与劳工之关系仅仅定义为剥削与被剥削之关系，显然不能涵盖所有劳工问题，战前如此，战时亦如此。战时日商纱厂维持着比战前更严酷的"长时间、低薪资"的劳动模式，1938—1941年，日商纱厂的劳动强度超过了战前各时期，劳工所受剥削较战前更为严重，日商纱厂内的劳资关系始终紧张对立，中共等势力的地下工作也潜流涌动。然而日商纱厂的生产基本处于稳定状态，绝大部分的劳工选择了沉默与忍受。劳工接受极低的薪资，在纱厂中有条不紊地劳作，高涨的物价逼迫他们付出所有劳动力，微薄的薪资仅够自身及家族的最低生存所需。长期以来，日商纱厂立地中国而制定的针对华人劳工之完善的惩戒制度与晋升体系，对大部分的劳工仍具有相当的威慑力与吸引力。以日商纱厂提供的劳工宿舍为中心的诸多劳工聚居共同体，于战事远去后即恢复了宁静常态，宿舍为来自异乡的劳工提供了暂时栖息之地，也在潜意识中培养了劳工对集体的归属感。

日商纱厂立地中国的最大特色，在于其得以依赖大量的低廉中国劳力，为其创造最大之生产利润。据某个日商纱厂日本籍业主所言："中国人受惠于灵敏之头脑，其指端十分灵活。若经过适当之训练，与日本本国纺织劳工并无丝毫差异。"[①]中国劳工并不逊色于日本纱厂劳工的劳动素质，而比后者远为低廉之薪资，特别为日本在华棉纺企业所青睐。纺织劳工的待遇始终处于诸工业的最底层，这种状况经历整个抗日战争终无改变，那么日商纱厂在经济利益层面剥夺了劳工的劳动成果，结果又有多少反馈于劳工之上呢？

日本战败后，1946年同业会原会长冈田源太郎在与美国棉业来日代表团会晤时，曾这样回顾战前日商纱厂与中国劳工间之关系：

> 在华纱厂各会员乃全部以纯民间资本公募组织株式会社，有的在日本有本部，也有的将本部设于中国。我们在中国经营纺织业，对中国经济的、文化的、社会的推进发展作出了巨大的贡献。第一，其为中国的大众提供了优质廉价的衣料；第二，其为中国的劳动者提供了近代的职业与稳定的工资，使之生活安定。以及大量消费棉花等土产，刺激了棉花的生产，促进了其品质的改良。在华纱厂也可以说对中国经济之福利上也有诸多贡献。我们建造大量劳工宿舍，以极低廉的租金给予其住宿，在工厂附近设立免费的医院等医疗设施，在劳工的保健关心上也丝毫不松懈，某些纺织会社无偿为劳工子弟提供教育等，也有不少为社会进步

---

① 冈部利良：《中国纺织劳动的低生产性》，《东亚纤维工业》1943年1月25日，第2号。

作出的贡献之处。……伴随着日本人纺织的开办，在多年基础上，按照极富有效率的经营和组织，注入了优秀的技术，另一方面又营建了劳工福利的设施，结果促进了中国纺织业的极快速的发展，以致今日已成为中国重要产业之一。我们在中国经营纺织事业，当然承认确对日本有贡献之处，然而我们在中国所获利益的大部分，都以工厂扩张、设备的偿却和更新，机械的改良及营建劳工的生活设施形式而投入，这些是必须强调的。即其中获得的大部分利润都是为了中国的利益而使用的。[①]

可以看到，日商纱厂自诞生至消亡，或许自身从未将对劳工的政策视为一种剥削或"罪行"，而坚信其在华事业对于落后的中国社会乃是一种"贡献"。日商纱厂的这种认识与中国人对其之认识截然相反，造成这种双方隔阂的原因，显然又难以仅仅用压迫与反压迫、剥削与被剥削的对立关系可以圆满诠释。因为这是一个糅合了中日民族性、中日企业价值理念差异的重要问题，而两者的对立恰恰最终通过战争而彻底加以暴露。

从日商纱厂自身的认识可以看到，战时不同日商纱厂对待劳工之态度虽各有差异，但"日本式"的管理模式始终在日商纱厂中贯彻如一。战时劳动的生存环境远较战前艰辛，劳工几乎毫无余地地彻底接受日商纱厂高强度生产的要求，在驻厂日军的严密监视下，不仅无法开展任何大规模的反抗活动，且有生命财产随时蒙受损害之虞。战时日商纱厂中的高层管理干部基本为日本人，他们对劳工的统治具有绝对的权威。不可否认，一支健全的日本籍干部队伍对战时日商纱厂生产经营的稳定性起到了重要作用，然而在日本式管理思维模式的支配下，华人劳工仅被视为单纯的劳动力而被驱使劳作。虽然也有西川秋次管理下的丰田纺，明确规定日本人不可殴打华人劳工的特例，但是一般可见，日商纱厂内劳工的待遇虽有优劣之分，华人劳工却从未被视为为日商纱厂创造利润的一分子而获得企业的认同。现实中，自第一次世界大战以来，日商纱厂的日本籍领导层也从未有过吸纳华人为企业高级管理干部的想法。日商纱厂并未设有如欧美纱厂般的买办制度，日华纺的创办者和田丰治曾如此说过买办制度对日商纱厂的弊害：

> 这次我来上海的用意就是为了整顿该纱厂（笔者注：指日华纺）。该厂也与其他外国人经营的工厂一样使用华人买办。这些买办为工厂所雇佣，某些场合如承包者，某些场合又如公司代表者。职员，包括劳工都由

---

① 《冈田会长谈话要点》，1946 年 3 月 1 日，棉业会馆所藏未刊战时在华纺档案。

他们亲自雇入，他们已处于几乎掌握了纱厂全部权力的状态。外国人若在中国兴办实业者就必须使用此等人，我等经营事业时当然使用买办与外人无异。然而，今后在华经营事业，一定要由日人直接充当，若不能将华人单纯作为雇佣者来使用，企业经营就难以产生效果，故应断然废除买办。[①]

正因日商纱厂经营者对华商势力的顾忌，华人仅能在纱厂中充当工头等基层技术干部等职务，日商纱厂中充斥着对华人劳工的不信与猜忌。日本学者桑原哲也认为，即使像内外棉那样一流的日商纱厂，虽然生产技术先进，但管理经营的思维却十分落后，不过是日本人"在海外经营事业的国内企业"[②]。桑原哲也的评价是比较适当的。作为跨国企业的日商纱厂的管理模式，在劳工问题上可谓缺乏国际化的视野，这固然受当时的特殊环境所限，然而也是战时日本资本家疯狂追求最高利益思想下的必然实践。在劳工问题上，日商纱厂虽具有独特的管理模式，却始终没有与劳工形成真正的企业文化。不过，事实证明，日商纱厂的企业经营模式在战争时代不仅维持了一支庞大的劳工队伍，而且通过对这支队伍的管理与榨取走向了经营上的繁荣。

最后，姑且不论在历史的长河中日商纱厂带给了中国棉纺织产业怎样的利弊影响，日商纱厂与中国棉纺织业的共生性，乃至日商纱厂对任何一个时期中国棉纺劳工生产乃生活模式上的塑造与建设，都是中国产业现代化研究中一个值得深思的问题。

① 〔日〕小风秀雅等编：《和田丰治日记》，东京：日本经济评论社，1993年，第14页。

② 桑原哲也：《在华纺织的盛衰：国之命运与企业命运，内外棉》，《国民经济杂志》1998年第4期。

第七章

总论——兼论日商纱厂对战时环境下自身 "存在价值" 的认识

　　1937 年 7 月抗日战争爆发，中日两国进入全面战争状态。随着战事的漫长化，日本国内一切产业均受军政当局统制，任何产业均须满足战争机器之需要。日本国内棉纺织企业在日本军政当局的严厉统制下实行大规模减产、合并或解散。与日本国内棉纺织业命运不同的是，作为日本棉纺织资本在华投资的工业实体——日商纱厂集团，却受惠于中国战时特殊的地缘环境，在生产经营上受到较少束缚。1938 年年末—1940 年 6 月，以上海日商纱厂为主体的日本在华棉纺业，生产上出现一片兴盛景象。日商纱厂获得的大量利润，通过各种形式流入日本军政当局手中，充实着日本在华殖民经济体系的基础。然而，日商纱厂虽为日本军政当局提供了大量法币资金，并为华北华中的伪政权缴纳了大量税金，其 "存在价值" 却未必为日本军政当局所认同。日商纱厂的战时 "存在价值"，即日商纱厂对于日本军国经济体系的存在意义，受到来自日本军部一些将校的强烈质疑，日商纱厂面临被撤废之命运。笔者通过对日本大阪棉业会馆所藏一份题为《在华纺的立场》文件的解读[1]，了解到了日商纱厂自身对其战时 "存在价值" 的认识。通过对这一理解的认识，结合以上各章的研究结果，使我们能更为清晰地认识到日商纱厂从兴盛走向衰落的真实原因。

---

[1] 1940 年 9 月，同业会某重要干部向日本军方提交的一份名为《在华纺的立场》的报告（全文见附录），其中对于来自日军内部的一系列质疑加以回应。事实上，这份报告可以视为日商纱厂对其自身 "存在价值" 的认同，通过解读这份报告，对日商纱厂在抗日战争前期的经济活动与日本军部之关系，或许会有一个明确的认识。

第一节 解 题

1940 年 6 月，抗日战争已进入第四个年度，双方仍处于相持状态。为使抗战中国彻底屈服，日本严控各类战略、生活物资流入国统区内，加强了对重庆政权的经济封锁。日商纱厂所生产的棉产品成为日军严控流入的重点对象，上海日商纱厂自 1940 年秋起被迫实行大规模的减产计划。然而日商纱厂的举措，仍未使日本军部感到满足，侵华日军中出现了对日商纱厂战时"存在价值"的批判声音，甚而日军中的部分将校提出将日商纱厂从中国撤走的要求。日商纱厂出现了自创立以来最大的生存危机。

那么，当时的侵华日军究竟对日商纱厂的"存在价值"提出了怎样的质疑? 通过对日本大阪棉业会馆所藏的档案《在华纺的立场》的解读，似可从中窥得端倪。在这篇日商纱厂对日本军部的回复文件中，可以看到当时日本军部对日商纱厂的批判主要集中于两个方面：①日商纱厂的生产活动，对日本国内产品之对外出口造成阻碍；②日商纱厂从经济层面对抗战中国有所援助。

正是面对日军的如此质疑，代表日商纱厂集团的同业会撰写了《在华纺的立场》一文，以作回应。这份洋洋洒洒数千言的文件，就内容而言，同业会将日本在华棉纺织业在中国发展之 40 余年的历史逐一回顾，列举了大量史实对军部的质疑进行反驳。从文件中委婉而严肃的措辞用语可以看到，文件是经同业会高层干部间充分讨论、推敲后形成的产物。写就这份报告者的名字，虽未载于今日所见各种文献之上，或可推断其应为常年从事中日棉纺织业研究，时任同业会上海分部理事的堤孝。

堤孝其人经历，史料载之甚少。他 1888 年生于日本横滨市，后就学于东京高等商科学校。青年时代的堤孝先后在横滨蚕丝会社纽约分公司、大阪总公司、钟渊纺织会社商务课、青岛工厂等任职，1935 年 7 月就任在华日本纺织同业会理事。抗日战争时期堤孝任上海居留民团民会议员、上海共同租界工部局公共事业委员、上海青年俱乐部理事、上海棉业交易所评议员等职务。[1] 堤孝在棉纺织业领域丰富的经验与长期在华活动的经历，使他不仅对

---

① 堤孝对于日本军方之主张，经常持有不同意见。其为维护日商纱厂之利益，甚而多有误解日本军政方面意图之处。1940 年秋，如何协调与军方之关系为关系日商纱厂生命运之大事，然而面对如此局势，内外棉之代表即认为堤孝对于前途之看法"过于美好"。见《内外棉株式会社上海分社至本社董事》，1940 年 10 月 23 日，《上海日商纱厂与军票关系杂件》，棉业会馆所藏未公开在华纺档案。关于堤孝的生平经历，参见〔日〕中西利八编：《中国绅士录》，东京：满蒙资料协会，1942 年，第 849 页。

40余年日商纱厂的发展史了若指掌，且对战争爆发以来中日社会经济的动向亦堪称了解。

其实，无论作者为何人，这份文件传达和体现的都是同业会背后庞大的利益集团——日商纱厂的呼声。从今天的研究角度来看，《在华纺的立场》反映了战争环境下日商纱厂对其"存在价值"的认识，这种认识来自日商纱厂对其于抗日战争所处位置的体察。通过对这份文件的解读，可以使我们更为深刻地了解日商纱厂在当时特殊环境下从兴盛走向衰落的原因。

第二节　日商纱厂与战时日本国内棉纺织业的关系

在《在华纺的立场》一文中，日本对日商纱厂的质疑之一，即日商纱厂的存在阻碍了日本国内棉纺织业之利益，尤其是对日本棉产品的对外出口造成了负面影响。那么战时日商纱厂与日本国内棉纺织业究竟存在着怎样的关系？而导致这种关系的根本原因又是什么？

日商纱厂与日本国内纱厂的关系历来十分微妙。第一次世界大战末期，日本国内纱厂开始将获取的大量剩余资本投入中国，日商纱厂随之兴起，日商纱厂与日本国内纱厂同属日本棉纺织资本体系。天津、青岛、上海三地16家日商纱厂企业中，独立在华兴办企业者仅3家，其余均属日本国内纱厂在华的分公司或分厂。大部分日商纱厂不同程度上受制于日本总社的规划与影响，充当其在华分支代理的角色。然而，日商纱厂所处的经济、政治、社会环境与日本国内完全不同，在漫长的发展与扩张中，日商纱厂形成了一定的独立性与现地性。由于立地中国，在抗日战争爆发以后相当长的一段时期内，日商纱厂所受经济统制的程度不及日本国内纱厂般严厉。

自战前以来，日本国内棉纺织业的生产环境发生了深刻的变化。1936年"二·二六"事变后，日本经济逐步转入战时体制，自由经济体制逐渐为国家统制经济吞噬，以棉纺织业为首的轻工业集团日益成为被日本军政当局边缘化的"牺牲"产业。[1] 即便如此，1937年7月抗日战争爆发以来，因日本采购军需物资所需的大部分外汇均依赖通过出口国内棉纺织业产品所获取，故

---

① 〔日〕岸和田纺织株式会社编：《岸和田纺织株式会社五十年史》，大阪：岸和田纺织株式会社，1942年，
第71页。

日本国内棉纺织业仍为日本维持其战时军国经济体系的重要一环。[1] 然而，作为民营资本的棉纺织业并不依附于军国经济体系而生，始终处于军国经济体系的外围，故被日本军政当局视为与军需生产最无关系的"丙"类产业。经历过战争时代的日本纺织史学家饭岛幡司曾称，战时日本国内纱厂为"无论如何努力，也不被视为家养的孩子，而被视为雇佣来的奴婢"[2]。日本军政当局对国内棉纺织业的歧视态度，还在于日本国内纱厂大量消耗外汇用于进口原棉。由于日本国内棉花产量极少，日本棉纺织业必须进口外棉方可维持基本的生产活动。日本棉纺织业竭尽全力吸收原棉的行为，客观上加深了日本军政当局对其之敌意。

日本政府于1937年10月颁布《临时进出口品许可规则》、《棉业调整计划纲要》等基本统制法规，对国内棉纺织业的生产经营活动进行严格管制，其中最主要的措施即严格限制日本国内纱厂对外棉的进口。1938年以来，日本政府规定国内纱厂供给市场的棉纱主要为混纺人造棉纱，目的即在于减少纱厂对原棉的需求。为了彻底贯彻对国内棉纺织业的统制方针，日本政府还规定日本国内纱厂实行进口联系制，从而将企业的棉花进口与产品的出口挂钩。在日本军政当局的这些统制措施下，日本国内棉纺织产业陷入了空前困厄的境地，几乎所有日本国内的纱厂均宣布大幅减产，一些纱厂甚至沦入破产的命运。[3]

另外，在日本国内棉纺织业的生存遭受巨大压力之际，处于中国沿海都市的日商纱厂也逐渐受到当地日本军政当局统制影响之波及。战争爆发不久，天津日商纱厂首先因日军在华北的原棉统制而生产不振，其后，上海日商纱厂因无法从华北获得棉花，必须依赖进口外棉以维系生产。战争前期，上海日商纱厂通过租界的自由棉花市场，毫无阻力地大量吸收外棉，自1938年年末起上海日商纱厂基本维持了近乎100%的生产率，走上了战时生产的兴盛

---

[1] 1937年，日本纺织业出口的各类纺织产品17.99亿日元，相当于当年日本出口总值的56.7%。当年日本大量进口军需品及生产扩张物资，入超达6亿日元。如果纺织出口值小于5亿日元，日本的国际结算就会陷入困境，故而日本纺织业对于日本战时经济具有极重要的意义。参见〔日〕饭岛幡司：《日本纺织史》，大阪：创元社，1949年，第321—322页。

[2] 〔日〕饭岛幡司：《日本纺织史》，大阪：创元社，1949年，第321页。

[3] 所谓进出口联系制，简而言之，即将产品出口的数量和金额与进口原料的数量和金额相联系，只有出口一定量的产品，方可获得一定量的进口原料。1938年年初，日本政府原以日本纺织联合会为单位实行进出口联系制，但因效果不佳，同年7月起实行企业个体进出口联系制，这一制度导致了纺织企业间争夺出口权的激烈竞争及出口棉布价格的跌落，同时出口棉布的质量也较差。参见〔日〕饭岛幡司：《日本纺织史》，大阪：创元社，1949年，第338、347—349页。

之路。1940 年 6 月之前，上海日商纱厂在产品销售及棉花交易上虽受华中日军的各种勒索，但经营活动尚未受到日本军政当局的过多干涉。通过对《在华日本纺织同业会会议录》历次会议的解读就可知，战时日商纱厂的内部事务，基本由同业会实行自治式的管理，日本政府无法通过日本国内形形色色的统制法规控制日商纱厂的活动，日军也无法彻底封锁扼杀日商纱厂进口外棉的渠道与运往内地市场的销路，大量棉产品源源不断地从日商纱厂流入华北沦陷区与西南国统区。1940 年 6 月后，日本军政当局宣布对重庆国民政府实行彻底的经济封锁，不久上海日商纱厂被迫实行减产计划，从市场动向来看，减产负面效应的体现仍有一个缓冲期。必须指出的是，日商纱厂的减产与日本国内纱厂的减产有着本质区别：日本国内棉纺业的减产，主要因原料供给受到严格限制；而日商纱厂的大减产，主要因市场渠道受到日军的阻碍。

自 1938 年年末以来，由于日商纱厂保持旺盛的生产欲望，日商纱厂产品在中国国内市场上与日本进口棉产品的冲突也从未停息。日本国内棉纺织业受诸种统制的限制，日本棉纺织业业对华出口又多集中于细布、染布等高级棉产品，因而导致了日本国内纱厂与日商纱厂在中国市场上的竞争关系。然而从表 7-1 可见，中国市场广阔，人们对棉产品的需求旺盛，一般而言，日本国内纱厂并不会与在华日商纱厂构成激烈的竞争关系。

表7-1　世界主要国家每枚纱锭所占人口（1938年1月）

国别	纱锭数（千枚）	人口（千人）	每枚纱锭所占人口数（人）
英国	37 340	49 958	1.3
美国	26 611	127 980	4.8
日本	12 297	99 835	8.1
印度	9 763	379 500	38.8
中国	5 071	400 000	78.8
德国	10 323	67 105	6.5
法国	9 783	41 900	4.2

资料来源：〔日〕三瓶孝子：《日本棉业发达史》，东京：庆应书房，1941 年，第 268 页

以当时各主要工业国拥有纱锭所占人口比例情况来看，中国每枚纱锭所占人数之多，比印度高出一倍，中国棉产品市场拥有无穷的潜力，即使日本

进口产品、日商纱厂产品、华商纱厂产品全部投入广阔的中国市场之中，仍不敷民众的实际需求。那么，日军所提出的日商纱厂产品与日本进口品的对立，究竟又是怎么回事？

在市场销路上，因1938年3月华北通货体系被日本强行纳入"日元贸易圈"内，日本无法从与华北的贸易中获取外汇，日本政府规定日本国内纱厂不得再向华北区域内出口产品，因而日本棉产品流入华北地区的数量急剧减少。[①]这一局面显然对日商纱厂拓展华北销路极为有利，当时北帮的活跃验证了这一事实。另外，由于日本国内纱厂受到进出口联系制之制约，大量无法出口欧美的次等棉布流入华中，这些棉布质量虽差，但价格亦廉，它们通过日本国内纱厂→日本棉纱布出口联合会→日本进口商（洋行）→华中批发商的渠道，大量流入华中沦陷区内，对日商纱厂原有的市场形成冲击。日本军政当局使这部分棉布流入华中的真实用意，在于希望将其以军票销售，维持军票价值。为了尽可能扩张日本棉布在华中的市场，日本军政当局强行规定，日商纱厂的产品必须停止运入日本棉布销售之区域，从而使日商纱厂的华中销路遭受沉重打击。[②]日本军政当局对日本本国产品的袒护，不惜以牺牲日商纱厂的利益为代价，在日军统制下的沦陷区内日商纱厂的产品与日本国内产品所谓的对立关系，完全因日本军政当局自身的统制策略所导致。同时，由于日商纱厂在华中市场受到驱逐，故不得不扩大对外国，尤其是对南洋等地的出口，以弥补中国国内市场之损失，从而又导致其与日本棉纺织业在海外的竞争，随之遭到日军的猜忌。正是在这一情势下，针对日军的指斥，同业会在《在华纺的立场》中加以反驳：

> 上海支部纱厂一百三十万枚纱锭生产的产品中，究竟有多少比例的产品用于出口？大概还不到一半。即便退一步而言，达到一半也不过六十五万枚的生产量而已。如果视日本国内纺织联合会一千二百万枚中

---

① 〔日〕东亚研究所编：《日本的对华投资》，东京：东亚研究所，1942年，第240页。

② 在华日本同业会上海支部1939年9月18日的会议记录，透露了日商纱厂对日方在华倾销日布的强烈不满，所谓"因欧洲开战，日本国内情势也随之而变，出口联的4000万平方码及纺联的3000万平方码，共7000万平方码棉布将对华出口。其中一半将由军方用于和棉花的易货交易，其中1750万平方码运往华北、华中，假定运往华中的仅有汉口一地，则在华纱厂的棉布将停止运往该地。另一半3500万平方码由工商省所管，用于维持军票的价值而仅送往华中，则华中合计达5250万平方码。与军票有关的那部分将以普通的商业交易为基础，在出口联和上海商社之间进行交易。……商工省存在这样实质性的处理意向：当地的行会组织将不以纺织企业为主体而以洋行取而代之。故纺织企业将予改组为仅保有发言权而已"。参见《第三十三回会议报告》，1939年9月18日，在华日本纺织同业会上海支部：《上海会议录》，Ⅱ—1—66，日本大阪大学附属图书馆藏。

的半数六百万枚用以制造出口品的话，六十五万枚不过为其十分之一而已，仿佛十俵、十一俵相对一百俵而言，所谓"在华纺撤废"之论，不是过于夸张吗？……从过去的例子来看，在华纱厂的产品以输入中国内地为本旨，事实上（产品）因不足而被其消化，向海外出口的量极稀少，偶尔有所出口的话，也因当地排斥日货，在内地需求完全杜绝时，不得已而出口之，这并非是因在华纱厂为了获得利益而偏好出口。可以如此考虑，如今海外市场日本产品不振的原因，难道不正是因其为"日本产品"而被拒之门外吗？有些在华纱厂是在日本拥有总会社的分会社，即便表面上在上海有总会社的，也绝非第三国资本，正是因为"日本制造"难以出口，所以"中国制造"的日本产品才受到欢迎，不如说奖励其进一步出口不是更好？结果当然是为母国获取了更多的外汇。①

日商纱厂指出，其产品拥有日本国内产品无法比拟之优势。这种优势并非来自生产技术与成本控制上的优越性，而在于日商纱厂长期以来对华人消费群体心理的掌握。日商纱厂已认识到，在以华人为主体的市场消费群体中，作为"国货"的日商纱厂产品，远比被视为"敌货"的日本国内产品更容易获取华人消费者的认同，而日商纱厂正是通过民众对"国货"的认同意识，巧妙地为日本当局获取庞大的外汇利润。日商纱厂自信地认为，它的出口活动不仅未侵夺日本国内棉纺织业的市场销路，而且维护了日本国家的整体经济利益。日本国产棉布与日商纱厂棉布之间的竞争与对立，不过为两支日资棉纺势力之间的同业竞争。日商纱厂未敢言破的是，压迫与限制两者自由发展的根本阻力，从而导致形成如此竞争局面的背后推手，实乃日本军政当局自身。

然而日商纱厂与国内纱厂的竞争关系，因日本战时经济大环境的转变发生了新的变化。1940 年 7 月近卫文麿上台，当年 12 月即推行所谓的新体制运动，一切日本国内企业必须纳入日本军政当局制订的统制计划之中，日本国内纱厂纷纷被大规模合并，日本棉纺织业面临着明治维新以来最大的生存危机，这一时期的日本棉纺织业已处于风雨飘摇之中，无暇顾及对中国市场之扩张。1941 年 7 月 26 日，美国宣布冻结日本在美各项资产，日本棉纺业的产品无法通过出口从上海英美租界换取外汇，日本对中国，尤其是对华中等地的棉布出口，已失去根本之意义。此时，无论日本国内纱厂还是日商纱厂，均已陷入日本统制经济的泥沼中无法自拔，竞争关系不复存在。

---

① 以下引文除另作注外，均取自附录《在华纺的立场》。

在日本国内纱厂与日商纱厂的竞争与对立中，日本军政当局始终支持前者，压制后者，就日本国内纱厂所受统制远较日商纱厂严厉而言，这并非因日本军政当局对日本国内纱厂有所偏爱。只能说相较国内纱厂而言，日本军政当局对于日商纱厂抱有更大的敌意。推究日本军人这种意识形态的根源，正如日本经济史学家中村隆英所指出的，乃自1936年"二·二六"事变以后，在日本国内"对于资本主义自由经济的批判，原本即不限于社会主义者，即使在军部乃至官僚中，主张计划经济、统制经济者也大有人在"[①]。日本军政当局这种对于以日商纱厂为代表的海外自由经济体根深蒂固的反感与抵触，自然而然地弥漫至沦陷区内其所控制的每一个角落。

第三节　日商纱厂与抗战中国的关系

日本军方对日商纱厂的第二个质疑，即日商纱厂的生产经营活动，存在对抗战中国的社会经济有所裨益之问题。日本军人认为，日商纱厂生产的大量产品流入国统区内，充实和巩固了重庆政权的抗战物质基础；日商纱厂雇佣大量华人劳工，维持了中国民众的基本生计，这些对日本战时经济则有害而无益。

抗日战争前期，日商纱厂生产的大量棉产品通过各地客帮而流入国统区内，部分为重庆政权用于生产与民需，这一现象的确为日商纱厂根本无法回避之事实。日商纱厂漠视这一现象的根本原因，在于其自身可从上海与内地的物价差距中获取极高的利润。当时国统区内充斥着大量游资，棉产品交易渠道始终畅通，仅重庆一地的棉纱批发字号，即从战前1936年的31家增至1942年的208家，数年间增加了几近6倍。[②]日军封锁越严，内地纱价涨风越烈，商人冒险搬运的回报也越高，以至于接近战区地方物资私运者日多，日商纱厂产品也得以通过这类渠道深入内地。国民政府对外来棉产品虽有检验国货身份的制度，然而日商纱厂产品冒用华商商标混入的现象已屡为当时舆论报端所揭露。只要商品流通的渠道始终畅通，日商纱厂的产品终会为受利益驱使之商人带入国统区内。在《在华纺的立场》一文中，日商纱厂并未

---

①　〔日〕中村隆英：《昭和经济史》，东京：岩波书店，1986年，第104页。

②　杨蔚等编：《重庆棉货市场及市价之研究》，重庆：中央银行经济研究处，1944年，第11页。

对产品流入内地问题作出任何正面解释。相反，日商纱厂却向日军指出日商纱厂的存在对于日本在华经济殖民体系之重要性。同业会在报告中如此说道：

> 在华纱厂为我方（此指日本——笔者注）在政治、经济上实行利益扩张的根基。不言而喻，在华纱厂渴望的是经济扩张，从伊始即无政治上发展的意图，然具体探讨近十余年来的发展史，在与第三国的对抗上，经济权益也可视为政治权益，如何使我国获得有力的发言权，仅以此而论，在华纱厂即不能袖手旁观以为矜持姿态。然今以暂时之现象云其"存在价值"，则在华纱厂恰如一家庭中不仅已丧失活动能力且每日白食的老人，在节约粮食的时节，或对其存在抱以非议。……长年拮据经营而带来今天的强大兴盛，若我们全无扩张，今日之中国纺织界又将是怎样景象？恐怕，且不论华人，其他国人也将接踵侵入中国乎？今日日本人纺织事业与外人纺织事业在华地位或将颠倒。如此想来，我在华纱厂的功绩实乃伟大，相信此未必为自夸自赞。

日商利用日本与1895年清政府签订的《马关条约》中允许日本资本在华口岸设厂的特权，逐步壮大了其在华的势力。20世纪以来，英国、美国、德国诸国棉纺织业陆续在华投资建厂，而华商纱厂也随之兴起，中国棉纺织业逐步形成了中外纱厂互相竞争共存的格局。1937年抗日战争爆发以来，日商纱厂利用战争局势进一步扩张，其规模已远超华商纱厂及其他外国在华纱厂。至1940年，全中国的欧美棉纺织资本已仅限于上海租界内的数家，大部分的华商纱厂或毁于战火，或内迁西南，或为日商纱厂"军管理"、"委任经营"，华商纱厂的发展空间被压缩至最小限度，日商纱厂形成了独霸中国棉纺织业的局面。日商纱厂认为，日商纱厂的存在价值，归根到底乃是日本在华经济势力强大性的体现。在日商纱厂经营者的逻辑中，也正是因为日商纱厂这样一个庞大工业实体的存在，保障了日本在经济层面与其他在华列强角逐中占据优势地位。

对于雇佣华工问题，日商纱厂认为，以1939年年末上海日商纱厂全盛时期而论，其雇佣在籍男女工人数约56 590人。日商纱厂承认，仅仅付出了极低廉的薪资即维持了如此庞大的华人劳工队伍。据其自身的统计，上海日商纱厂一年间所获取的利润达法币2亿元之多，而"上海支部会员会社的工厂雇佣的劳动者约6万人，若以其支付工资为每月平均16元（法币）来算，每月领取96万元，一年即为1152万元。而劳工一月收入16元仅可支持一四口之家二分的生活"。《在华纺的立场》一文写就的1940年9月，正值法币大幅贬值而物价高涨之际，日商纱厂通过贩卖棉纱、棉布获取暴利，而劳工劳动所得却极低廉，不仅华工薪资根本无法与同期日本人职工并论，且日商纱厂这笔薪资的支出，与日商纱厂的整体利润相比，也可谓微乎其微。另外，以16家日商纱厂为中心形成的日本在华棉纺织业，对于众多依附于其而旁生的日资小工厂、零售商及大小日商洋行之生存却具有重要意义。报告中称："在上海的日本侨民，在战前据称达3万人，即使说他们直接或间接依存于在华纱厂，也并非过言。"在《在华纺的立场》中，日商纱厂特别强调了它的存在，对于在华日侨具有重要的共生意义。

那么，日商纱厂如何看待它在抗战中国社会经济中所扮演的角色？从文件来看，日商纱厂强调的主要是它对抗战中国的打击力。这种打击力，主要在于战时日商纱厂通过进口大量外棉，消耗了国民政府在外的法币。若按文件中提供的数据，1939年1月—1940年7月的19个月间，中国进口外棉达680万担之多，若每担平均消耗法币200元，则进口这些原棉所需法币达13.6亿元之巨。日商纱厂指出其中80%的原棉完全由其消耗，即日商纱厂于此期间消费法币约达10.8亿元。日商纱厂这样认识它对日本侵华战争的意义："如以支付给中国人1152万余元工资为'罪'，以对消耗蒋介石政权在外十亿余法币为'功'的话，则'功'当然不言而喻，具有非比寻常的意义。"从中可以看到，日商纱厂认为，其对日本的最大贡献，在于消耗了大量的法币，从而动摇了国民政府抗战经济的基础。《在华纺的立场》中另列举了1939年6月以后日军利用日商纱厂进行套汇、设立"伊资金"、推行军票一体化等秘密活动，以及对国民政府金融秩序造成的危害，这些已在前几章中详细论述，此处从略。

除《在华纺的立场》中所提及的诸点外，笔者还想指出，日商纱厂对于抗战中国的另一消极影响，在于对各伪政权提供经济上的合作与援助，间接协助日本的侵华政略。1939年9月起，日商纱厂接受华中伪"维新政府"所谓关税以"华兴券"征收之政策。为使进口日货在华中拥有价格之绝对优势，日本勒令"维新政府"大幅降低日本高级棉产品之关税税率，同时提高棉花进口之关税税率，从而对日商纱厂的产品生产成本及市场倾销造成严重冲击。这一政策完全从维护日本进口产品之利益出发，而对国内企业之原料进口却横征暴敛，如对进口棉花按从量税征收，一律增加约60%，而对日本高级棉产品则按从价税征收，税率实际减少了58%[①]，这样的税则，对于日商纱厂而

---

① 《第三十一回会议报告》，1939年9月6日，在华日本同业会上海支部：《上海会议录》，Ⅱ—1—66，日本大阪大学附属图书馆藏。

言,当然乃一沉重打击。同时,日商纱厂不得不卷入日伪所设法币与"华兴券"兑换的圈套之中,而将价值远远高于伪券的法币兑换成伪币后上缴伪政权,勉强维持伪券之流通。1941年6月,刚成立不久的汪伪政权为获取财政资源,宣布提高棉纱统税。因棉纱价格较战前暴涨,汪伪政权规定棉纱统税较战前提高一倍,而在日本军政当局的压力下,这条规定迅速得到了上海日商纱厂的承认。华北方面,原本战前日商纱厂在统税征缴上与华中并无差异,然而1941年8月1日起伪"华北政务委员会"骤将棉纱统税增为抗战前之3倍[①],日商纱厂虽与当地日伪各方折中,但最后仍迫于当地日军的压力而不得不服从。可以看到,日商纱厂的税收缴纳维持着南北伪政权的财政运转,其背后的推手始终为日本军方。无论日商纱厂本意是否支持伪政权之财政经济,其客观上都充当了为日本侵华政略服务的角色。

战时日商纱厂依恃强大的生产能力,在中国棉货市场占有了最大份额。然而日本军政当局出于统制需要,对日商纱厂在内地的销路多加限制,日商纱厂丧失了大部分的战时利润,其与日军的矛盾与对立也日益突出。1940年10月,日商纱厂受到来自日本军部对其最严厉的质疑与批判。这场批判虽来自日军内部的一些将校,但根本原因在于日军已无法忍受其放任的自由经营模式与日本的战时统制经济存在的严重对立。日商纱厂利用日军对国统区的经济封锁,通过各种渠道谋取了巨大的利润,这种行为被日本军方视为"叛国"行径而加以批判,日商纱厂面临着被撤废的命运。

显然,日商纱厂对于抗日战争的意义,存在着两面性与对立性。日商纱厂主观上作为日军侵华战略的协助者,在诸多场合多有协助;而客观上,日商纱厂的产品源源不断流入国统区内,为抗日中国提供一定的棉产品补充。日商纱厂主观上竭力剥削中国劳工的初衷从未改变;而客观上又为沦陷区内纺织劳工提供一些就业机会,而使劳工勉强维持了基本的生计。日商纱厂自认为,其在日本的对华战争中扮演了"功"大于"过"的角色。

就事实而论,通过以上各章对战时日商纱厂诸方面活动的分析,显然日商纱厂的自身认识同现实存在着一定的背离。从第三章中可见,除个别时期外,战时日商纱厂流入国统区内的产品与其生产总量相比,仅占一小部分,日商纱

---

① 伪政权的征收理由为:"7月26日以来对于英、美人资产冻结令实施公布以来,进口税收入减少。华北的棉纱除烟草外皆按事变前征收。因此与棉纱共同八种物资的统税率应有所提高。华北与华中情况不同,主要实施不同的通货政策,故不得将两地视为同一。"《棉纱统税和在华日本人纺》(1943年10月),《在华日本纺织同业会有关在华日本人纺织体制问题和以在华日人纺织为决战做准备》,Q192—6—406,上海档案馆藏。

厂的生产对国民政府之物资补给十分有限，其大部分产品流入华北与华中的沦陷区内，成为当地民间棉产品消费的主体。日商纱厂在沦陷区内所获取的利润，一部分上缴于日伪当局，一部分为日军所盘剥，用于劳工薪资者极少。日商纱厂内的华工生活待遇低下，随时面临着被解雇的危险。战时日商纱厂对于抗战中国社会的影响实以负面居多，这一评价并非言过其实。

第四节　日商纱厂的兴衰与日本军国经济　　　　　体系的关系

从对《在华纺的立场》一文的分析中，我们可以看到，日商纱厂意识到而并未敢于言破者，乃日本军政当局，尤其是日本军方对其生存环境施加的战时经济统制政策，是导致其 1940 年 10 月以后生产经营活动出现严重危机的根本原因。

1937 年 7 月抗日战争爆发以来，日商纱厂利用在华特殊的地域环境，获取了日本国内棉纺织业无法比拟的优越条件。然而，通过第一章的研究，我们可以发现，有利的地域环境并非日商纱厂走向兴盛的唯一条件，因为这一因素自战前以来即已存在。战时日商纱厂的生产经营走向兴盛，再从兴盛转向衰落，是多方面因素合力的结果。

在第二章的研究中，我们可以看到抗日战争的全面爆发，导致了日商纱厂在生产规模上蒙受巨大损失，青岛日商纱厂彻底毁灭，天津日商纱厂的发展计划也受到夭折。不过，上海日商纱厂的设备虽一小部分毁于战火，但大部分却得以完好保留，此为日商纱厂战时的生产经营提供了设备基础，上海日商纱厂成为日本在华棉纺织业走向兴盛与繁荣的主力军。由于日军武力强占，日商纱厂获取了华北、华中地区绝大部分华商纱厂的经营权，并对之加以接收与经营。在对华商纱厂的掠夺与控制过程中，日商纱厂的生产规模实现了进一步的扩张。在战时环境下，战前作为日商纱厂最强劲对手的华商纱厂，受到了最大程度的削弱。显然，日商纱厂战时环境下生产的兴盛与销路的繁荣，是建立在压制对手、掠夺对手甚至毁灭对手的前提下的。

通过第三章的研究我们可以看到，战时环境下上海日商纱厂走向兴盛的最根本原因，在于市场销路的维持与伸展。从中我们又可看到各地商帮对产品的采购对于日商纱厂走向兴盛的重要性。1940 年 6 月以前，上海日商纱厂生产的几乎一半的棉产品，经由北帮中介流入华北内地，以北帮为首的客帮在沪的活跃采购，客观上刺激了上海日商纱厂的生产，上海日商纱厂由此走上了兴盛之路。1940 年 6 月以后，因华北日军的经济封锁与输入品统制，北方帮无法再来沪交易，日商纱厂销路受到最致命的打击。在经历了一个缓冲期后，至 1940 年 10 月，日本军部作出对国统区实行全面封锁的决策，由此日商纱厂的内地销路出现大幅萎缩，日商纱厂的生产经营出现全面衰退。

通过第四章的研究结果则可发现，华北华中日军的原棉统制对战时日商纱厂的生产经营活动造成了诸多负面影响。在日军对国棉的严厉统制下，日商纱厂必须转换其原棉消费结构与生产模式，以应对国棉稀缺所造成的生产难局。日军对华北的原棉统制最早实施，因而华北日商纱厂所受的负面影响要远大于上海日商纱厂，天津与青岛日商纱厂长期陷入生产不振的局面。然而，由于上海租界的存在，一个自由的棉花交易市场也仍存在。上海日商纱厂通过吸收大量的外棉，不仅缓解了原棉供给上的危机，而且自 1938 年 10 月—1940 年 4 月维持了近乎 100% 的生产率，战时上海外棉源源不断地通过进口渠道，为上海日商纱厂走向生产的极盛创造了原料上的必要条件。然而，1940 年 10 月以后，由于上海日商纱厂自身的大减产，其对原棉的需求不再旺盛，即使在各会社内部仍保有大量原棉的情况下，上海日商纱厂的生产经营还是走向了衰落。必须指出的是，战时原棉问题虽然是制约日商纱厂生产规模的一个重要因素，但并非导致其走向衰落的最根本原因。

从第五章的研究结果中可以发现，以 1939 年 6 月日商纱厂在日本军政当局的授意下以设立"伊资金"为肇始，日商纱厂通过市场销路与投机交易而获取的大量法币利润源源不断地流入日军手中，日商纱厂自战前以来长期形成的通货体系受到了最严重的破坏。在日商纱厂获取的财富迅速蒸发的同时，日商纱厂作为日本开展货币战的工具，其自身因对军票的不断吸收而被日本军政当局逐步"傀儡化"。日本军政当局，尤其是日本军方的对华货币统制政策是导致日商纱厂面临空前危机的根本原因，而 1940 年 10 月以后，由于日本军部"军票经济圈"计划的推行，日商纱厂的"傀儡化"急剧加深。

在第六章中则可看到，日商纱厂的经营模式为其战时的生产繁荣仍发挥了巨大效用。由于战时沦陷区内农村物质生活的异常困厄，大量农村劳力涌向城市，日商纱厂总体并无劳力紧缺之虞。更重要的是，日商纱厂自战前以来即不断完善的"日本式"经营模式，能够维持对这一支庞大劳动力队伍进行全面的管理。正是这支劳工队伍源源不断的补充与稳定，为日商纱厂的生产兴盛提供了劳动力基础。然而，必须指出的是，战时日商纱厂对劳工的剥削要远重于战前，战时日商纱厂实现的所谓生产繁荣，既有来自技术层面的改进，也有来自对劳动力的严酷剥削。

综合以上各章的研究结果，我们不难发现，1940年10月是战时日商纱厂从兴盛走向衰落的分水岭。在1940年10月以前，日商纱厂对华商纱厂的侵占与削弱、战时市场销路的维持与扩展、劳动力的吸纳与保障、外棉的大量吸收与使用，是日商纱厂走向生产兴盛的四个重要原因；而1940年10月以后，日军"军票经济圈"计划的强制推行，则是导致日商纱厂走向衰落的根本原因。"军票经济圈"计划乃日本军政当局对华实行经济统制的重要策略之一，因而可以认为，日本军政当局的战时统制政策，是导致日商纱厂坠入深渊的真正原因，这一研究结果显然又与日商纱厂的自身认识"不谋而合"。

日本海外棉纺织资本对于利润的角逐，在战争时代并未有丝毫削弱，自诞生以来，逐渐在中国立地环境中成长的日本在华棉纺织业，在战时环境下仍具有强大的活力，日商纱厂在原料采购、劳工管理、市场开拓上虽较战前受到一定制约，但仍积极制定有效应对措施，以适应大环境的变化。从资本主义自由竞争的理念出发，日本在华棉纺织业为追求最大利润，必然为受制于日本军政当局制定的各种经济统制而苦恼；然而从资本的扩张性去理解，日本在华棉纺织业又会自觉地服从各种统制政策，并期待从日本军国主义的武力庇护中获取更大的扩张空间与垄断地位。在战时环境下，日本的海外棉纺织业资本与军国经济体系长期处于这种既博弈又配合的微妙关系之中。

然而，这种关系在日本国家战争机器的推进下逐渐破裂，日本海外棉纺织业逐渐受到军国经济体制的侵蚀，日本自由资本主义最有活力、最有竞争力的经济实体之一——日本在华棉纺织业，也最终融入日本军国经济体系中无法自拔。日本在华棉纺织业从兴盛走向衰落的历史进程，恰好说明了日本军国经济体系最终对自由资本主义所造成的毁灭性影响，它使我们看到了战时日本经济体系内部的重重矛盾与对立，并从中对战时日本军国主义统制下日商纱厂经营活动的实质有了更深层次的了解与认识。本书通过对战时环境下日本在华棉纺织业从兴盛走向衰落历史过程的研究，旨在说明日本军国经济体系竭泽而渔的经济政策，是导致日本海外资本生存条件不断恶化的根本原因。一言以概之，当自由资本主义性质的日本海外棉纺织业资本与高度统制性质的日本军国经济体系融为一体时，必然导致前者走向衰败。

参考文献

中文文献

1. 专著

本书编委会编：《中国近代纺织史》（上、下册），北京：中国纺织出版社，1997年

蔡德金编注：《周佛海日记全编》，北京：中国文联出版社，2003年

陈维稷：《中国纺织科学技术史（近代部分）》，北京：科学出版社，1984年

陈真等编：《中国近代工业史资料》（第一辑），北京：生活·读书·新知三联书店，1957年

陈真编：《近代中国工业史资料》（第二辑），北京：生活·读书·新知三联书店，1957年

陈真编：《近代中国工业史资料》（第三辑），北京：生活·读书·新知三联书店，1961年

陈真编：《近代中国工业史资料》（第四辑），北京：生活·读书·新知三联书店，1961年

陈祖恩：《寻访东洋人——近代上海的日本拘留民（1868—1945年）》，上海：上海社会科学院出版社，2007年

〔日〕城山智子、孟凡礼等译：《大萧条时期的中国——市场、国家与世界经济（1929—1937）》，南京：江苏人民出版社，2010年

重庆市档案馆等编：《四联总处史料》（上），北京：档案出版社，1993年

大隆机器厂厂史编写组：《大隆机器厂的发生、发展与改造》，上海：上海人民出版社，1958年

大生系统企业编写组：《大生系统企业史》，南京：江苏古籍出版社，1990年

戴建兵：《金钱与战争——抗战时期的货币》，桂林：广西师范大学出版社，1995年

方显廷：《中国之棉纺织工业》，上海：上海国立编译馆，1934年

冯叔渊：《战前及现在之上海棉纺织业》，出版地不详，上海图书馆藏本

〔日〕防卫厅战史室编、天津市政协编译委员会译：《日本军国主义侵华资料长编》（上），成都：四川人民出版社，1987年

〔日〕防卫厅战史室编、天津政协编译组译：《华北治安战》（上），天津：天津人民出版社，1982年

高日跃主编：《青岛市志》，《纺织工业志》，北京：新华出版社，1999年

〔美〕高加龙著、程麟苏译：《大企业与关系网》，上海：上海社会科学出版社，2002年

龚古今：《中国抗日战争史稿》，武汉：湖北人民出版社，1983年

国民出版社编：《中日货币战》，金华：国民出版社，1939年

恒丰纱厂厂史编写组：《恒丰纱厂的发生、发展与改造》，上海：上海人民出版社，1958年

华洪涛：《上海对外贸易》，上海：上海社会科学院出版社，1989年

华商纱厂联合会编：《华商纱厂联合会年会报告书》，上海：上海图书馆，1935年

黄美真主编：《日伪对华中沦陷区经济的掠夺与统制》，北京：社会科学文献出版社，2005年

金国宝：《中国棉业问题》，上海：商务印书馆，1936年

〔韩〕金志焕：《棉纺之战——20世纪30年代的中日棉纺织业冲突》，上海：上海辞书出版社，2006年

〔日〕井村薰雄著、周培兰译：《中国之纺织品及其出口》，上海：商务印书馆，1928年

居之芬、张利民主编：《日本在华北经济统制掠夺史》，天津：天津古籍出版社，1997年

李先良：《抗战回忆录》，青岛：乾坤出版社，1948年

林美莉：《抗战时期的货币战争》，台北：台湾师范大学历史研究所，1996年中共上海市委党史研究室、上海市总工会编：《上海第一棉纺织厂工人运动史》，北京：中共党史出版社，1997年

〔德〕鲁道夫·希法亭、李琼译：《金融资本》，北京：华夏出版社，2013年

罗苏文：《高郎桥纪事：近代上海一个棉纺织工业区的兴起与终结（1700—2000）》，上海：上海人民出版社，2011年

彭泽益等编：《中国近代手工业史资料》（第一至第四卷），北京：中华书局，1963年

青岛史志办公室编：《青岛市志（大事记）》，北京：五洲传播出版社，2000年

青岛市纺织工业总公司史志办公室编：《青岛纺织史》，准印无刊号本

〔日〕浅田乔二等著、袁愈佺译：《1937—1945年日本在中国沦陷区的经济掠夺》，上海：复旦大学出版社，1997年

上海档案馆编：《日本在华中经济掠夺史料，1937—1945年》，上海：上海书店出版社，2005年

《上海第九棉纺织厂工人运动史》编写组：《上海第九棉纺织厂工人运动史》，北京：中共党史出版社，1994年

《上海第十二棉纺织厂工人运动史》编写组：《上海第十二棉纺织厂工人运动史》，北京：中共党史出版社，1994年

《上海工商社团志》编撰委员会编：《上海工商社团志》，上海：上海社会科学出版社，2001年

上海棉纺织工业同业公会（筹）：《中国棉纺织统计史料》，上海：上海棉纺织工业同业公会，1950年

上海商业储蓄银行调查部编：《纱？》，上海：上海商业储蓄银行信托部，1931年

上海社会科学经济研究所编：《刘鸿生企业史料》，上海：上海人民出版社，1981年

上海社会科学院经济研究所编：《荣家企业史料》（下册），上海：上海人民出版社，1980年

上海社会科学院经济研究所编：《上海对外贸易1840—1949年》（下册），上海：上海社会科学院出版社，1989年

上海市纺织工业局：《永安纺织印染公司》，北京：中华书局，1964年

上海市商会：《纺织工业》，上海：上海商会，1947年

上海市政协文史资料委员会编：《上海文史资料存稿汇编》（6），上海：上海古籍出版社，2001年

上海文史馆等编：《上海地方史资料》（三），上海：上海社会科学院出版社，1982年

上海总工会编：《抗日战争时期上海工人运动史》，上海：上海远东出版社，1992年

史全生：《中华民国经济史》，南京：江苏人民出版社，1989年

孙毓棠等编：《中国近代工业史资料》第一、二辑上下册，北京：科学出版社，1957年

〔日〕松本重治、曹振威译：《上海时代》，北京：上海书店出版社，2004年。

〔日〕松崎雄二郎著、舒贻上译：《日本人的山东开发计划》，济南：山东新报社，1947年

〔日〕樋口弘著、北京编译社译：《日本对华投资》，北京：商务印书馆，1959年

王秉钧：《沪市手工棉纺织工业之近况与前途》，上海：上海商业月报社，1947年

王子建：《"孤岛"时期的民族棉纺织工业》，上海：上海社会科学院出版社，1990年

王子建：《日本之棉纺织工业》，北平：社会调查所，1933年

吴冈：《旧中国通货膨胀史料》，上海：上海人民出版社，1958年

吴景平等：《抗战时期的上海经济》，上海人民出版社，2001年

吴淑生：《中国染织史》，上海：上海人民出版社，1986年

吴知：《乡村织布工业的一个研究》，上海：商务印书馆，1936年

行政院新闻局：《纺织工业》，南京：国民政府行政院，1947年

徐新吾：《中国近代缫丝工业史》，上海：上海人民出版社，1990年

徐新吾：《江南土布史》，上海：上海社会科学院出版社，1992年

许维雍、黄汉民：《荣家企业发展史》，北京：人民出版社，1985年

严中平：《中国近代经济史统计资料选编》，北京：科学出版社，1955年

严中平：《中国棉纺织史稿》，北京：科学出版社，1955年

杨蔚等编：《重庆棉货市场及市价之研究》，重庆：中央银行经济研究处，1944年

姚贤镐等编：《中国近代对外贸易史资料》，北京：中华书局，1962年

叶量：《中国纺织品产销志》，上海：上海生活书店，1945年

裕大华纺织资本集团史料组编：《裕大华纺织资本集团史料》，武汉：湖北人民出版社，1984年

曾繁铭编：《青岛纺织史》，未刊准印本

张治中：《张治中回忆录》（上册），北京：文史资料出版社，1985年

赵冈：《中国棉业史》，台北：台北联经出版事业公司，1977年

郑友揆：《中国的对外贸易与工业发展》，上海：上海社会科学院出版社，1984年

中共上海市委党史研究室编：《上海纺织工人运动史》，北京：中共党史出版社，1991年

中国近代经济史丛书编委会：《中国近代经济史研究资料》（10），上海：上海社会科学院出版社，1990年

中国科学院经济研究所：《上海解放前后物价资料汇编（1921—1957年）》，上海：上海人民出版社，1958年

中国科学院上海经济研究所等编：《上海解放前后物价资料汇编（1921—1957年）》，上海：上海人民出版社，1958年

中国人民政治协商会议上海市委员会文史资料工作室编：《旧上海的交易所》，上海：上海人民出版社，1994年

中国社会科学院经济研究所主编：《上海市棉布商业》，北京：中华书局，1989年

中央档案馆等编：《华北经济掠夺》，北京：中华书局，2004年

朱邦兴等编：《上海产业与上海职工》，上海：上海人民出版社，1984年

朱斯煌：《民国经济史》，上海：银行学会，1948年

2. 论文

曹大臣：《论日本侵华时期的军票政策》，《江海学刊》2001年第6期

陈建智：《抗日战争时期国民政府对日伪的货币金融战》，《近代史研究》1987年第2期

罗苏文：《高郎桥：近代沪东一个棉纺织工人生活区的形成（1914—1949）》，《社会科学》2006年第1期

王士花：《华北沦陷区棉花的生产与流通》，《清华大学学报》2008年第5期

3. 中文报刊与杂志

《申报》1937—1942年各期

《大公报》1937—1942年各期

《新闻报》1937年各期

《纺织时报》1937年各期

《中报周刊》1940年各期

《新东方半月刊》1936年各期

《新社会半月刊》1934年各期

《纺织之友》1935年各期

《棉业月刊》1937年各期

《东方杂志》1937年各期

《华北棉业汇报》1940年各期

《新经济》1939年各期

《棉业周报》1939—1941年各期

《中国经济评论》1939年各期

《财政评论》1940年各期

《经济丛报》1940年各期

《进修》1939年各期

《战时日本》1939年各期

《工商天地》1948年各期

《纺织之友》1935年各期

《中国纺织大学学报》，《中国近代纺织专辑》1994年第3期

4. 档案

《上海市银行商业同业公会1939年1月—12月通函》，S173—1—443，上海
档案馆藏

《上海鸿章纺织染厂会议记录》，Q199—2—67，上海档案馆藏

《大同纱厂无限股份公司股东会议录》，Q192—6—66，上海档案馆藏

《1938年—1943年中国纺织建设公司上海第九纺织厂职工被解雇名单》（日
文），Q192—9—539，上海档案馆藏

《在华日本纺织同业会有关在华日本人纺织体制问题和以在华日人纺织为
决战做准备》，Q192—6—406，上海档案馆藏

《上海市银行商业同业公会关于本市日本当局宣布军票对"法币"买卖价格均以伪中储券为限后、本市银钱业等二十二个同业公会为市场商情混乱电汪伪政府财政、实业部等机关的反映及其批复》，S173—1—131，上海档案馆藏

英 文 文 献

Arno S. Pearse. The cotton industry in China and Japan，1929.

Richard Kraus. *Cotton and Cotton Goods in China1918-1938*. Harvard：Harvard University,1968.

日 文 文 献

1. 专著

阿部洋等编：《日中关系和文化摩擦》，东京：严南堂，1982年

波多野善大：《近代中国工业史的研究》，东京：东洋史研究会，1961年

柴田善雅：《占领地通货金融政策的展开》，东京：日本经济评论社，1999年

大日本纺织联合会编：《东亚共荣圈与纤维产业》，东京：文理书院，1941年

大日本纺织株式会社编：《大日本纺织百年史》，电子版参见http://www.unitika.co.jp/company/archive01.html

大竹慎一：《日中通货战史——旧殖民地通货金融研究》，东京：フォレスト出版社，2000年

岛田利彦等编：《现代史资料·日中战争（一）》，东京：みすず书房，1964年

岛一郎：《中国民族工业的展开》，东京：ミネルウェ书房，1978年

东和男：《创业期的丰田与上海》，东京：时事通讯社，2009年

东亚经济调查局：《中国纺织业的发展和它的将来》，东京：东亚经济调查局，1932年

东亚研究所：《日本对华投资》，东京：东亚研究所，1941年

东亚研究所：《中国占领地经济的发展》，东京：东亚研究所，1943年

多田井喜生编：《占领地通货工作》，《续·现代史资料》（11），东京：原书房，1983年

饭岛幡司：《日本纺织史》，大阪：创元社，1949年

纺织杂志社编：《大陆和纤维工业》，东京：纺织杂志社，1939年

福岛纺织株式会社编：《福岛纺织株式会社五十年史》，大阪：福岛纺织株式会社，1942年

冈部利良：《在中国纺织业的发展及其基础》，东京：东洋经济新报社，1937年

高村直助：《日本纺织业史序说》，东京：高书房出版社，1979年

高村直助：《近代日本棉业和中国》，东京：东京大学出版会，1982年

高纲博文等编：《战时上海1937—1945年》，东京：研文出版，2005年

宫下忠雄：《中国战时通货问题一斑》，日本评论社，1943年

国松文雄：《中国棉花的问题》，大阪：日本大阪电报通信社印刷部，1938年

华北经济调查所编：《华北工厂实态调查报告书——济南之部》，大连：南满洲铁道株式会社调查部，1939年

华北棉产改进会调查科编：《华北棉产进会业务概要》，北平：华北棉产改进会，1940年

华中建设资料整备委员会：《纺织工厂转移计划案》，上海：中支建设资料整备事务所，1940年

华中建设资料整备委员会：《棉产改进事业工作报告》，上海：中支建设资料整备事务所，1940年

楫西光速：《丰田佐吉》，上海丰田纺织厂纪念馆所藏资料

今村忠男：《军票论》，东京：东京商工行政社，1941年

井上清等编：《中日战争和中日关系》，东京：原书房，1988年

井上幸次郎：《大日本纺织株式会社五十年纪要》，大阪：大日本纺织株式会社，1941年

久保亨：《中国经济100年的步伐》，东京：创研社，1995年

久保亨：《战间期中国自立的探索——关税通货贸易和经济发展》，东京：东京大学出版会，1999年

久保亨：《战间期中国的棉业和企业经营》，东京：汲古书院，2005年

臼井胜美：《日中战争》，东京：中央公论社，1967年

绢川太一：《本国棉纱纺织史》（全七卷），东京：原书房，1990年

满铁调查局编：《关于我国纺织业在东亚共荣圈内的选地条件——对各地区生产能率及核算的一个考察》，大连：南满洲铁道株式会社，1943年

满洲铁道株式会社调查部编：《上海工业概观》，《满铁调查月报》，20卷3号，大连：南满洲铁道株式会社调查部，1940年

名和统一：《日本纺织业和原棉问题研究》，东京：大同书院，1937年

名和统一：《日本纺织业历史角度的分析》，东京：潮流社，1948年

内外棉株式会社：《内外棉株式会社五十年史》，大阪：内外棉株式会社，1937年

清水善俊：《中国事变军票史》，《日本金融史资料·昭和篇》第29卷，大藏省印刷局，1971年

日本外务省编：《日本外交年表及主要文书》，东京：原书房，1969年

日本学术振兴会编：《支那的通货与贸易》，东京：有斐阁，1942年

入交好修：《武藤山治》，东京：吉川弘文馆，1964年

三瓶孝子：《日本棉业发达史》，东京：庆应书房，1941年

森时彦：《中国近代棉业史研究》，京都：京都大学学术出版会，2001年

森时彦编：《在华纺与中国社会》，京都：京都大学学术出版会，2005年

神户商业大学编：《海外旅行调查报告》，神户：神户商业大学研究所，1940年

市川正义：《上海通货问题——上海出差报告》，大连：南满洲铁道株式会社调查部，1939年

水谷国一：《青岛纺织劳动调查》，大连：南满洲铁道株式会社，1940年

松崎雄二郎：《青岛的现状》（1940年度），青岛：日本青岛商工会议所，1941年

藤冈长和：《岸和田纺织株式会社五十年史》，大阪：岸和田纺织株式会社，1942年

武居巧编：《武居菱藏遗文小集》，未刊本，1935年

西川博史：《日本帝国主义与棉业》，东京：ミネルウェ书房，1987年

小风秀雅等编：《和田丰治日记》，东京：日本经济评论社，1993年

小林英夫：《日本军政下的亚洲——"大东亚共荣圈"与军票》，东京：岩波书店，1993年

兴亚院华中联络部：《以上海为中心的华中棉花情况》，上海：兴亚院华中联络部，1939年

兴亚院华中联络部编：《在华中主要工厂调查》，上海：兴亚院华中联络部，1942年

野村宣：《法币的破灭》，东京：朝日新闻社，1942年

游部久藏：《中国纺织劳动中的"自然"》，《东方学》第九辑，东京：日光书院，1944年

在华日本纺织同业联合会编：《船津辰一郎》，东京：东方研究会，1958年

中村隆英：《战时日本对华北经济的支配》，东京：山川出版社，1983年

中村隆英：《昭和经济史》，东京：岩波书店，1986年

中村政则等编：《战时华中物资动员与军票》，东京：多贺出版，1994年

中西利八编：《中国绅士录》，东京：满蒙资料协会，1942年

2. 论文

大里浩秋、富井正宪著：《在华纺的居住环境——上海的事例》，日本神奈川大学"为了人类文化研究而进行的非文字资料体系化"研究成果报告

桑原哲也：《在华纺织的盛衰：国之命运与企业之命运，内外棉》，《国民经济杂志》1998年第4期

桑原哲也：《在华纺的组织能力——两次大战期间的内外棉会社》，《经营学论集》2004年第1期

3. 报刊与杂志

《大阪时事新报》1937—1941年各期

《大阪朝日新闻》1937—1941年各期

《大阪每日新闻》1937—1941年各期

上海日本商工会议所编：《上海日本商工会议所年报》1937—1942年各年度

《大日本纺织联合会月报》1936年—1942年各号

《东亚纤维工业》1943年各号

《日本棉业纺织事情参考书》1936—1942年各期

4. 档案

《在华纺织事业缀》，日本亚洲历史资料中心，B06050470100

《在华居留民业务复兴资金政府贷款所要额各地调》，日本亚洲历史资料中心，B05016231800

《昭和16—17年棉花年度华北棉比例配额表》，日本亚洲历史资料中心，B06050464300

《昭和17—18年棉花年度华北棉上市情况调查》，日本亚洲历史资料中心，

B06050464300

在华日本纺织同业会上海支部：《上海会议录》（1938—1939年度），Ⅱ—1—66，日本大阪大学附属图书馆藏

在华日本纺织同业会大阪本部：《在华纺织同业会大阪本部会议录》（1939、1940年度），Ⅱ—1—67，日本大阪大学附属图书馆藏

在华日本纺织同业会：《在华纺织统计缀（生产状况）》（1940年度），日本大阪大学附属图书馆藏

在华日本纺织同业会：《在华纺织同业会通牒缀（上海）》，S15—Ⅱ—11，日本大阪大学附属图书馆藏

在华日本纺织同业会天津支部：《1939年度事务成绩报告书》，Ⅳ—116，日本大阪大学附属图书馆藏

在华日本纺织同业会：《在华纺织同业会通牒缀》，S15—Ⅳ—13，在华日本纺织同业会编：《在华纺织同业会通牒缀（上海）》，S15—Ⅰ—10，日本大阪大学附属图书馆藏

在华日本纺织同业会：《在华纺织同业会通牒缀（上海）》，S15—Ⅱ—11，日本大阪大学附属图书馆藏

在华日本纺织同业会：《1941年度事务成绩报告》，无档案号，日本大阪大学附属图书馆藏

《在华纺织同业会事务日记（1940—1943）》，日本大阪棉业会馆所藏未刊战时在华纺档案

《在华日本人纺织的进出对中国人纺织所带来的影响》，日本大阪棉业会馆所藏未刊战时在华纺档案

《上海日商纱厂与军票关系杂件》，日本大阪棉业会馆所藏未刊战时在华纺档案

《冈田会长谈话要点》，日本大阪棉业会馆所藏未刊战时在华纺档案

附 录

附录一　附　文

1940 年 10 月 14 日　上海支部来电，附《在华纺的立场》（原文收入《上海日商纱厂与军票关系杂件》，日本大阪棉业会馆未刊战时在华纺档案）。[①]

某在华纺要人对军方挑衅论的意见：

一、在华纺存在可否论

二、伊资金无用论

（1）所谓"一元"等于"四元"之说。

（2）难道不应将内地汇款的 1/4 保留于社内，3/4 充作购买公债？

（3）在最近的将来与内地一样缴税。

三、海外出口不可论

（1）在日本，出口价格与原棉费用相减之差额，剩余即工资与利润。

（2）然而在华纺的情况，仅剩余利润，工资则流入中方。

（3）在华纺产品挤压了日本内地纺织品的海外市场，强化了法币、援助了蒋政权之说。

（4）日本内地存在着难以出口谋利的棉产品滞货，如今无法将之卖出获得资金，故只好向中国出口以充作回收军票的物资，故应减少在华纺的生产。

（5）即使在华纺休业，只要英、华人纺继续生产，其休业便无意义。

[①]　"在华纺"系日商纱厂方面的自称，本文系史料摘译，故保留此说。正文中一般称为"在华纱厂"或"日商纱厂"。

（6）即使在华纺休业，将日本货出口至中国，结果也无太大的差异。

一、在华纺应否存在论

要否定在华纺的存在，大概有这些理由：

（1）从棉花获得关系来看，在华纺在当地消耗了大量的棉花，从而使日本内地获得棉花日益困难。

（2）如某要人所言，在华纺产品流入敌地（非占领区域）是不允许的。

棉花的取得困难也罢，产品流入敌地也好，都不过是一时现象，只要自身采取适当的对策处理之，未必能成为彻底否定在华纺存在的因素。在这里我想不厌其烦地陈述在华纺的功绩：

在华纺乃我方在政治、经济上利益扩张的根基。不言而喻，在华纺渴望的是经济上的扩张，从伊始并无政治上发展的意图，然具体探讨近十数年来的发展史的话，在与第三国的对抗上，经济权益也可视为政治权益，如何使我日本获得有有力的发言权，单从这点来看，在华纺即不能袖手旁观以充矜持，然今以一时之现象云其存在价值，在华纺的立场恰如一家庭中不仅已丧失活动能力，且每日白食的老人，在节约粮食的时节，或者对其之存在抱以非议。在华纺使用华人职工，故只要在华纺发展，日本的纺织劳动者则会丧失工作，此说暂且听来十分合理，连一些相当有见识者，也易陷入此谬见。单从某种程度、仅从劳动者的角度来看，只要在华纺发展扩张，的确日本的劳动者将失去工作机会。然而上海支部会员会社雇佣的劳工约6万人，若以其支付工资为每月平均16元（法币）来算，每月领取96万元，一年即为1152万元。工人一月收入16元乃可支持一家平均四口人二分的生活（如今乃非常状态下，生活费约增加一倍）。

上海侨居的日本人，事变前据说达3万人，即使陈他们直接或间接依存于在华纺，也非过言。曾经在1925年"五卅事件"之际，上海在华纺不得已全部关闭半载，当时虹口这边的日本人商业街为此已受很大打击，都渴望工厂迅速复工，这些足为在华日侨依存于在华纺的明证。

不用说，在华同胞绝非依靠每月16元程度的收入才得以生活的阶层，在华纺在中国的扩张，或许对于日本内地纺织工人而言夺取了就业的机会，却可谓给予了其他阶层得以生活的道路，要言之，虽夺走了甲的岗位，却给了乙、丙充分的工作机会。如此现象在青岛、天津也是如此，若从这些城市中撤去在华纺，则日本人还能留下怎样的痕迹呢？

主要来说，在华纺不仅是日本人发展的根基，其虽未给予（本国）纺织劳工岗位，却使多数的同胞能够安居乐业，正可谓起到一石二鸟的效果。

长年拮据经营而带来今天的强大兴盛，若我们日本人全无扩张，今日的中国纺织界，将是何等景象？恐怕且不论华人，其他国人也接踵而侵入中国乎？今日日本人纺织与外人纺织的地位或将颠倒。

如此想来，我在华纺的功绩实乃伟大，相信此未必为自夸自赞。

二、伊资金无用论

因伊资金现已无必要，故可立即废止。（伊资金）不需要无限期地存在下去，作为在华纺仅仅是出于协助军方计，目前为止已忍受了相当的牺牲，故也有这样想法。

若废除之，则以四便士、三便士半之货币（法币）换得一先令二便士的日元，而谋取不当利益之说自可不攻自破。原本不是存在着在华纺的全部利益来自伊资金账户的误解吗？以一个月三百万元法币获取军票，按照昨日的行情不过为二百十万元，一年也不过二千五百二十万元，若其中四分之三为不当所得，则也不过为一千八百九十万元。

上海支部会员的全部投资额纱锭一枚为一百五十元（固定资产和流动资产），总共折算约二亿元，一千八百九十万元对于二亿而言，不过九分四厘二毛而已。故而称在华纺的利益，全部来自伊资金之说，甚为牵强附会。

三、汇款的 3/4 作为接受公债之说难以成立

只要伊资金存在，在华纺即可从其 B 账户中取得军票，并向日本汇款，此汇款的 3/4 若是充当购买公债，则假定一千万元汇款，其中 3/4 即七百五十万元应作为购买公债的资金。然而这一设想基本不可能实现。理由如下：

（1）汇款中十分之九，都有相当重要之用途，绝非游资。提出 3/4 收购公债说的人认为，利润即剩余资本＝无所用途的游资。

（2）虽然的确存在利润，但需要征收法人税。

（3）对于法人需缴纳很高的法人税（若利益达 900 万元，则法人税即达 423 万元），若支付 3/4 购买公债，则无法支付该税与股东红利。[①]

对超过这一范围的要求，实行则极为勉强，在华纺在无论怎样的情况下，都愿与军方合作，身殉国策，决无丝毫吝惜，然对于单单一时付出之贡献，与长期付出之贡献，自身（与当局）存在着不同的方法与手段来实现之，即便是在华纺也希望当局认同其"生存之路"。

四、海外出口不可论

上海支部在华纺一百万枚纱锭所生产的产品中，究竟有多少比例的产品是用来出口呢？大概还不到一半。即便退一步而言，达到一半也不过六十五万枚纱锭的产量而已。

若视日本国内纱厂一千二百万枚中的半数六百万枚用以制造出口品的话，六十五万枚不过为其十分之一而已。相对一百俵的产量，不过居十俵或十一俵而已。所谓"荒废"之说，不是过于夸张？

从过去的例子来看，在华纺产品以输入中国内地为宗旨，事实上内地也因棉产品不足而极易消化这些产品，故向海外出口的极少，偶尔也有出口的话，也是因为排斥日货，在内地需求完全杜绝时，不得已而为之，决非是为了获得利益，而偏好出口之途。

如今海外市场日本产品不振之原因，难道不正是因为其是日本品，而被拒之门外吗？在华纺中有的是在本国有母公司的子公司，即便表面上在上海有母公司的，也绝非第三国资本，正是因为"日本制造"难以出口，所以"中国制造"的日本产品才受到欢迎，不如说奖励其进一步出口不是更好？结果当然是为母国获得更多的外汇。

对于断定在华纺的存在乃强化法币之说，我完全不能同意。……从在华纺的立场来看，在华纺的确获得了外汇，二亿元中有几个百分点作为工资以

---

① 注：作者提出一妥协方案，即将取出法人税后的利润再去除股东红利与各项经费，最后所有剩余全部购买公债。

法币支付，因而二亿元的利润中，即使仅仅减去工资，作为支付给华人的法币在外资金，也绝没有剩余。换言之，作为日本企业，在华纺仍将二亿元的在外资金全部留在了日本人的手中。总之，虽然在华纺拥有二亿元的外汇，其中的若干需直接取出换成法币而消费掉，这即便是强化了法币，也并非是援蒋行为。

五、在华纺能助打倒蒋政权一臂之力

笔者曾说明过支付于中国工人的工资为年额 1152 万元，其中月额为 96 万元。若换一个视角来调查一下中国的外棉进口量：

昭和十四年（1939 年）1 月至 12 月 中国进口的外棉约 400 万担

昭和十五年（1940 年）1 月至 7 月约 280 万担

合计 19 个月的进口量 680 万担

若一担 200 元平均来算，达 13.6 亿元。原本这相当于 13.6 亿元法币的原棉，也并非仅仅由在华纺所消费，但可以说大部分是由在华纺所消费的。假如说消费了八成，即 10.8 余亿元的话，仅这一项，在华纺即消耗了蒋政权的大量在外资金。如以支付给中国人工资 1152 万元为"罪"，而对打倒蒋介石政权有所帮助的消耗其在外法币十亿余法币为"功"的话，其"功"当然不言而喻，这是具有重要意义的。

六、在日本通过黄金采购来的棉产品出现滞货，如今更无将之换成黄金的手段

中国人对"日本制造"敬而远之，而"中国制造"或许能够出口，此乃诚然不幸之事态，故除将日本棉产品带至中国充作军票回收物资外别无他法。故要求在华纺减产。

但在华纺对于究竟是何品种的货物造成了滞货，尚一无所知。故难以对此加以讨论。原本很多产品针对第三国出口而非中国。各国因风俗、兴趣不同，需求各异。去年以来，喧哗一时涌向中国市场的棉制品，尚未售出，结

果大量滞留在中国，可谓殷鉴不远。

所谓血比水浓，中国人的嗜好、兴趣，除中国人外，在华纺最有心得，故能生产出适合中国市场的产品，即使确信最能辨识中国人嗜好、兴趣而生产的在华纺，如今其产品也难以售出。所谓抵制日货，从日本运来的棉制品，原本并非面向中国人，且因其是日货而遭到抵制，谁能保证不会出现如此情况？日货出口至中国同样也会成为援蒋行为，因为这些物资同样也会流入非占领区（这谁也不能保证）。

在华纺只要事关国策，无论如何都会顺从，半歇业也好，全歇业也罢，皆可遵命。趁着日本人的疲敝，中国人与外国人的事业却得以发展，那么苦心经营至今的日本人的地盘就会被彻底颠覆，这正是吾辈恐惧之所在。另外，从日本运来之货物，在运费及其他各项费用上，不言而喻，也将比原价来得高。

七、　在华纺的将来会因通货不稳而包藏危机

如今在华中方面，军票和法币作为通货共同流通，但这两种通货因没有长期性，若时机来临，均会沦为被新通货所替换之命运。此乃常识。法币昨日在三便士半上下，而军票大约在五便士左右，将来新通货出现的话，这两种通货与之兑换价值如何落定，尚是问题所在。

在华纺各社手中拥有的原棉及产品，至今主要以法币交易，故将军票暂行搁置。法币对新通货的兑换，存在市场走高走低之情况，从而导致各种利害，且最近产品因滞货出现未曾有之膨胀，故兑换之，必然出现难以想象的庞大金额。

从常识来看，这也不过是只有损失而难以有所期待的利润，因通货不稳定而导致的危机，也即指此。

虽然也有人理解，在华纺从这次事变发生以来谋取了巨额利润，他们并未考虑通货不稳定的情况。即便今日清算一切，解散在华纺，只要事变没有结束，不安始终是不安，它仍旧会持续下去。所谓"赚钱"、"赚钱"的喧哗，越至最后关头，其结果只能越出乎意料。在华纺只要以博取利润为方针，就极可能看到飞至而来的悲剧。

要言之，威胁终究是威胁，决定最后的日子不也渐渐临近了吗？

附 录 二

附表1 日商在上海纺织厂一览表（1936年年末情况）

纺织集团（工厂）名	工厂所在地	创立年月	资本	纱锭枚数	线锭枚数	织机台数	职工人数(A)	职工人数(B)
上海纺织株式会社 第一厂	上海杨树浦路1161号	民国三年(1914)				670		
第二厂	上海杨树浦路1970号	光绪二十一年(1895)		32 008		582		
第三厂	上海杨树浦路1970号	民国八年(1919)	1 200万元（华币）	87 016	23 320	1052	7 162	7 998
第四厂	上海阑路585号（？）	民国十六年(1927)		48 280	4 400			
第五厂	上海兰路739号（？）	民国十九年(1930)		42 208		858		
浦东工厂·第一厂	上海浦东陆家嘴	光绪二十三年(1897)七月		50 656		736		
浦东工厂·第二厂	上海浦东陆家嘴	民国七年(1918)			5 616			
曹家渡工厂·第三厂	上海劳勃生路98号	民国十年(1921)		56 352				
曹家渡工厂·第四厂	上海劳勃生路98号	民国十二年(1923)						
日华纺织株式会社 喜和工厂·第五厂（宝生）	上海劳勃生路76、80号	民国十四年（1925）二月（收购时）	1 100万元	41 472			10 026	7 430
喜和工厂·第六厂（宝生）				30 720	36 680			
喜和工厂·第七厂（宝生）				46 272				
华丰工厂·第八厂	吴淞蕴藻浜	民国十三年(1924)十一月（收购时）		31 424	14 120			

续表

纺织集团（工厂）名		工厂所在地	创立年月	资本	纱锭枚数	线锭枚数	织机台数	职工人数（A）	职工人数（B）
内外棉株式会社	第一厂	上海劳勃生路62号	民国十一年(1922)七月		32 000	17 600	1 008	9 872	12 184
	第二厂		民国十二年(1923)六月		32 000		1 008		
	第三厂	上海西苏州路19号	宣统二年(1910)七月		14 912				
	第四厂		民国二年(1913)四月		39 200	24 000			
	第五厂	上海西苏州路15号	民国三年(1914)十一月	3 300万元	46 400	30 800			
	第六厂		民国八年(1919)四月		20 800				
	第七厂	上海西苏州路14号	民国十一年(1922)二月		34 400	20 480	890		
	第八厂	上海戈登路1286号	民国十二年(1923)十月		36 800	20 000			
	第九厂	上海麦根路60号	民国七年(1918)十月		24 024		894		
东华纺织株式会社		上海华德路1687号	民国九年(1920)四月	240万日元	43 120			1 424	1 425
同兴纺织株式会社	第一厂	上海戈登路1433号	民国十一年(1922)一月	1 500万日元	56 000	30 240		2 620	2 600
	第二厂	杨树浦路2086号	民国十三年(1924)五月		42 000		1 412		
公大纱厂	第一厂	上海平凉路2767号	民国九年(1920)八月	1 500万日元	49 552	11 880	1 286	4 541	4 618
	第二厂（老公茂）	上海杨树浦路540号	民国十四年(1925)五月（收购时）		44 528	11 000	1 135		
大康纱厂（大日本纺织分设）		上海杨树浦路滕越路195号	民国十年(1921)七月	11 000万日元（母公司）	111 680	34 000	1 368	4 026	2 943
丰田纺织厂		上海极司非尔路200号	民国十年(1921)十月	规元1 000万两	102 508	8 400	1 388	4 360	4 000
裕丰纺织株式会社（东洋纺分设）		上海杨树浦路2866号	民国十一年(1922)一月	1 000万日元	135 080	27 808	2 996	5 811	4 235
				合计	1 331 412	320 344	17 283	49 842	47 433

以上日商在上海系有一厂（公大系有一厂以生产绢丝为主，不计入）

附表2 日商在其他各埠纺织厂一览表（1936年末末情况）

纺织集团（工厂）名		工厂所在地	创立年月	资本	纱锭枚数	线锭枚数	织机台数	职工人数（A）	职工人数（B）
内外棉纱厂青岛支店		青岛四方庄	民国五年(1916)七月	3 300万日元	90 400	8 000		3 619	
富士纱厂（富士瓦斯纺织分设）		青岛沧口	民国十年(1921)十月	5 000万日元（母公司）	31 360		480	1 539	
公大纱厂第五厂		青岛沧口	民国十二年(1923)四月	1 500万日元	107 152	9 240	3 212	7 255	
隆兴纱厂（日清纺分设）		青岛下四庄	民国十一年(1922)四月	2 700万日元（母公司）	42 660	1 200	520	1 659	
宝来纱厂（长崎纺分设）		青岛沧口	民国十二年(1923)四月	1 000万日元	40 768	1 224		1 446	
大康纱厂（大日本纺织分设）		青岛四方	民国十年(1921)十月	11 000万日元（母公司）	101 192	7 200	2 160	3 940	
上海纺织株会社青岛工厂		青岛四方路8-9号	民国二十四年(1935)四月	1 200万日元（母公司）	40 448		720	1 915	
同兴纺织株式会社青岛工厂		青岛汾阳路1-3号	民国二十四年(1935)七月	1 500万日元	30 720		1 152	1 670	
丰田纺织厂青岛工厂		青岛四方路6号	民国二十四年(1935)四月	规元1 000万两	35 640		540	1 539	
公大第六厂（收购裕元）		天津小刘庄	民国二十五年(1936)（收购时）		71 360	976	1 000		
公大第七厂（收购天津华新）		天津小于庄	民国二十五年(1936)（收购时）		30 272				
天实纱厂（宝成第三）		天津盐坨地	民国十一年(1922)一月		27 028				
裕丰纱厂		天津特别四区6号路	民国二十五年(1936)		26 800	2 000	500		
岸和田纱厂			民国二十七年(1938)	2 000万日元	29 792			985	
双喜纺织			民国二十六年(1937)	500万日元	30 000		700	1 665	
上海纱厂			民国二十六年(1937)	1 200万日元（母公司）	29 948	1 440	700	1 193	
泰安纺织株式会社		汉口侨口	民国十三年(1924)几月	500万日元	24 816		300	1 025	
满洲纺织株式会社		辽宁辽阳	民国十三年(1924)五月	250万日元	41 000	1 080	500		
内外棉株式会社金州分店	第一厂	辽宁金州	民国十四年(1925)四月	3 300万日元	63 200		1 008		
	第二厂	辽宁金州	民国十四年(1925)四月		29 184				
满州福纺纱厂		大连周水子	民国十二年(1923)四月	300万日元	29 520	1 020	0		
日商在其他各埠纺织厂共计十八家				合计	803 656	29 940	11 632		25 607

资料来源：《中国纺织工厂一览表》《大日本纺织联合月报》1937年9月15日，第40页；天津对华投资》，539号；职工人数B 参见上海档案馆：《日本在华中经济掠夺史料1937—1945年》，第28—35页；天津裕丰纱厂数据参见樋口弘：《日本对华投资》（黑色）数据，参见陈真等编：《中国近代工业史资料》，第626—627页

附表3　委任经营工厂一览表

华中方面 厂名	受害程度	委任经营方	事变前设备			事变后设备（1939年12月情况）			运转状况			备考
			纱锭	线锭	织机	纱锭	线锭	织机	纱锭	线锭	织机	
恒丰中记纺织新局	轻微	大康	54 544	—	614	54 544	—	614	24 240	—	440	—
合计振华纱厂	轻微	大康	13 928	—	—	13 928	—	—	13 928	—	—	—
申新第一纺织厂	近乎全毁	丰田	72 479	—	1 387	40 000	5 040	1 000	—	—	—	—
申新第五纺织厂	受害巨大	裕丰	48 588	5 040	—	49 588	5 040	—	15 523	—	—	—
申新第六纺织厂	受害巨大	上海	75 356	5 578	814	75 356	4 816	813	63 072	—	596	—
申新第七纺织厂	轻微	公大	59 848	8 400	452	不明	不明	不明	—	—	—	—
申新第八纺织厂	近乎全毁	丰田	50 400	—	—	40 000	—	—	—	—	—	—
纬通合记纺织股份有限公司	轻微	丰田	33 024	—	—	33 024	—	—	31 488	—	—	—
恒大新记纺织股份有限公司	完好	日华	21 600	—	—	20 160	—	—	—	—	—	—
永安纺织有限公司第一厂	轻微	日华	38 160	3 488	1 302	38 160	不明	1 299	—	—	—	—
永安纺织有限公司第二厂	受害巨大	裕丰	37 896	17 568	—	21 472	13 600	—	47 080	12 450	—	—
永安纺织有限公司第四厂	受害巨大	裕丰	74 652	13 600	—	66 160	17 568	—	—	—	—	—
大丰庆纪纺织股份有限公司	轻微	同兴	29 952	—	72	29 952	—	—	29 000	—	—	—
鼎鑫纱厂	轻微	东华	32 496	—	—	32 496	—	—	14 778	—	—	—
仁德纺织公司	轻微	东华	17 088	—	476	17 088	—	476	—	—	380	—
上海织业印染有限股份有限公司	受害巨大	裕丰	15 616	2 000	818	15 616	2 000	818	7 304	—	447	—
华登织布厂	不明	大康	—	—	—	—	—	131	—	—	—	—
大生第一纺织公司	完好	公大	150 104	—	1 496	150 204	—	1 196	141 960	—	384	（第二在事变前即停业）
大生第一纺织公司副厂	完好	公大	—	—	—	—	—	—	—	—	—	—
大生第二纺织公司	不明	公大	—	—	—	—	—	—	—	—	—	—

续表

厂名	受害程度	委任经营方	事变前设备			事变后设备（1939年12月情况）			运转状况			备考
			纱锭	线锭	织机	纱锭	线锭	织机	纱锭	线锭	织机	
华中方面												
大生第三纺织股份有限公司	轻微	公大	21 000	—	—	26 000	—	—	22 600	—	—	
大通纺织股份有限公司	完好	公大	15 000	—	—	14 000	—	—	13 600	—	—	
富安纺织股份有限公司	完好	公大	13 832	—	—	—	—	—	—	—	—	
振业公司租办业勤纱厂	近乎全毁	大康	32 024	—	252	19 648	—	252	19 648	—	—	
振新纺织股份有限公司	受害巨大	上海	23 040	—	72	—	—	—	—	—	—	
广勤纺织股份有限公司	近乎全毁	上海	5 120	—	10	5 120	—	10	5 120	—	10	
美丰纺织	近乎全毁	同兴	64 768	4 120	720	55 000	4 104	360	31 520	—	—	
庆丰纺织漂染整理股份有限公司	受害巨大	大康	17 600	—	—	—	—	—	—	—	—	
豫康纺织股份有限公司	近乎全毁	大康	70 000	—	1 478	51 824	—	641	—	—	—	
申新第三纺织厂	受害巨大	上海	16 400	6 400	1 000	—	—	—	—	—	—	
丽新纺织印染整理股份有限公司	近乎全毁	大康	51 368	3 600	1 080	51 368	3 600	1 080	36 380	—	1 040	
苏纶纺织厂	轻微	内外	26 608	—	—	26 608	—	—	26 608	—	—	
利泰纺织公司	轻微	内外	22 264	—	280	15 000	—	280	—	—	—	
民丰纱厂股份有限公司	受害巨大	丰田	20 500	—	520	20 000	—	260	—	—	—	
大成纺织染股份有限公司第一、二、三厂	受害巨大	丰田	17 392	—	—	17 392	—	—	17 392	—	—	
利用纺织股份有限公司	受害巨大	大康	12 000	—	400	12 000	—	—	1 800	—	—	
嘉丰纺织整理股份有限公司	轻微	丰田	18 400	—	—	18 400	—	—	7 230	—	—	
中一纱厂	轻微	裕丰	19 984	376	672	19 984	376	672	7 012	—	75	
三友实业社有限公司	完好	裕丰	—	—	—	—	—	—	—	—	—	
华中合计 39厂			1 294 031	70 170	13 915	1 050 092	51 104	9 903	801 293	12 405	3 297	

257

续表

华中方面

华北及其他方面

厂名	受灾程度	委任经营方	事变前设备			事变后设备（1939年12月情况）			运转状况			备考
			纱锭	线锭	织机	纱锭	线锭	织机	纱锭	线锭	织机	
大兴纺织染厂	完好	公大纱厂	30 144	—	500	30 144	—	498	13 815	—	432	
广益纱厂	轻微	公大纱厂	25 824	—	—	25 824	—	—	14 872	—	—	
钜兴廷记纱厂	完好	大康纱厂	6 592	—	—	6 592	—	—	5 844	—	—	仅白班
卫辉华新纺织股份有限公司	完好	裕丰纱厂	22 400	2 000	—	22 400	2 800	—	21 600	1 280	—	仅白班
成大纺织股份有限公司	完好	裕丰纱厂	28 016	—	—	28 016	—	—	28 016	—	—	
成通纺织股份有限公司	完好	丰田纱厂	18 000（计划新设12 000）	—	—	19 600	—	—	19 600	—	—	仅白班
仁丰织染有限公司	轻微	公大纱厂	15 324（计划新设18 120）	—（计划新设2400）	240（计划新设240）	15 328	—	240	7 354	—	239	纺织白班，织布白夜班
晋华纺织股份有限公司	轻微	裕丰纱厂	41 744	752（计划新设1 504）	480	41 744	2 256	480	32 800	1 128	380	织布白夜班
大益成纺织股份有限公司	轻微	上海纱厂	18 480	1 040	404	18 480	1 040	404	15 480	—	366	白夜班
雍裕纺织股份有限公司	近乎全毁	上海纱厂	8 400	520	168	8 400	—	160	2 720	—	116	
晋生织染工厂	轻微	上海纱厂	6 000	—	252	6 000	—	252	—	—	138	
晋华纺织公司染厂	轻微	上海纱厂	—	—	200	—	—	200	—	—	—	
广东纺织厂纺织部	轻微	上海纱厂	20 000	1 200	120	20 000	1 200	120	—	—	—	
华北（含广东）合计	13厂		240 994（扩张30 120）	5 512（扩张904）3AVW904	2 364（扩张240）	244 624	7 295	3 094	149 373	2 408	1 747	

资料来源：在华日本纺织联合会：《东亚共荣圈与纤维产业》，第203—205页

附表4　日本在华棉纺织工厂情况一览表（1940年年末情况）

地区	会社名	工厂数	开工年月	资本（日元）	代表者	纱锭枚数	线锭枚数	织机台数	华人职工数（女工数）	原棉消费量（担，1年）	棉纱生产额（捆）	棉布生产额（匹）
上海	大康纱厂	1	1921年	113 000 000元	胜田操、铃木正太郎	117 896	38 000	1 368	2 148（1 605）	175 587	31 077	648 567
	同兴纺织株式会社	2	1920年	15 000 000元	立川团三	98 000	33 600	1 508	1 763（1 128）	153 918	18 885	991 332
	公大纱厂	2	1920年	15 000 000元	山田久一	127 276	22 000	3 798	3 332（2 432）	327 765	71 152	2 163 907
	内外棉株式会社上海分厂	9	1911年	33 000 000元	胜田俊治	280 536	21 280	3 280	5 333（3 257）	382 906	111 011	2 345 994
	日华纺织株式会社	4	1918年	17 000 000元	森本将虎	214 640	74 000	1 000	7 048（5 722）	408 000	118 000	1 305 000
	上海纺织株式会社	5	1920年	12 000 000元	黑田庆太太郎	209 932	32 920	3 181	4 808（3 377）	285 487	35 810	1 947 947
	振华纺织株式会社	1	1940年	5 000 000元（法币）	胜田操	13 928			292（212）	17 895	5 050	
	东华纺织株式会社	2	1920年	5 000 000元	石田秀二	47 120			884（589）	94 073	26 949	
	丰田纺织株式会社	2	1921年	10 000 000两	西川秋次	44 964	6 400	900	1 313（808）	96 515	9 380	727 708
	裕丰纺织株式会社	2	1929年	30 000 000元	菱田逸次	187 268	27 808	2 996	3 618（2 509）	296 100	31 382	1 891 532
	合计	30				1 341 560	346 008	18 553	30 539（21 639）	2 221 351	453 646	12 022 087
青岛	同兴纺织株式会社青岛分厂	1	1935年		三岛驹次郎	38 248	5 000	700	1 513（777）	59 457	5 875	362 410
	富士瓦斯纺织株式会社青岛工厂	1	1921年	55 250 000元	中西喜一	32 720		600	847（398）	44 607	5 935	267 575
	公大纱厂青岛分厂	1	1922年		增田幸雄	54 984		1 000	2 763（1 017）	110 470	3 596	1 115 900
	国光纺织株式会社青岛分厂	1	1920年	22 000 000元	平井泰造	33 000	3 000	400	1 476（542）	51 500	14 198	250 200
	日清纺织株式会社青岛分厂	1	1922年	28 500 000元	永井三三	44 000	3 000	500	1 457（723）	57 766	8 915	307 608
	内外棉株式会社青岛分厂	1	1916年		加计薰	49 252	5 880	600	1 728（960）	61 951	10 103	349 564

续表

地区	会社名	工厂数	开工年月	资本（日元）	代表者	纱锭枚数	线锭枚数	织机台数	华人职工数（女工数）	原棉消费量（担，1年）	棉纱生产额（捆）	棉布生产额（匹）
	上海纺织株式会社青岛分厂	1	1935年		福井清山	43 984	3 960	800	1 326（729）	50 796	14 819	324 992
	大康纱厂青岛分厂	1	1919年		小寺源吾	54 980	4 956	1 200	1 138（295）	75 824	6 893	567 760
	丰田纺织株式会社青岛分厂	1	1935年		三田省三	38 500	6 000	600	1 327（806）	42 086	9 215	227 080
	合计	9				389 668	31 796	7 100	13 575（6 247）	554 457	79 549	3 773 089
天津	公大纱厂天津分厂	2	1936年		足立茂	165 824	11 096	4 545	6 014（2 706）	179 894	6 157	2 003 457
	岸和田放纺织株式会社天津分厂	1	1938年	20 000 000元	寺田荣吉	29 792			985（362）	14 507	3 500	
	双喜纺织株式会社	1	1936年	5 000 000元	八代祐太郎	30 000		700	1 665（793）	57 257	7 453	245 538
	上海纺织株式会社天津分厂	1	1937年		村上辰治	29 948	1 440	700	1 193（711）	41 793	6 265	229 978
	天津纺织株式会社	1	1937年	5 000 000元	伊藤忠兵卫	54 114	2 520	536	1 835（754）	58 083	9 226	275 902
	唐山华新纺织股份有限公司	1	1922年	2 187 400元（法币）	三桥楠平	45 232	8 000	504	2 050（1 170）	44 719	6 274	229 453
	裕丰纺织株式会社天津分厂	1	1936年		不破定和	102 384	7 200	2 028	3 553（1 557）	123 843	5 203	1 160 562
	裕大纺织股份有限公司	1	1926年			48 646	2 400		498（194）	31 566	10 912	
	合计	9				505 940	32 656	9 013	17 793（8 247）	551 662	54 990	4 144 890
汉口	泰安纺织株式会社	1	1924年	5 000 000元								
总计		48				2 237 168	410 460	34 666	36 133（35 774）	3 327 470	588 185	19 940 066

资料来源：上海日本商工会议所编：《上海日本商工会议所年报》（1941年度），书末附表

后　记

本书是基于笔者博士论文而展开的一项研究成果。需特此说明的是，它得到了教育部人文社会科学研究青年基金项目"抗战时期日本在华企业与日本对华通货政策研究"（编号：13YJC770045）的资助；本书第五章系《从上海日商纱厂考察战时日本在华中的军票工作》（初刊于《历史研究》2013年第6期）一文的修订稿。

在本书写作过程中，诸多师友给予支持与协助。业师华东师范大学历史学系易惠莉教授，对初稿多有指正；日本京都大学人文科学研究所笼谷直人教授，为资料收集提供了极大便利；师弟薛明博士在日本访问期间，帮忙复制了一批珍贵的史料；科学出版社编辑杨静博士为了本书能够及时出版，投入了相当的时间与精力。对以上诸位及更多莫能举其名而受其惠者，于此一并致以谢意。

此外，2012年笔者来到武汉大学历史学院之后，研究工作得到了教研室李少军、彭敦文、左松涛、姜海龙等老师的支持与关心。他们对我的鼓励与帮助，令我铭感在心。

正如一些师友所指出的，本书存在一个较大的缺憾，即对抗日战争后期日本在华棉纺织业的活动未能展开深入研究。这主要因写作当时缺乏相关的资料。幸运的是，近年来一批新资料的问世，如雄松堂书店《在华日本纺织同业会资料》的出版（DVD版），为这一研究提供了可能。笔者希望能够在不久的将来，利用新的资料，为战时日本在华棉纺织业史研究画上圆满的句号。

王　萌
日本东京驹场东大国际会馆
2015年秋